スピノザ

〈触発の思考〉

Spinoza

the Thoughts of the Affections

浅野俊哉

明石書店

スピノザ〈触発の思考〉——目次

凡例

- スピノザの著作からの引用はゲプハルト版全集 *Spinoza Opera*, im Auftrag der Heidelberger Akademie der Wissenschaften hrsg. von Carl Gebhardt. Vier Bände, Heidelberg, Carl Winter-Verlag, 1972 (1925). に拠り、『知性改善論』、『エティカ』、『神学政治論』、『政治論』、『書簡集』などからの引用頁は次頁の略号表に記載の仕方で出典を示した。
- 本文および注における文献は［ ］で括り、［著者名 出版年：原著のページ］の形で示した。出版年は参照した書籍の刊行年だが、便宜を考え、出版年の欄に（ ）で原著の刊行年を追記している場合もある。連続して同一の文献から引用している時は、著者名と出版年を省き、［ ］内にページのみを記した。各章で参照した文献は、章ごとの末尾に記載されている。
  ＊第3章（アドルノ）と第7章（三木清）に関しては、全集からの引用を行ったため、注記方法が若干異なる。詳細は、該当する章の文献の冒頭にある但し書きを参照。
- 注の中で使用される略号の意味は次の通り。
  ibid.＝前記と同一頁、ref.＝参照せよ、cf.＝比較せよ、e.g.＝例えば、esp.＝特に、etc.＝等々、org.＝原著
- すでに既訳がある文献は、知り得た範囲において文献一覧で〔 〕の中に示したが、論文発表時以降に発行された邦訳は追記されていない。また、原著からの引用を原則としたため、文中での訳は邦訳と必ずしも同一ではない。
- 文中の〔 〕は、著者による補足である。また本文または注における〔…〕は、「中略」を示している。
- 原則として、原文中の強調箇所は傍点、《 》および》《は『 』、〃 〃は〈 〉で示した。
- 理解の便を考慮し、文中に（ ）で原語を表記した場合がある。また引用文中に（ ）で補足や原語表記がされている場合は、その表記を残してある。
- 本文中の＊1、＊2という数字は、注の番号を示す。
- 各論文の初出媒体については、巻末の「初出一覧」に掲載した。

❖スピノザの著作略号

KV = Korte Verhandeling van God, de mensch en deszelvs welstand『神・人間及び人間の幸福に関する短論文』
DPP = Renati Descartes Principia philosophiae『デカルトの哲学原理』
CM = Cogitata metaphysica『形而上学的思想』
TIE = Tractatus de Intellectus Emendatione『知性改善論』
E = Ethica ordine geometrico demonstrata『エティカ 幾何学的秩序に従って論証された』
TTP = Tractatus theologico-politicus『神学・政治論』
TP = Tractatus politicus『政治論』
CG = Compendium grammatices linguae hebraeae『ヘブライ語文法綱要』
Ep. = Epistolae『書簡集』

＊スピノザの著作の邦訳に関しては、『ヘブライ語文法綱要』を除き、岩波書店から畠中尚志氏訳のものが刊行されているほか、『神・人間及び人間の幸福に関する短論文』と『知性改善論』については佐藤一郎氏訳（みすず書房)、『エティカ』については工藤喜作・斎藤博両氏訳（中央公論新社)、『神学・政治論』については吉田量彦氏訳（光文社）などがある。

❖『エティカ』における引用略号

Ad = Affectuum Definitiones 感情の諸規定
Agd = Affectuum Generalis Definitio 感情の一般的規定
App = Appendix 付録
Ax = Axiomata 公理
C = Corollarium 系
Dem = Demonstratio 証明
Ex = Explicatio 説明
Lem = Lemma 補助定理
P = Propositio 定理
Po = Postulata 公準
Pr = Praefatio 序文
Sc = Scholium 備考

（例）［E4P37Sc2］は『エティカ』の第四部定理三十七備考二、TIE16は『知性改善論』第十六節、［TTP4:5］は『神学政治論』の第四章第五段、［TP2:4］は『政治論』（『国家論』）第二章第四節、［Ep.50］は『書簡集』の書簡五十を示す。

はじめに

本書に収められた論文は、前著〔『スピノザ　共同性のポリティクス』〕以降に発表したものの中から選んだものである。

スピノザの哲学が思想史上の〈異物〉(Fremdkörper)であるという認識は、レーヴィットやハイデガーをはじめとして多くの論者から、これまで繰り返し示されてきた。本書の論考はいずれも、喩えるならば、何らかの形でスピノザと接点のある他の思想家の液体の中にこの異物が、それの持つ異物性を減じられることなく投げ入れられた場合、どのような色彩や組成の変化が起こるかを確認しようと試みるものとなっている。

取り上げた思想家の中には、スピノザの思想を批判ないし否定する者も少なくない。しかし、ある思想的な枠組みから嫌悪され、否認され続ける存在とは、逆に、その思想の臨界点（ないし限界）を示していたり、それが隠蔽する地層に属していたりするものであると規定することもできる（例えば、ヘーゲルやハイデガーにおけるスピノザがそうであるように)。仮に影の濃さが光の強さを示すのだとしたら、その影の側から明るみの側を測定しようとしたらどうなるか——そこから立ち現れる世界を、垣間見たいと思った。

発表する時期も媒体も異なっている独立した論文を集めたものであるため、多少なりともスピノザの著作に親しんでいる人にとっては周知となっている観点を、各稿で飽かず繰り返す結果となっている。しかしながらそのような欠点は、見方を変えれば、彼の著作にあまり馴染みがない読者に対しては、スピノザの中心的な考えのいくつかに反復して触れる機会を提供するものになっていると言い直せるかもしれない。

＊＊＊

スピノザの思考の根幹にあるのは、例えば「無媒介性」(あるいは弁証法/目的論の拒否)、「外部なき思考」(あるいは内在性)、「力」(あるいは力能/能力)、そして「触発」(変様)といった概念——これらはどれもひとつの主題の変奏にほかならない——などである。確固とした輪郭と実質を持つと想定されている概念が、実は様々な諸力の組み合わせを通して構成される暫定的な構築物のひとつに過ぎないという認識も、当然そこに含まれる。さらに政治思想においては、反ユートピア的な現実主義という特徴も付け加わる。

スピノザが見ていたのは次のような世界のありようである。何かと何かが出会い、そこに前と異なる状態が現出する。出会う対象は、人同士だけでなく、ものや情報、思想やイメージでもよいし、何らかの情動、欲望、あるいは力——権力であれ影響力であれ——でもよい。世界とは、それらが遭遇し、反発し合ったり、時にひとつに合わさって新たな存在や力を創出したりしながら、絶えず変化を続けて止まない生成の過程以外のものではない。ある変化が別の変化を生み、それらが凝集してひとつの大きな力を作り出すこともあれば、出会いによってひとつの関係性が解体され、ある部分が細かな捉えられない流れとなってシステムから漏出し、新たな変異を形作ることもある。それらの一切が、様態というひとつひとつの同じ平面上で生起する。

このような諸力の渦巻く場に起こる出来事のありようをスピノザは、触発《アフェ》=変様《クチオ》と呼んだ。表題はそこから借りている。

第1章　〈触発の思考〉

〈良心〉の不在と遍在——morsus conscientiae の行方

1　良心の現在とニーチェの洞察

〈良心〉という語は、現在の日常的な会話において、ほとんど口に上ることのない言葉の一つになり果てているかに見える。様々な領域でのアノミーの進行にさらされている今日の私たちにとっては、「良心！良心！神的なる本能、不滅なる天の声」とそれを熱烈に賛嘆したルソーの叫びも、「人間の内なる法廷の意識」としてその自覚を促すカントの訴えも、現存在を非本来性から解放し本来性へと向かわせる「呼び声」としてそれに耳を傾けることを迫るハイデガーの主張も、どこか遠く虚ろな響きをもってしか届かないのかもしれず、良心の復権を企てようとする試みが決定的な困難に逢着せざるを得ないような状況が、ますます形成されつつあるのかもしれない。

しかしながら一方で、こうした事態は、むしろ「悦ぶべき出来事」なのではないかという見方が成立するのも事実である。なぜなら、例えばニーチェによれば、良心の疚しさとは「深い病気」(tiefe Erkrankung)［Nietzsche 1988c (1887): 321］にほかならず、良心とは人類の「残虐性の本能」(Instinkt der Grausamkeit)［Nietzsche 1988d (1888): 352］なのであって、その観点からすると、現代人がことさら良心なるものを意識せずに生活しているのだとしたら、それはこの「病」からの「快癒」を意味するかもしれないからである。

よく知られているようにニーチェは、『道徳の系譜』において、良心の起源について次のような説明をしている。すなわち彼によると、人間は、進化の過程で本能が機能不全に陥ったために、「思惟・推理・計測・因果連結に依存し、その最も貧弱な、最も間違いを犯すことの多い器官である彼らの〈意識〉だけに依存するようになってしまった」［Nietzsche 1988c (1887): 322］。その結果、人間の本能は、ある屈折した充足を求めるようになる。「外に向かって放射されないすべての本能は、内へ向けられる。——私が、人間の内面化と呼ぶものは、この事態である。のちに人間の〈魂〉と呼ばれるようになるものが、これによって初めて、人間の内に生じてくるのである」［ibid.］。ニーチェによれば、これが人間の「精神的意識」の発生であると同時に、良心の起源となる。

国家的組織が古い自由の本能に対して自らを防衛するために築いたあの恐るべき堡塁──とりわけ刑罰がそうした堡塁の一つだが──は、粗野で漂泊的な人間のあの諸本能をことごとく退けて、それらを人間自身の方へと向かわせた。敵意・残忍、迫害や襲撃、変革や破壊の悦び──これらすべてが、そうした本能の所有者自身の方へと方向を変えること、これこそが、〈良心の疚しさ〉の起源にほかならない。［323］〔強調はニーチェ〕

興味深いのは、ニーチェが、このように良心の起源を発生学的に考察したあとで、《負債》の観念と良心の疚しさとを結びつけている点である。「罪」を意味するドイツ語の Schuld は、同時に「借金」や「借債」という意味を持つが、ニーチェによれば、先行する世代の様々な恩恵のもとに暮らしている現在世代は、前者に対して債務を負っており、それに対する負い目の感情を抱いている。そして、その負債の感情の中でも最たるものが、「キリスト教における神の出現」においてもたらされたのであり、それによって人類は、最終的な償却の見込みを全く閉ざされてしまった、と彼は主張する。「今や、債務者の内に良心の疚しさがしっかりと根を下ろし、食いこみ、はびこって、水虫のように広がり、深まりながら成長する。その結果、ついに負債の償却ができなくなるとともに罪の贖いもできないようになり、ここに贖罪の不可能〈永劫の罰〉という思想が抱かれることになる」［331］。

ニーチェによれば、こうした考えは、〈アダム〉・〈原罪〉・〈意志の非自由〉といった人類の始源に対するネガティヴな「呪い」や、自然に対し悪の原理が含まれているとしてそれを「悪魔化」する思想、さらには生存からの虚無主義的な逃避やその反対物への渇望といった「生存そのものの価値貶下」に至る考えを生み出していく。これに引き続いて起こったのは、次の事態である。

すなわち、内面化され自己自身の内へと追い戻された動物人間の、あの自己呵責への意志、あの内攻した残忍さがそれである。馴致されるべく〈国家〉の内に閉じ込められた動物人間は、苦痛を与えようとするこの意欲のより自然なはけ口が塞がれたため、自分自身を苦しめるために良心の疚しさを発案した。――良心の疚しさに取り憑かれたこの人間は、凄絶な酷烈さと峻厳さの極みでもってその自己を呵責するために、宗教的な諸前提を我がものにしたのである。神に対する負い目、この思想は人間にとって拷問具となる。彼は自らの動物本能を神に対する負い目として（〈主〉・〈父〉・世界の始祖や太初に対する敵意、反逆、謀反として）解釈する。彼は〈神〉と〈悪魔〉との矛盾の狭間に自分自身を位置づける。彼は、自己自身および自己の存在の自然、本然、事実に対する否定を、あえて逆に肯定となして一切を自分自身の外へと投げやってしまう。すなわち、そうした否定を、存在する生身の現実のものとなし、神となし、神の神聖となし、神の審判となし、神の処刑となし、彼岸となし、永遠となし、果てしなき責め苦となし、地獄となし、計り知ることのできない罰および罪となすのである。これは全く比類を絶した、精神的残忍における一種の意志錯乱にほかならない。つまりそれは、自らを救われ難い極悪非道の呪われるべきものと見ようとする人間の意志であり、いかなる罰を受けても自分の罪は償うことは到底できないと考えようとする人間の意志である。［332］

キリスト教における「原罪」（peccatum originale）という概念は、このような永劫の罪＝負債の概念から発生したものであり、ニーチェは、自分の力による贖罪が不可能であるというこの意識こそ〈良心の疚しさ〉の起源である、と主張するのである。

ところで良心の起源をめぐるこの有名な箇所でニーチェは、一つの印象的な記述をしている。すなわち、「スピノザにとって世界は、良心の疚しさが創案される以前のあの無垢＝負い目なさ（Unschuld）の状態へと立ち戻った」という指摘である。

このことは、ある意地の悪いやり方でスピノザの悟るところとなった（これが、例えば、スピノザを誤解することに大まじめに努力している解釈者たち——クーノ・フィッシャーのような——を手こずらせる点なのだが）。それは、彼が何かある思い出をかきよせながら、あの有名な〈良心の呵責〉（morsus conscientiae）なるものが彼自身に残っているだろうか、という問いに耽っていたある日の午後のことだった——、スピノザは、善悪を人間の想像に属するものと考えていたし、そしてまた、神は一切のことを〈善の見地の下に〉（sub ratione boni）なすと主張する瀆神者ども（このような主張は、「だが、神を運命の支配下に置くものであって、したがって実に背理の中でも最大の背理と言うべきだろう」――）に対しては、痛憤の思いをもって自己自身の〈自由な神〉の栄誉を弁護したのだが。さて今や、スピノザにとって世界はまた、良心の疚しさなるものが創案される前のあの無垢の状態へと立ち戻った。ここで、良心の呵責はどうなったか？　ついに彼は自らに言ったのである、「これは満悦の反対物、――あらゆる期待を裏切る結果となった過去の事柄の表象に伴う悲しみである」（『エティカ』第三部定理十八備考一、二）と。［320］

ニーチェの主張が正しいとするならば、ニーチェ自身が自らの「先駆者」と認めていた通り、スピノザこそ、人類の「病」を治癒する者であり、負債という良心の重圧にあえぐ人々にそこからの自由をもたらした初めての「解放者」であったということになるだろう。

次節で検討するように、確かにスピノザは右のように述べ、良心に対して、独自の徹底した価値の切り下げを行っている。仮にシュトーカーが述べるように、「あらゆる良心現象の究極的な確信は負い目の体験である」［Stoker 1925: 142］というのが事実であるとするならば、スピノザはまさに負い目のない「良心なき世界」を私たちに開示してみせたことにもなるだろう。

しかしそれは、ニーチェが賞賛するような「悦ばしき福音」なのだろうか。むしろ、「良心の疚しさ」を退けるスピノザの姿勢が、後代になってレヴィナスらが厳しく批判するような、他者の抹殺、ひいては「アウシュヴィッツ」のような悲劇をもたらす一因となったとは言えないのだろうか。*1

このような問題を検討するためにも、まず良心に関するスピノザの定義とその概念の変遷を簡単に振り返ってみたい。

2　スピノザにおける良心の位置

スピノザが良心について最初の明確な記述をしているのは、一六五〇年代の後半から六〇年代前半に書かれたと推定されている『神・人間及び人間の幸福に関する短論文』（以下『短論文』）においてである。その第二部十章「良心の呵責と後悔について」（Van Knaging en Berouw）と題された部分を確認してみる。[*2]以下は、その章の全文である。

この二つ〔良心の呵責と後悔〕は、驚きからのみ生じる。というのも、良心の呵責は私たちが、善か悪かを後になって疑うような何かをなすことにのみ由来し、一方、後悔は私たちが何らかの悪をなしたことから生じるためである。多くの人々は、自分たちの知性を常に適切に使う際に求められる訓練を欠いているがゆえに、知性をよく用いながらもしばしば誤る。そのため、良心の呵責と後悔は、そうした人々に正しい道を示すものとみなされ、かくして、世間全般でそう考えられているように、この二つは善であると結論する人々もいるかもしれない。しかし適切に考えてみれば、私たちはそれら二つが善でないばかりか、むしろ逆に有害であり、結果として悪であることが理解できる。なぜなら、私たちは、理性と真理への愛によってのほうが良心の呵責と後悔によってよりも常に正しい道に至ることは明白だからである。さらに言えばこれら二つが、一種の悲しみだからである。悲しみは、私たちが先に証明したように、有害であり、それゆえ私たちはそれを悪として自分たちから遠ざけなければならない。ゆえに良心の呵責と後悔も、有害かつ悪であって、避けかつ逃れるべきものである。

スピノザはここで、良心の呵責と後悔が、「有害かつ悪」であると断言している。[*3] その理由は、それが「悲しみ」(droefheid) だからである。すでに初期の段階から、スピノザが良心を尊重すべきものとしては位置づけていないことが窺える。

ではこのような考えは、スピノザの思想の最も円熟した形態とみなし得る『エティカ』ではどのような発展を見せているのだろうか。

実は『エティカ』において、彼がいわゆる「良心の呵責」について述べたと推定される部分は、一箇所しかない。

意識の責め〔良心の呵責〕(morsus conscientiae)[*4] とは、満悦 (gaudium) に対する、悲しみである。(Conscientiae morsus est tristitia, opposita gaudio) [E3P18Sc2]

ニーチェが先に引用した部分、ここだけである。なんとあっけない記述か。『エティカ』では「良心の呵責」という主題が展開されるどころか、スピノザはそれを「悲しみ」の一種に包含し、その問題を大きく取り扱わない方向性をむしろ強めている。聖書を聖書のみから解釈することを訴えた『神学・政治論』が、匿名で出版されたにもかかわらず「無神論」という轟々たる非難を招いたことからもわかるように、相当な言論の自由を謳歌していた十七世紀のオランダにおいても、一般的な思潮はスピノザに極めて厳しかった。そのためスピノザは、推敲を重ねていた『エティカ』の公開（本書は生前には出版されていない）にあたっては相当慎重に、しかし、彼にとって常にそうであるように、書くべきことはあくまで大胆に述べようと心がけていたはずである。こうした状況を考えると、このスピノザの良心に対するつれなさとその評価の切り下げは、確信犯とみなしてよい。

しかし「常識的」に考えた場合、もし人が「良心なし」に活動するとしたら、それは非常に大きな危機を社会に招き寄せることになるのではないだろうか。各人によってその大小・強弱は様々であれ、良心という「万人にとっての番人」が絶えず目を光らせているからこそ、人々は、曲がりなりにもよりよき生を営み、よりよき社会を創り出すことができるのではないか。そういった意味で、仮にスピノザの思想がニーチェの語るような「良心なき世界」の賛美なのだとしたら、それは「病からの快癒」であるどころか、人間を一切の社会的・倫理的制約から放免し、何の縛りもない野獣のような状態、無秩序なカオスへと頽落させる危険な囁きとさえ言えるのではないだろうか。

3　様々な良心論の特徴

その問題を考えるためにも、ここでスピノザ以外の思想家の良心に対する捉え方の特徴を簡単に概観してみたい。特にここで検討する哲学者のうち、カント、ヘーゲル、ハイデガーに関しては、良心論が各々の理論構制の核心部に位置しているだけに、それを「欠いた」スピノザの思想との対比を浮き彫りにするのに役立つに違いない。

一般的に言って、多くの良心論に特徴的なのは、「反省的主体」というものを前提にする点である。そしてその「反省的主体」は、ほとんどの場合、身体的なものというより精神的な実体である。例えば良心、conscientia は言うまでもなく con（共に）と scientia（知識）から成る言葉だが、同じ構造はドイツ語の Gewissen にも引き継がれていて、「共に」の対象が何であるか（それが神なのか、共同社会なのか、自分自身なのか等）に関係なく、「知る」という主体としての意識が前提されている。[*5] そもそも conscientia が、元来、単に conscience、すなわち「意識」一般を意味していたことからも、そのことは了解できる。

カントは、『人倫の形而上学』の「徳論」で、「人間の内なる法廷（inneren Gerichtshofes）――そこにおいて、自らの思考が互いに訴え、互いに弁明し合う――の意識が良心である」［Kant 1968b (1797): 438］と述べた。いわゆる有名な〈良心法廷説〉である。

良心において訴えかつ裁かれる人間は、自分自身を二重の人格において考えなければならない。すなわち一方で彼は、自分自身に委ねられている法廷の柵の前に震えながら立たねばならず、他方で彼は、裁判官の職務を生得の権威から自らの手中に持っている。〔…〕私たちは、原告にして被告として、まさしく同一の人間である。［439］

道徳的立法の――自由の概念に由来し、人間が自ら与える法則に従っている場としての――主体として、人間は、理性を付与された人間、すなわち感覚的人間とは別の人間とみなされなければならない。［ibid.］

のちにフーコーによって、近代における〈人間〉という概念の「発明」の端緒として語られることになる「人間と呼ばれる経験的・超越論的二重体」(un doublet empirico-transcendantal)［Foucault 1966: 330］の基点となる発想がここにある。

もちろん、「良心は、我々の内なる神的法廷の代理人である」［Kant 1974 (1770-80): 355］と述べ、「良心とは、その行いのゆえに神の前に果たすべき責任の主観的原理と考えなければならないだろう」

〔Kant 1968b (1797): 439〕とも述べていたカントの良心論が、完全な自律的人間のものというより、神律的特質を残していることは明らかである。[*6]

しかしながら、このような神の前での責任という概念は、まるで鏡を前にした人間が初めて自らを恥じ入ることにも類比できるように、一方で人間の内省的自意識を喚起・涵養し、その意識を顕在化・実体化する働きを持つことにつながるだろう。[*7]

意識に対して裁判官や検閲官のような役割を果たすもう一つの人格という点で言うと、カントの良心論と、フロイトが『自我とエス』で提出した「超自我」(Über-Ich) の概念は、見かけ上の相違にもかかわらず、多くの親近性を持っている。

> 超自我は父の性格を保持するだろう。そして、エディプス・コンプレクスが強ければ強いほど、またその抑圧が(権威、宗教教育、授業、講義の影響を受けて)加速度的に行われれば行われるほど、のちになって、超自我は良心となり、おそらく無意識的な罪悪感として、自我を厳格に支配することになる。〔Freud 1998 (1940): 263〕

> 成長の過程では、教師の権威が父の役割を強力に推し進めた。彼らの命令や禁止は、自我理想に強く残り、今も良心という形で道徳的な監視を行っている。良心の要請と自我の行為との間の緊張の感覚、それが罪悪感である。〔265〕

このようにフロイトは、良心と超自我を同一視した上で、後者が両親や教育者による要求と禁止の内在化によって構成されると主張する。[*8]

なるほどカントの良心は先験的であるのに対し、フロイトの超自我は経験的である。その点の距離はいくら強調しても、し過ぎることはない。しかし、それにもかかわらず、こうしたフロイトの理論は、私たちの自覚している範囲の意識（自我）の延長上に、検閲的機能を果たす人格的審級として超自我を措定することによって、意識の素朴な自明性を疑問に付す契機をもたらすだけでなく、良心＝超自我の領域を、意識が容易に手の届かない人格内部の安定した「不休の一区画」として固定化する役割も果たしている。すなわち、フロイトにおいて、良心は「見えざる裁判官」として、さらに一層の実体化を施されたのである。[*9]

ハイデガーの場合はどうか。ハイデガーが、自己の本来的実存の可能性を証しするものとして良心を捉えていたことはよく知られている。『存在と時間』において良心は、現存在に対し、何事かを告知し、開示する「呼び声」（**Ruf**）だった［**Heidegger 2001 (1927): 269**］。

我々が呼び声として性格づけた良心は、世間的＝自己（**Man-selbst**）をその自己において呼び止める呼びかけであり、この呼びかけとして、自己をその自己存在可能へと呼び起こし、それによって、現存在を自らの可能性に向かって呼び出すものである。［274］

彼によれば、「現存在が、良心において、自分自身を呼んでいる」〔275〕のであり、頽落態としての現存在は、自らの本来的存在へと常に／すでに呼びかけられている。この良心の呼び声は、「黙止」の状態で、「不気味さ」の中から端的に呼びかける「何か」（Es）としか名状できないものであると同時に〔273,276,280〕、「現存在に《負い目あり》（schuldig）と宣告する」〔281〕ものでもある。

関心を自らの存在としている存在者は、単に事実的な負い目を課せられることがあるだけでなく、自らの存在の根底においてすでに負い目あるものとして存在している。〔286〕

ここでハイデガーは、先のニーチェの指摘と同じSchuldという語を用いているが、それは、自らの根拠なしの投企の根拠なき基盤でもある現存在が、自らの存在の可能性の中に踏みとどまりつつ、世間への自己喪失から、自らを自分自身へと連れ戻すべき存在であるという意味で、自分自身に対して「負い目あり」ということなのである〔287〕。

そして彼は、自己として存在することを実存的に選び取る選択としての「覚悟性」（Entschlossenheit）と「良心を持とうとする意志」（Gewissen-haben-wollen）が、現存在を本来のあり方に引き戻す役割を果たすと考えている。「覚悟性とは良心において証言される本来的存在可能性、すなわち《良心を持とうとする意志》の実存論的構造を確定するもの」〔300〕なのである。

こうした記述に見られるように、ハイデガーの良心論の場合も、おのれの本来性の呼びかけに対して「耳を傾け」、それを「声」として解釈する悟性的意識が前提にされている。そこには孤独な自己意識が、存在の深みからの声に耳を澄ましつつ「本来性」に向かって求心的に沈潜していくというスタンスが見てとれる。*10

ところで周知のように、このような、良心を自らの本来のあり方に忠実な自意識（「内面法廷」あるいは「超自我」のような命令的呼びかけも含め）として捉える類いの理解は、ヘーゲルによって完膚なきまでに批判されている。

彼は『精神現象学』でまずこう述べる。

良心とは、自らの真理を自分自身に備えており、その真理を自らの〈自己〉のうちに、自らの〈知〉のうちに、しかも義務についての知として持っている、自分自身を確信している精神である［Hegel 1970a (1807): 476］

こうした「自らが無媒介的に絶対の真理であり存在であると確信する精神」［465］でもある良心は、自己の確信の純粋性を保とうとする傾向をどうしても持ってしまう。そうした自足した確信を打ち砕くためには、言葉によって偽りなく〈自己〉を表明する必要があり、そこにおいて他者の良心との「一致」が図られると、ヘーゲルは主張する。

自分自身を確信している自己が無媒介に知ることが、掟であり義務であって、自己の意図は自己の意図であるがゆえに正義である。必要なのは、自己がそのことを知ること、そして自らの知と意志が正義だという確信を言明すること、ただこのことだけである。この断言という言明が、個の特殊性という形式を破棄するのであり、自己は言明において、自己にとって必然的かつ必要な普遍性を承認している。［480］

「自分の行動は良心に基づくものである」ということを、どうしても、人は言明しなければならない。というのも、この時の自己は、同時に普遍的な自己であらねばならないからである。〔…〕この普遍性は、行動する際に現実的なものとして定立されるのを要求する形式の中に存する。この形形式が、言葉のうちにおいて現実的となる自己のことであるが、それは、自分を真実のものとして言明すること自体において、あらゆる自己を承認し、あらゆる自己によって承認される自己なのである。［480-481］

ヘーゲルが想定したように、良心が偽りなく真実の自己を表明することがそのまま他者にとっても良心の表明となり、そこにおいて他者の良心と一致するという論理に無理がないかどうかは別途検討されなければならない点であろうが、ともかく、『精神現象学』において良心は、真理を外在的に捉えた宗教とは異なり、内在的に真理を把握するという姿勢に基づくゆえに、精神の自己回復形態として一定の意義を担っていた。

しかし後年の『法の哲学』では、「最も深い内面的な、自分だけの孤独性」と性格づけられた良心における善の理念が、抽象的で、現実性・具体性に欠けており、現実社会の有機的な関係性から遊離している点に批判の矛先が向けられ、良心の「社会性」ないし「共同性」がより強く志向される。

> 真実の良心は、即自かつ対自的に善であるものを意欲する心がけである。〔Hegel 1970b (1821): 254〕

ヘーゲルによると「即自的かつ対自的な善」（〔was〕an und für sich gut）に至っていない良心はいまだ完全な良心ではない。というのも、良心はそれが真実か否かという他者からの判断にさらされているからであり、「良心がひたすら自らの自己だけを引き合いに出すことは、直ちに、良心がそうであろうと欲するもの、すなわち、理性的で即自的かつ対自的に通用する普遍的な行為の仕方という規則に反している」〔255〕ためである。その結果、「国家は良心を、その固有の形式においては、すなわち主観的な知としては承認するわけにはいかない」〔ibid.〕のであって、その結果、「良心は、単に形式的な主観性としては、まさに悪に転落しようとしているものである」〔261〕とまで批判されることになる。

これは、良心が、理性的意志の客観化であると同時に抽象法の外面性と道徳の内面性を止揚したものでもある〈人倫〉(Sittlichkeit) にまで至っていないためである。要するに「私にとって良いこと」の重視ではなく、「私にとってだけでなく、みんなにとって良いこと」を考え、それを具体的に実現していく過程がここで重視されるようになる。*11

しかしこうしたヘーゲルの良心論も、「良心の〈存在している現実〉とは、現実とはいえ自己そのものであるような現実、すなわち自らを意識している現実、承認されるという精神的境位 (geistige Element) である」とか「良心とはすべての自己意識に共通する境位 (gemeinschaftliche Element der Selbstbewußtsein[e]) である」〔Hegel 1970a (1807): 470〕といった陳述に見られるように、「良心とは、それ自体にとって義務である意識 (Bewußtsein) である」〔Kant 1968a (1793), 185〕と述べたカントと同様、やはり良心が意識として捉えられていることに違いはないのであって、あくまで精神の内部における知的・反省的境位である。

また、『精神現象学』にせよ『法の哲学』にせよ、いつもながらのヘーゲル流の思考法に従って、ある境位 (例えば良心) の一面性が順次克服されていくプロセスが描かれているが、そこには、それを逸脱する要素——例えば、どう回収しようにも、「良心」も「人倫」も顧慮せずに行動してしまう、語の真の意味での「他者」たちの存在——に対する視点が希薄でもある。

すなわち、ヘーゲルの思想には、現実にぶつかれば、あるいは他者からの指摘や他者との対話を通せば自覚的に自分の一面性を顧みて「本来の正道」へと自らの行為と思考を正すことができる「行儀がよく賢い個人たちの共同体」という理念型が厳然と先行しており（ヘーゲルが国家論を構想する際にギリシアのポリス的共同体をモデルとしている以上、当然でもある）、その理念型にとっての暴力的な外部性――自らの共同性への隠された志向を「発見」したりすることも、あるいはそれを発見し得たとしても「言語化」することもままならない存在――は、本質的には彼の思考の外にある。そうした他者に対して、「汝の本質」を別の者が啓蒙的に「教え導く」という局面が仮に生じた場合、人々の位階秩序《ヒエラルキー》における「優劣」（「自覚した／し得る人々」と「自覚せざる／し得ない人々」）を前提する社会理論が導き出されることにもなりかねない。目的論的な思考にはつきものの事態である。[*12]

ともあれ、個人主義的性格を持った良心論（カント・フロイト・ハイデガー）であれ、共同主義的性格に移行する契機を伴った良心論（ヘーゲル）であれ、少なくとも良心が「意識」であり、精神的な現象にとどまるという性格に変わりはないことが以上の検討からも了解できる。[*13]

4　スピノザの「良心」論・再考

ではスピノザの良心についての考えは、これらの良心論とどのような点で異なるのか。

なるほど先に引用した『短論文』の記述を見る限り、「あとで後悔するようなことをしてしまうくらいなら、最初から確たる理性的洞察とそれに基づいた行動をすべし」というような合理性への訴えが彼の主張のように見えなくもない。しかし、それだけが理由で、良心の呵責に対してあれだけの激しい物言い——有害であり、悪として遠ざけるべきであり、避けかつ逃れるべきものであるというような——が出てくるだろうか。むしろこれらの記述から受ける印象は、敵視に近い激しさであり、弾劾の口調である。スピノザは何かを、はっきりと、自分の攻撃の対象に見据えている。それは理性の称揚よりも深いところに根ざした彼の姿勢、あるものを擁護するために、あるものを断固として退けようとする厳しさではないか。

その攻撃の対象となっているもの、それが、先に見た『短論文』の記述や『エティカ』全体を通して批判されている、「悲しみ」の情動であるのは明らかである。すでに見たように、スピノザの良心論の第一の特徴は、彼が良心の呵責を、悲しみという「情動」に解消した点にある。ちなみに「情動」(affectus)と「感情」は同じではない。「情動とは、私たちの身体の活動力を増大し、あるいは減少し、促進し、あるいは阻害する身体の変様《アフェクチオ》、そして同時にそうした変様の観念である」[E3D3]と述べられている通り、情動は、私たちの身体についての感覚(感情)のような意識に還元されるような状態ではなく、身体そのものにおける変化と反応を含み込み、身体における能動的な力、すなわち活動力(potentia agendi)の発現の度合いを示す指標のことだからである[E47Dem]。

スピノザは、悲しみを、「直接的に悪である」とした[E4P41, P8, P39]。その理由は、悲しみが身体の活動力を減少しあるいは阻害する情動だからであり[E4P41Dem]、精神の能力ではなく「無能力」を表すものだからである[E3P53, Dem]。この見方の基礎には、喜びが「人間をより小さな完全性からより大きな完全性へと至らしめるもの」であるのに対し、「悲しみは、人間がより大きな完全性からより小さな完全性へと移行することである」〔E3AD2, D3〕という考えがある。ここでのより大きな完全性とは、人間が精神的にも身体的にもより多くの能動的な諸力に満たされた状態を指している〔E4Pr〕。

このようにスピノザは悲しみを、人間の意識的側面ではなく、「情動」という身体と精神の双方を含み込んだ、個体の全体的な反応として捉えている。つまり、前節で検討してきたいくつかの良心論（これらをさしあたり「従来型の良心論」と呼ぶ）と系譜的に異なり、スピノザは、「良心」に関わる現象を——すなわち「悲しみ」を——人間の意識的領域に還元していない。*14

さらにスピノザの良心論には、この悲しみという情動が、常に／すでに「共同性」を帯びているという第二の特徴がある。

例えば、スピノザが良心の呵責を人間の悲しみという情動一般に解消したことは、次のような誤解を生じさせるかもしれない。「スピノザが良心現象を悲しみに含め、単なる意識ではなく、身体の変状としての情動として捉えたとしても、その情動を感覚するのは人間の意識なのだから、意識の孤立性という閉域から抜け出ていないのではないか。すなわち、カントにおいて顕著に表れていたように、良心が主観的原理にとどまり、真の人倫、他者の利益を考慮した真の共同性の構築原理にまで止揚されていないのではないか」というような批判である。

果たしてそうか。むしろ「悲しみ」という情動こそ、「喜び」という情動と同様、人間の共同性を形作る際の極めて大きな契機だとは言えないだろうか。

スピノザは『エティカ』の第三部定理二十七で、「私たちと同類のもので、それに対し私たちが何の情動も抱いていないものがある情動に触発されると私たちが表象する時、私たちはそのこと自体によって、類似した情動に触発される」と述べた。いわゆるスピノザにおける「情動の模倣」(affectuum imitatio)のメカニズムが展開される箇所だが、その理由は、先入観によって歪められていない限り、自分たちと類似性が高いと認識できる身体構造を持つものは、その類似性ゆえに、私たちが情動的な影響関係を受けやすいという事実から来ている。

したがってこの悲しみの情動には、共同性を包含した積極的な働きがある。例えば、「私たちに憐れみを引き起こすものを、私たちはできるだけその不幸から自由にするよう努力するだろう」[E3P27C3]と述べられているように、「憐憫」といった「他人の不幸から生ずる悲しみ」の情動が、他者をその不幸から脱せしめるように私たちを促す契機になるからである。このような行動をとる理由は、スピノザが人間の本質とみなしたコナトゥスの働き[E3P7]から言って、人間は、身体の活動力を減少したり阻害したりするものを表象してしまった時に、そうしたものができるだけなくなるように努める潜在的な傾向性を有しているためであり[E3P13]、人間がより能動的になればなるほどその傾向が強まるからである[E4P37, 66Sc etc.]。

したがって悲しみは、喜びと同様、他者の悲しみをより少なくするための社会的実践へと私たちを促していく欲望ときっかけを形作ることになる。

私たちは、喜びに役立つと私たちが表象するあらゆるものを実現しようと努める。一方、喜びに対立し、悲しみをもたらすと私たちが表象するすべてのものを遠ざけ、あるいは破壊しようと努める。〔E3P28〕

私たちは、人々が喜びをもって見ると私たちが表象するすべてのことをさらになそうと努める。〔E3P29〕

これらは一見、規範的言説のように見えるが、実はそうではない。スピノザは、他者が悲しみに触発される事態に至った時、人は自らが悲しみの状態にあることを認識するが、それと同時に「精神は自己の無能力を表象する時、まさにそのことによって悲しみに触発される」〔E3P55〕と述べている。その結果、人間の「身体的現実」に定位すると、能動性の全面的展開を自らの本質とする私たちが悲しみに触発されてしまった場合、その努力が、「悲しみを取り除くこと」に向くよう促されるのである〔E3P37Dem〕。つまりここで問題になっているのは、各人の能動性の発現の度合いによって極小から極大まで様々な揺れ幅がありつつも、「人は思わず、そうしてしまう」という——すなわち意識的判断を介さない——フィジックなリアリティの次元の話であって、道徳的要請に関する事柄ではない。

このように見ていくと、スピノザが良心の呵責を悲しみの情動に解消したことは、危惧されていたような、人間の社会的・倫理的な行動契機を奪うことには何らつながらないことが理解できる。それどころか、このスピノザの考えは、従来型の良心論が持つ、個人という枠内の自意識の問題にそれを留めてしまう傾向[*15]を突破して、汎化された「環境に対する能動的な関心と反応能力」を私たちに求めていくものであると捉えることができる。

というのも、良心が悲しみの一種である以上、私たちが闘うべき相手は「良心の咎め」ではなく、私たちに悲しみをもたらすものすべてになるからである。私たちに悲しみを与える原因となるものがこの世から完全に消えるような事態が到来でもしない限り（蓋然性が全くない仮定だが）、私たちは、悲しみの情動に触発され続ける。「人間が自然の一部分でないということは不可能であり、また人間が単に自己の本性のみによって理解され得るような変化、自分がその十全な原因であるような変化だけしか受けないということも不可能である」［E4P4］からである。

もちろんスピノザによれば良心の呵責は悲しみであるが、悲しみは良心の呵責とイコールではない。悲しみの射程はもっとはるかに広い。したがって、スピノザ的な「良心的行動」と言うべきものが仮にあるとしたら、それは、自分や他者に対して善なる行為を理念的あるいは観念的に求める類いのものではなく、無数に広がる諸々の他者や存在に向かい、そこにある悲しみの原因を取り除き、喜びを増殖させる多様な戦略的実践を促していく性格を有していることになる。

ここで誤解してはならない点が一つある。それは、悲しみというものが、「悲しみに暮れた状態」

というような静的な一点を指すものではない、ということである。私たちは一般に、期待していたものが手に入らなかったり、不幸や悲惨といった現実に直面したりする度ごとに悲しみを覚える。「世界はなんと悲しみに満ちていることか」と呟く際、私たちは固定された「現状」として悲しみを捉えている。

しかしスピノザは、喜びの場合と同様、悲しみを動的な「プロセス」、一つの「移行」であると考えている。

このことは喜びの情動と対立する悲しみの情動から一層明らかになる。なぜなら悲しみはより小さな完全性への移行の中にあるが、しかしより小さな完全性それ自身の中にはないことを誰も否定することはできないし、確かに人間は何らかのある完全性に与かる範囲においては、悲しみに触発されることはできないからである。また悲しみはより大きな完全性の欠如から成り立っていると言うこともできない。なぜなら、欠如とは何もないことであるが、悲しみの情動は一つの積極的な働きだからである。それゆえ、悲しみの情動はより小さな完全性へと移行する働き以外の何ものでもない。すなわち、人間の活動力が減少しあるいは阻害される働き以外の何ものでもあり得ない。［E3Ad3Ex］

ここでスピノザが主張しているのは、人間の一切の状態は、それ自体で捉えた場合常に完全であり

［E2D6］、欠如態として捉えてはならないこと、それゆえ、悲惨さや愚かさは能動性に満たされた状態に比べれば確かにより小さな完全性を示す事柄ではあるが、そのもの自体においては完全であることに違いはないこと、したがって、愚行や悲惨な状態それ自体が悲しみなのではなく、そうしたより小さな完全性へと私たち自身や他者が移行する際に経験する情動が悲しみなのだ、ということである。

こうしたスピノザの考えは、従来型の良心論の問い直しと、それらが解決できなかった難問への一つの解答を提示している。

先に検討したような従来型の良心論では、個人的な行為の善悪を自分の「意識」が判断することによって、過去の行為を後悔したり、現在の行為を責めたり、未来の行為を思いとどまらせたりする、という事態が問題になっていた。しかし、逆に言えば、そうした「良心の咎め」を免れた行為をしている時にはある種の自己満足、つまり自己の行為を「これで良かったのだ」と是認する判断が伴い得る（例えば「疚しくない良心」）。ヘーゲル流の相互承認論を経た人倫的な段階においてすら、最終的に是認されるべき行為とそうでない行為が分離されているという点では変わらない。事前であれ事後であれ、暗示的であれ明示的であれ、「行為の善悪」を指し示すものが良心なのであり、その判断の主体は「意識」なのである。

しかし、この「判断の主体としての意識」は常に変動しやすいものである。[*16] ゾンスが指摘するように、「ある者はある事に関して良心の苦痛を体験するかと思えば、他の者は軽々しくそれを看過する。同じ人間でも、自分にとっては一年後に良心の苦悶を作り出すようになることを、今日は嬉々として行う」[Sonns 1955: 15-6] のであって、その人の属する文化的コンテクスト、あるいは民族や階級によっても良心の意識は変動するというのが人間の実態だろう。

スピノザ流の「良心の呵責」(=悲しみ)も、もちろん、変動する情動である。その変動の状態は、意識と同様、外から受け取る様々な情報によって左右される。しかしこの情動としての「良心」には、意識する良心よりも一つのアドバンテージを有している。それは情動が、判断する意識を通過しない直接的な身体的反応であるという点である。悲しみは、個々の行為が「真に」善であるか悪であるかは問題にしない。そもそもスピノザにとって、善と悪は、時と状況によって変化する相対的な概念に過ぎないためである [E1App, E3P9Sc]。そうではなく、私や他者の活動力を減少させるような事柄が今まさに起こっているのを認知する時に感じるその移行 (transitio) の感覚、私たちをより大きな完全性(精神的にも身体的にもより大きな能動性に満たされた状態)へと至らしめるのとは逆の事態が生じている時に感じる、その移行の感覚を問題にすることによって、スピノザは善悪の「基準」ではなく、状況への「応答能力」(レスポンス - アビリティ)としての「良心論」を構築したと言えないだろうか。

このような考えは、従来型の良心論にとって難問とされてきた問いに対する、一つの解答を用意することにもつながる。それは、あらゆる行為者にとって「良心が聞こえるべき時になぜ、よりによって良心が聞こえないのか」という問いである。

厳格な宗教的教えや法的規定があるにもかかわらず、甚だしい愚行が繰り返され、残虐がまかり通っている時、人々はその行為者たちに「あの人たちの良心はどこに行ってしまったのか」と古来、問うてきた。しかしスピノザ的に言えば、すでに完全性の小さい状態になってしまった存在は、その状態自体に「悲しみ」は感じないゆえに（なぜなら先に述べたように悲しみとは「移行」の過程で経験される情動だから）、いわゆる通常の意味での「良心」の働きは限りなく小さくなってしまうのである。

この「良心の沈黙」という現象については、フロムが次のような説明をしている。この中の生産性＝能動性に関する箇所は、スピノザの考えと軌を一にするものである。

しかし、良心についての私たちの分析は、多くの人々において良心の声が極めて弱いので聞くこともできず、それに基づいて行動することもない、という事実と矛盾しないだろうか。〔…〕もし良心が十分に高く、明瞭に語るのなら、道徳的目標から道を踏み外す人々はわずかしかいないに違いない。この問題に対する一つの解答は、良心そのものの本性から与えられる。すなわち、良心の機能は人間の真の自己関心を守ることにある以上、人間が自分自身を全く失わず、自分自身の無関心と破壊性の犠牲になっていない程度においてしか、良心は生きられない。良心と人間の生産性との関係は、相互作用をなしている。人が生産的に生きれば生きるほど、良心はますます強められ、今度は、良心が強くなればなるほど、生産性は高められる。生き方がより生産的でなくなればなるほど、良心はその分だけ弱まる。人間の逆説的――そして悲劇的――状況は、人間が良心を最も必要としている時に、それが最も弱まっているという点にある。［Fromm 1990 (1947): 160］

『エティカ』の第四部で明らかにされているように、確かにスピノザによれば、人が自分自身の能力に基づいて他者の喜びを増大させる行為に及ぶ可能性は、その人の能動性の発現の度合いに比例している［ref. E4P20Dem］。いわばスピノザ的な「良心」は、フロムが再三指摘するように、「情動的な特性を持っており」、「総体としての人格に相応しい働きやその働きの不調に対する全人間的な反応」「私たちの人間的、個人的存在を構成する諸能力の全体性に対する反応」と言うべき種類のものなのである［ref. Fromm 1990 (1947): 158］。*17

5　悲しみと共同性

スピノザは、「他者に対する責任の放棄」を奨励しているのでは、いささかもなかった。スピノザが批判するのは、むしろ、「他者」という位相を特権化することによってそれを自己の「外部」と規定し、自他の間に乗り越えることの不可能な壁を構築するような、ある種の思考だった（彼は「人間」や「存在」という表象すら非十全な観念として告発し続けた［E2P40Sc1］）。スピノザは、来るべき全体性の一契機として他者性を揚棄するのではなく、様態としての世界にしか生きられない私たちに対し、他者をその不定型な多様性のまま感受し、互いに触発し合い、その無数の力の放射に応答していくという行動様式を提示している。

悲しみは特定の他者や人類全体に対する責任ではない。自分たちと相似性が高いという理由で人間同士の悲しみが相対的に特別の位置を占めるとしても、原理的に言って、あらゆる生命、あらゆる物質、あらゆる存在、あらゆる行為、そしてあらゆる出来事が、私たちに「移行としての悲しみ」のきっかけを作り得る。それは人間のみならず、知覚能力と情動的移行を感受する機能を持つすべての生命にとって必然の事態である。そして、それらの要因をなくすことをまさに悲しみ自体が求めているという意味で、私たちは、〈道徳〉とは異なる地平において、他者も含めた自らを取り巻く世界全般に対する「応答《レスポンス》‐能力《アビリティ》」としての〈責任〉を常に／すでに有している。その際、先に述べたように人間の場合、悲しみが、喜びの情動におけるのと同様、互いに触発し合う私たちの身体の共通性を通して、一つの共同性、人々の結びつきの可能性を創出する契機を作り出してさえいるのである。[*18]

例えば戦争や人々の様々な権利侵害が、単に、「人間としての尊厳」や「顔としての人格」を奪うから「悪」なのではない。そうした告発は、いまだに人間中心主義的限界に囚われた発想だろう。暴力は単に、人が人に対して直接的に振るうものだけでない。ある種のウイルスやバイオ作物、放射能、大気や水の汚染などは、その影響力を及ぼす対象として、特定の人格を予想していない。言うまでもなく、およそ私たちが「暴力」とみなす一切の力の本質にはもともとそうした非人格性が内包されているためである。しかしそれらは端的に私たちの「命」にとっての脅威となり得る。そもそも「他者の顔」が問題になる一つの理由は、そこに私たちが、苦痛という「悲しみ」、暴力的な力による命の損壊を感受するからではなかったか。

スピノザの言う悲しみとは、ひとつひとつの「命」にとっての脅威に対する「抵抗のためのシグナル」なのである。私たちは悲しみによって、自分たちの命が脅かされ、その活動力（生命力）が減衰することを知る。悲しみを通して、私たち自身や他の様々な力が自他の命を毀損していることを感じ、その喜びを増殖させるのではなく、減殺していることを感取するのである。

したがって、スピノザ的な思考によれば、戦争も種々の人権に対する攻撃も、〈私たちの生〉に対する汚損であり、そうであるがゆえにそれらは告発される。実際、権利の侵害や環境破壊に対する抗議、戦争に対する告発、不平等や貧困に対する闘い等の局面で最初に人々を駆り立てるのは、自分が「良心に悖《もと》らないことをしている」という意識、あるいは「良心的」に善なることをなそうとする理性的判断なのだろうか。むしろ今日の様々な社会闘争――「今日」というより、有史以来かもしれない――の直接のきっかけとそれを持続する意志に力を与えているのは、「悲しみ」の情動なのではないだろうか。言い換えれば、自己や他者の〈生〉が何らかの形で傷つけられていくことに対する、ほとんど身体レヴェルから発せられる異議申し立て――すなわち媒介を経由しない直接的・一次的かつ否定することの不可能な情動――なのではないだろうか。しかもそれは同時に、能動的な〈喜び〉の情動の増殖を求めて自らを貫通する関係性を構成し直し、新しい共同性を構築しようとする、個人性には決して限界づけられない集団的欲望なのではないだろうか。[*19]

以上のような考察を経ると、ニーチェによって「良心なき思想」と形容されていたスピノザには、それにもかかわらず、cum alio scientia（他のものにつながる知）と良心を規定したアクィナス［Aquinas 1970 (1274): I-79-13］の思想的水脈と、コンテクストを異にしつつも遠く共鳴し合いながら、そして語の深い意味における Ge-wissen（共に‐知ること）のエレメントを包み込みながら、さらに今度は、それを共同性のレヴェルで具体化していこうとする思考が、確かに存在していることが了解できる。

「私たちの活動力を減ずるあらゆる悲しみに対して闘いを」「汝の活動力を増大させよ、あるいは、汝の喜びを最大に味わうように行動せよ」――フーコーらが言う「生‐権力」(bio-pouvoir) が私たちの〈生〉の能動性の多様な発露を抑圧・管理し、あるいは馴致する力であることがますます明らかになってきている今日、活動力と〈生〉の価値を最大に擁護しようとするスピノザのこの二つの倫理的テーゼの意義は、高まりこそすれ、弱まることはないだろう。

スピノザは、「良心の呵責」を悲しみに包摂することによって、それまで「倫理的問題」とされてきたものを脱構築《デコンストラクト》した。三百年以上前に彼は「あまりに人間的」な議論、人間と神との関係やその尊厳の優劣をめぐる神学的お喋りの傍らにある、巨大な暴力に、私たちの注意を向け変えたのである。良心をめぐる論争などよりずっと古い歴史を持ち、はるかに射程が広く、もっと執拗で、もっと狡猾な力、〈生〉を侵犯し、食い破る力が私たちの傍らに、あるいは私たちの内部に巣くっていることを確かに感受しつつ、それらの猛威から私たちの〈生〉を守り、擁護するために。

注

＊1　例えばレヴィナスは、「疚しさの欠如」（「やましくない良心／意識」（bonne conscience））を戦争の恒久化と結びつけていた［Lévinas 2004 (1974), 271-272］。

＊2　ここでの knagen （(絶え間なく) 悩ます、蝕む）の名詞形 knaging は、一般に文脈上、「良心の呵責」（morsus conscientiae）を意味するとされている（「心の不安」に関するデカルトの規定［Descartes 1986: 464］も参照。なお、『情念論』のこの箇所でデカルトも Remords de conscience を「悲しみ」であると規定しているが、彼はスピノザのようにそれを倫理的な意味で「悪」とまで断定はしていない）。

＊3　『短論文』には、他に「善意識」（goede conscientia）について述べた箇所があり、それが人々を平安（heyl〔heil〕）に導くとされている（第二部第六章）。しかしこれは、必ずしも geweten（良心）とイコールではない。

＊4　テクストに忠実には「意識の責め」と表現し得るこの箇所の訳語は、しばしば「落胆」という語が当てられることが多かった。例えば、仏訳でも R. Caillois や R. Misrahi らは déception、英訳でも R. H. M. Elwes らは disappointment を選択している。日本でも畠中尚志は「落胆」を採用している。しかし一方で、例えば独訳は W. Bartuschat が、良心の呵責（噛みつき）を意味する Gewissensbiß を採用しているほか、仏訳でも C. Appuhn は resserrement de conscience（「良心＝意識の収縮」）を、B. Pautrat や P. Macheley らが remords de conscience（「良心の呵責」または「悔恨」）という語を、英訳でも E. Curley らの訳では Remorse（「良心の呵責・自責の念」）が採用されている。

この備考を、「希望」や「恐怖」を中心とする一団の感情群を扱ったひとまとまりのコンテクストとみなした場合には、前者のグループのような「落胆」という解釈も一定の妥当性を持ち得ると考えられるが、こうした訳語の混乱を招くこと自体が、当時広く知られていた morsus conscientiae という語をスピノザが、意識的に道徳的文脈に位置づけないよう心を配っていたことを推察する傍証となっているとも言え、興味深い。

＊5　例えば「「良心」は、一般に解されているような単なる感情や感覚ではなく、「優れて知る」働き、すなわち知性

の働きが根底にある」［石川 2001: 13］、あるいは良心概念は多様性を帯びてはいるが、「しかし、このような多様性の中でも統一性はいくつか認められる。最も大きな統一性は良心が何らかの法、あるいは存在の前での自己意識であるということに求められる」［金子 1985: 85］等の指摘を参照。

＊6 「良心法廷」という発想自体に、『新約聖書』におけるパウロの思想（特に決定的なのは「ローマ人への手紙」第二章［ロマ 2: 15］）の影響が明白に見られるのは周知の事実である。

＊7 カントの思想は、言うまでもなくプロテスタンティズムと切り離せないが、ヴェーバーが『プロテスタンティズムの倫理と資本主義の精神』で明らかにしたように、プロテスタント的な禁欲主義が重視するのは、まさしくカントが行ったような、個人の道徳的良心が自分自身の裁判官となるような「自己反省の体制」を構築することだった。この点について、オーウェンは次のように述べている。

> プロテスタンティズムの影響下で形作られた、目標指向的主体に含まれる自己反省は、個人の良心によってのみ媒介されている。それゆえ、プロテスタント的な禁欲主義の際だった特徴は、個人の良心によって規定される神の意志に合致した生活形態に固執することを通して、内的距離のパトス――目標と関係づけて自己に命令する個人の能力――が反省的に構成されていく点にある。換言すれば、プロテスタント的な禁欲主義は、自己監視と自己疑念の体制を構築し、それによって、道徳法の裁判官となり犠牲者となり復讐者ともなる人間類型、すなわち、目標への固執によって内的距離を反省的に構成する能力や、神の栄光のため、合理的に世俗的世界を支配する能力を有した人間類型を育成したのである。［Owen 1994: 112］

＊8 ニーチェの著作にもスピノザにも、この時期のフロイトの超自我という考えを、ある意味で先取りしたような心的機制について述べている箇所が見られ、例えば教育による超自我の形成が自我に不安の感情をもたらす源となる

現象への洞察等もなされている［ref. Nietzsche 1988a (1878): 576; Spinoza: E3Ad27］。

＊9　フロイトは後年の「文化への不満」の中では、良心を文明論的な視野から捉え直しているが、これは、自らが「自我とエス」で採用していたエディプス的ないしブルジョワ的な良心論に対する一定の批判ともなっている。

文化が自分に敵対する攻撃衝動を抑え、無力化し、うまく行けば遮断さえもするための手段にはどのようなものがあるだろうか。一番重要なのは〔…〕私たちの攻撃欲動を取り込み、内面化することである。だが実のところ、このことは、攻撃衝動をその生まれた地点に送り返すこと、つまり自分自身へと向けることにほかならない。このようにして自我の内部に戻った攻撃衝動は、超自我の形で自我の他の部分と対立している自我の一部に取り入れられ、今度は「良心」(Gewissen) となって、本来なら自我自身が自分とは縁のない他者に対して示したかったのと同じ厳格さをもって、自分自身の自我に対峙するのである。厳格な超自我とそれに隷属する普通の自我との緊張関係――これこそが罪の意識であり、これは自己懲罰の欲求として現れる。すなわち文化は、個々人の内部に潜む攻撃衝動を抑えつけるために、個々人を弱め、武装解除し、その心の中の法廷に――征服された都市が占領軍に監視されるように――見張られるという方法を使うのである。［Freud 1948 (1930): 482-483］

しかしながら、一方でこうした良心解釈は、文化を有する人間にとって良心の呵責という現象が不可避であるという運命論的（あるいはほとんど「生得観念説的」と言ってもよい）説明にもなってしまう［ref. 487-488］。

＊10　ニーチェが、キリスト教的良心を批判する一方で、最高の徳としての「知的良心」(intellektuelle Gewissen) を擁護し、ピンダロスの「汝があるところのものになれ」を引きつつ、それを「自分自身への申し分のない誠実さ」(ganze Rechtschaffenheit) と結びつける際、やはりハイデガーと同様の内面的精神性への傾斜が見られる［Nietzsche

1988b (1882): 519, 537, 600-601 etc.]。

*11　「国家を地上における神のごとく崇拝しなければならない」[Hegel 1970b (1821): 434] と主張したヘーゲルの場合、単なる主観的確信ではなく人倫的な「真理を踏まえた確信」である良心は、最終的に「愛国心」の形をとるに至る [413]。同様にハイデガーも、現存在は、本質的に他人との共同存在として存在している以上、「現存在の生起 (Geschehen) は共同生起であり、命運という性格を帯びる。それはすなわち、共同体の運命的生起、民族の生起のことである」[Heidegger 2001 (1927): 384]「命運とは他者との共同存在における現存在の生起である」[386] 等と述べ、最終的に自己の所属する共同体（ないし民族あるいは国家）を、真の本来性の実現の場と考えている。

*12　広く知られている通りバーリンは「二つの自由概念」において、このような目的論的ないし啓蒙的言説が、ある人間の本質について、「その本質をすでに知っている」と称する別の人々による同意形成を迫る圧力として機能する傾向を持つ点を問題にしていた [Berlin 2002 (1958): 179]。

*13　これは良心という語の起源をギリシアに遡っても同じであり、のちに conscientia へと翻訳される *συνείδησις* にも、「知を共にする」「自覚する」「心の苦しみ」など様々な用例があるが、勝義は基本的に身体性を必須のものとは前提しない「自意識」である。

*14　意識の優位に対するスピノザの批判については、ドゥルーズによる指摘 [Deleuze 1981: 28-33] 等を参照。そこでは、意識は原因ではなく結果に過ぎず、意識が合目的性の錯覚、自由の錯覚、神学的錯覚という三つの錯覚の上に成立していることをスピノザが明らかにした点が評価されている。言うまでもなく身体性とは言ってもスピノザは、ルソー [Rousseau 1969: 401-42] あるいは初期のカントが考えたような、良心を生得的「本能」とみなす類いの発想も退けている。

*15　本能としてであれ、超自我としてであれ、内面の反省意識としてであれ、良心という現象それ自体を intact な領域として確定してしまうことは、主体の自己同一性を安易に前提する思想を招来してしまうおそれがある。アル

チュセールの「イデオロギーと国家のイデオロギー装置」における良心の記述を取り上げつつ、「良心」が市民‐主体の生産と規制に不可欠の前提である点について論じた考察として、バトラーの論文「良心が私たち皆の主体を作る」[Butler 1997: 106-31] を参照のこと。

＊16　ゲーテの「行為する者は、いつの場合でも良心を欠いている」[Goethe 1977: 522]、あるいは、パスカルの「人は良心によって悪をする時ほど、十全にまた楽しげにそれをすることはない」[Pascal 2000 (1670): 817] といった箴言は、もちろんヘーゲルが言う、行為から逃避した純粋形態の「良心」としての「美しい魂」のあり方を示していると解釈することもできるが、一方、良心の純粋性と妥当な実践が乖離することが常態として考え得ること、そして、「意識としての良心」が公共性や公益性と必ずしも一致しない可能性があることに対する透察とも読める。

＊17　フロムはここで、スピノザ的な内在的な自己肯定に基づかない「権威主義的良心」（自分自身の能力の外側に権威を認め、その権威が正しいとしたものを内面化して自己の良心的判断としてしまう態度）の典型として、ファシストにおける「良心」やルター、カルヴァンらの「罪責感」、フロイトの「超自我」を挙げている [Fromm 1990 (1941): 141-72]。フロムと同様、臨床的な心理分析の立場からフランクルは、「神の声」という良心論に依拠しつつも、良心現象を、精神的に十全な生活のメルクマールとして捉えている [Frankl 1966: 301-303]。

＊18　レヴィナスは、例えば次のように述べる。

私を追ってくる痛みという形をとって、他の人間が被っている痛みが私を傷つける。まるで初めから、他の人間が、私が自分自身に安らっていることを、私の〈存在しようとする努力〉(conatus essendi) を審問しつつ私に訴えかけているかのように、まるで私が現世での私の痛みを嘆くより前に他者に対して責任を負わなければならないかのように、その痛みが私を苛む。このことにこそ、痛みのうちにこそ、その「志向」のうちにこそ（私は私の痛みという形を通して、もっぱらその「志向」の対象である）、〈善〉へと通じる突破口

があるのではなかろうか。［Lévinas 1982: 206］

責任（responsabilité）とは、あらゆる自由に先立ち、あらゆる意識／良心（conscience）に先立ち、あらゆる現在にも先立って背負わされた債務に、一切の理解に先立って、責を負うことである。［Lévinas 2004 (1974): 26］

スピノザとレヴィナスの思想的立場には、スピノザのコナトゥスに対する誤解に基づくレヴィナスの論難だけに原因を帰すことができない、甚だしい懸隔があるのは事実である。にもかかわらず、右のような叙述には、彼ら二人の倫理と問題構制の間に、極めて精到に同定すべき「近接点」――準線に無限に接近しつつ交差寸前で変曲点を形成する放物線のごとき――があることが、微かに垣間見える。

＊19　フーコーとドゥルーズの政治的思考の中核にあるのは、こうした情動および欲望を全面的に肯定しようとする意図である。例えばドゥルーズのニーチェ論やスピノザ論、ガタリとの共著『アンチ・オイディプス』と『千のプラトー』を、そしてフーコーの全著作を、もしこうした観点の理解なしに読むなら、彼らの問題意識の核心を見逃してしまうことになる。とりわけフーコーは、彼自身が意識するよりもはるかに、政治的・倫理的側面においては「スピノチスト」である。

文献

Aquinas, St. Thomas., 1970 (1274), *Summa Theologiae*, t. 11, ed. T. Suttor, London: Eyre & Spotiswoode.〔『神學大全（第六巻）』高田三郎・大鹿一正訳、創文社、一九六二年〕

Berlin, Isaiah., 2002 (1958), *Liberty*, Second Edition, ed. Henry Hardy, Oxford: Oxford University Press.〔『自由論』小川晃一・小池銈・福田歓一・生松敬三共訳、みすず書房、二〇〇〇年〕

Butler, Judith., 1997, "Conscience Doth Make Subjects of Us All: Althusser's Subjection" in *The Psychic Life of Power: Theories in Subjection*, Redwood: Stanford University Press. 〔「良心がわたしたち皆を主体にする――アルチュセールの主体化《サブジェ》／隷属化《クション》」井川ちとせ訳『現代思想』二八巻一四号、二〇〇〇年一二月〕

Deleuze, Gilles., 1981, *Spinoza: Philosophie pratique*, Paris: Minuit. 〔『スピノザ――実践の哲学』鈴木雅大訳、平凡社、二〇〇二年〕

Foucault, Michel., 1966, *Les mots et les choses*, Paris: Gallimard. 〔『言葉と物――人文科学の考古学』渡辺一民・佐々木明訳、新潮社、一九七四年〕

Frankl, Viktor E., 1966, »Der unbewußte Gott« in *Das Gewissen als Problem*, hrsg. von N.Petrilowitsch, Darmstadt: Wissenschaftliche Buchgesellschaft.

Freud, Sigmund.,1968 (1930), »Das Unbehagen in der Kultur« in *Gesammelte Werke*, chronologisch geordnet IX, Frankfurt a.M.: Fischer. 〔「文化への不満」浜川祥枝訳『フロイト著作集3』人文書院、一九六九年〕

――, 1998 (1940), »Das Ich und das Es« in *Gesammelte Werke*, chronologisch geordnet XIII, Frankfurt a.M.: Fischer. 〔「自我とエス」小此木啓吾訳『フロイト著作集6』人文書院、一九七〇年〕

Fromm, Erich., 1990 (1941), *Man for himself: an inquiry into the psychology of ethics*, New York: Henry Holt & Company. 〔『人間における自由』谷口隆之助・早坂泰次郎訳、東京創元社、一九七二年〕

Goethe, J. Wolfgang., 1977, *Sämtliche Werke*, Band 9, Zürich: Artemis.

Hegel, Georg W.F., 1970a (1807), *Phänomenologie des Geistes*, Werke 3, Suhrkamp Taschenbuch Wissenschaft, Frankfurt a.M.: Suhrkamp. 〔『精神現象学（上・下）』樫山欽四郎訳、平凡社、一九九七年〕

――, 1970b (1821), *Grundlinien der Philosophie des Rechts*, Werke 7, Suhrkamp Taschenbuch Wissenschaft, Frankfurt a.M.: Suhrkamp. 〔『法の哲学（Ⅰ・Ⅱ）』藤野渉・赤沢正敏訳、中央公論新社、二〇〇一年〕

Heidegger, Martin., 2001 (1927), *Sein und Zeit*, achtzehnte Auflage, Tübingen: Max Niemeyer Verlag. 〔『存在と時間』細谷貞雄訳、筑摩書房、一九九四年〕
石川文康、二〇〇一年『良心論——その哲学的試み』名古屋大学出版会
金子晴勇、一九八五年『恥と良心』教文館
Kant, Immanuel., 1968a (1793), *Die Religion innerhalb der Grenzen der bloßen Vernunft*, Akademie Textausgabe, Band VI, hrsg. von der Königlich Preußischen Akademie der Wissenschaften, Berlin: Walther de Gruyter. 〔『たんなる理性の限界内の宗教』北岡武司訳『カント全集10』岩波書店、二〇〇〇年〕
——, 1968b (1797), *Die Metaphysik der Sitten* in *Kants Werke*, Akademie Textausgabe, Band VI, hrsg. von der Königlich Preußischen Akademie der Wissenschaften, Berlin: Walther de Gruyter. 〔『人倫の形而上学』樽井正義・池尾恭一訳『カント全集11』岩波書店、二〇〇二年〕
——, 1974 (1770-80), *Moralphilosophie Collins* in *Kant's gesammelte Schriften*, Band XXVII, hrsg. von der Akademie der Wissenschaften der DDR, Berlin: Walther de Gruyter. 〔「コリンズ道徳哲学」御子柴善之訳『カント全集20』岩波書店、二〇〇二年〕
Lévinas, Emmanuel., 1982, *De Dieu qui vient à l'idée*, Paris: Vrin. 〔『観念に到来する神について』内田樹訳、国文社、一九九七年〕
——, 2004 (1974), *Autrement qu'être ou au-delà de l'essence*, Paris: Le Livre de Poche. 〔『存在するとは別の仕方であるいは存在することの彼方へ』合田正人訳、朝日出版社、一九九〇年〕
Nietzsche, Friedrich W., 1988a (1878), *Menschliches, Allzumenschliches I und II*, kritische studienausgabe 2, Berlin: Walter de Gruyter & Co. 〔『人間的、あまりに人間的（I・II）』『ニーチェ全集5・6』池尾健一訳、筑摩書房、一九九四年〕
——, 1988b (1882), *Die fröhliche Wissenschaft*, kritische studienausgabe 3, Berlin: Walter de Gruyter & Co. 〔『悦ばしき知識』信

太正三訳、筑摩書房、一九九三年〕

——, 1988c (1887), *Zur Genealogie der Moral*, kritische studienausgabe 5, Berlin: Walter de Gruyter & Co.〔『道徳の系譜』木場深定訳、岩波書店、一九六四年〕

——, 1988d (1888), *Ecce homo. Wie man wird, was man ist*, kritische studienausgabe 6, Berlin: Walter de Gruyter & Co.〔『この人を見よ』手塚富雄訳、岩波書店、一九六九年〕

Owen, David., 1994, *Maturity and Modernity: Nietzsche, Weber, Foucault and ambivalence of reason*, London: Routledge.〔『成熟と近代——ニーチェ・ウェーバー・フーコーの系譜学』宮原浩二郎・名部圭一訳、新曜社、二〇〇二年〕

Pascal, Blaise., 2000 (1670), *Pensées* in *Pascal Œuvres complètes*, Livre II, établie et annotée par M. Le Guern, Paris: Gallimard.〔『パンセ（Ⅰ・Ⅱ）』前田陽一・由木康訳、中央公論新社、二〇〇一年〕

Rousseau, Jean-Jacques., 1969, *Émile ou De l'éducation*, Livre IV, Paris: Gallimard.〔『エミール（上・中・下）』今野一雄訳、岩波書店、一九六二～六四年〕

Sonns, Stefan., 1955, *Das Gewissen in der Philosophie Nietzsches*, Winterthur: P. G. Keller.

Stoker, Hendrik G., 1925, *Das Gewissen, Erscheinungsformen und Theorien*, Bonn: F. Cohen.

第2章　〈シュトラウス〉

〈徳〉をめぐる係争

アメリカ合衆国で唯一、学派（Straussians）を形成した政治哲学者と言われるレオ・シュトラウスの政治思想は、「古代ギリシアの叡智への回帰」とも概括される一方で、アメリカにおける新保守主義《ネオ・コンサヴァティズム》の源流として、現実の政治状況にコミットし続けているとの指摘を受けることもある［ref. Drury 2005 (1997); Xenos 2007 etc.］。アカデミックな作業への傾倒と、現実政治への影響力の行使——本稿では、一瞥すると矛盾するかに見えるこのようなシュトラウスの思想に、彼のスピノザ論を最初の手がかりにしつつ分け入ってみることを試みたい。後述するように、スピノザとシュトラウスは、当初から、互いに強いベクトルで拮抗し合いながら、少なくともある一点では交差してもいる。スピノザという鏡を通してシュトラウスを照射するというこの作業が、シュトラウスの思想を読み解く補助線の一つを提供するものになればと思う。

1　シュトラウスに抗うスピノザ

シュトラウスが一九二一年、カッシーラーの指導のもとハンブルク大学で取得した博士学位論文が、スピノザ批判で名高いヤコービの認識論について論じたもの（*Das Erkenntnisproblem in der philosophischen Lehre Friedrich H. Jacobis*）であったこと、その後ベルリンのユダヤ主義研究所の研究員として、十七世紀における聖書批判の研究を進める途上でまとめた第一公刊物がスピノザの『神学・政治論』に対する批判的研究書（『スピノザの宗教批判』〔長文の「序」を補した英語版は一九六五年〕）であったことを考慮すると、シュトラウスとスピノザとの間には、ごく初期から、一方ならない緊張関係があったことが窺える。「シュトラウスにとってスピノザは、終生、悩みの種として取り憑いた人物だった」［Smith 2006: 16］と指摘されるように、両者の関係が通常想定される以上に深いものであるとするなら、彼のスピノザ論を検討することは、シュトラウスの思考の本質に迫る良き鍵を提供してくれるはずである。

しかしながら件のスピノザ論は、スピノザ・プロパーの研究者らから無条件に高評価を受けている著作とは、必ずしも言えない。むろん、スピノザの『神学・政治論』とユダヤ・キリスト教との関係性を考察する際に、この『スピノザの宗教批判』が必読文献の一つであることは確かである。スピノザの思想と啓示宗教との間にあるとされる「敵対性《アンタゴニズム》」を手堅い文献読解に基づいて明らかにした本格的な業績として、本書に代表されるシュトラウスのスピノザ研究は、その古典的価値をいささかも失ってはいない。

とはいえ彼のスピノザ解釈にはいくつかの問題点があることが、折に触れ様々な研究者らから指摘されてきた。ここではそれらのうちから一、二の例をピックアップしてみたい。一つはザックによる有名な問題提起である。ザックは、『スピノザと聖書解釈』の中で、シュトラウスが遂行した『神学・政治論』に対する「秘教的読解」という手法について疑問を呈している［Zac 1965: 221-229］。

その内容に立ち入る前に、シュトラウス独自の——正確には、ファーラービーを介してプラトンから彼が借りてきた——思想史に対するスタンスとして有名な、この秘教的読解という手法について簡単な確認をしておくと、シュトラウスによれば、過去の思想家の著述を現在の私たちが理解しようとする場合、そこに書かれている意味を文字通り受け取ってはならないという。なぜなら過去の、とりわけ偉大な思想家たちは、自由主義的伝統に慣らされている私たちには想像もつかないほど困難な知的状況に置かれていたのが常であり、それが著述の方法に大きな影響を与えていると考えられるためである［Strauss 1988d (1952)］。つまり、「真理の探究」を旨とする哲学者や科学者の見解は、人々の「意見」によって構成されている社会にとって有用であるとは限らず、ソクラテスにおけるように、場合によってはその表明によって命が絶たれることもあるほど危険なものであり得る。それゆえシュトラウスによると、そうした人々は、自らの思想を公に向かって表明しようとする際、すべての読者に対して容易に接近可能であるよう意図されている〈公教的教え〉(exoteric teaching) と、長年にわたる集中的な研究のあとに、「極めて注意深い、良く訓練された読者」にのみ開示される〈秘教的教え〉(esoteric teaching) とを分けていたという。思想家が本当に伝えたいことは、「少数の知的読者」が、「行間に書く」という方法で示された著者の見解を、「行間を読む」ことによって初めて知ることができるというのが、彼独特の思想史へのアプローチの仕方だった［Strauss 1988c (1952); 1988e (1954)］。

例えばシュトラウスは、プラトンの『国家』でプラトンの「真意」を伝えているのはソクラテスではなく、実は、一般に強者の正義の代弁者とされるトラシュマコスであったというかなりユニークな読みを提示しているが［Strauss 1984 (1964): 77-78］、主として『迫害と著述の技法』で展開されたこの方法論をシュトラウスはスピノザのケースに当てはめ、『神学・政治論』は秘教的に、すなわちスピノザが最も伝えたかったことを「行間に隠して」語られたテクストとして読むべきであると主張する［Strauss 1988d (1952): 142-201］。

宗教に対してうわべだけ崇拝してみたり取り入ったりするというスピノザの態度は、哲学者であるスピノザにとって、単なる方便に属する問題などではない。むしろ、可能ないし必要な場合には、一般に受容されている意見――たとえそれが虚偽であり馬鹿げたものであると彼自身は考えていたとしても――にあえて迎合することを通して自らの思想を表明しようとする意図の現れにほかならない。［177-178］

言葉を換えれば、スピノザは『神学・政治論』で保身を考え大衆に媚びを売った、というのがシュトラウスの主旨である。この見解に対してザックは、「聖書を聖書のみによって解釈する」という新しい方法を提唱した『神学・政治論』においてスピノザが何より訴えようとしていたのは、「聖書は理性に対して完全な自由を残している」ということであり、同時に、「聖書と哲学との間に共通点はない」ということであって、それゆえ、そこでの彼の立場は、「自分自身の哲学を、さしあたり脇に除けておく」（mettre entre parenthèses）という姿勢にほかならないと述べ、『神学・政治論』はあくまでも、スピノザ自身の哲学からは独立した著作とみなすべきであると主張する［Zac 1965: 13-14］。ザックによれば、「理性的なものは理性的な方法によってしか伝えることはできない」と考えていたスピノザが「精神に対して罠をかけるような悪知恵を働かせるのは（すなわち、シュトラウスの言うような「秘教的」手法をとるのは）、理性的なものを非理性的な手法を用いて伝えようとすること」であり「矛盾」であって［229］、スピノザが『エティカ』等における自らの本来の思想と『神学・政治論』で発表した考えとを分離していたと推測するほうが、むしろ彼の思想的一貫性を保つことができるという。こうしたザックの見解は、スピノザの聖書解釈の方法論をスピノザ主義と分かち難く結びつけた上で、それゆえどうしても秘教的な書き方が要請されたとみなすシュトラウスの意見とは、正面から対立する主張である。両者のうちどちらのほうがより説得力があるかというこの問題について、「文字通りのアポリアであり、解決不能である」と判定する論者もいないわけではない［ref. Moutaux 1993: 440］。
しかしこの点をめぐっては、そもそも迫害を恐れていたのなら、なぜ聖職者の目に留まりやすいラテン語でわざわざ書いたのかといった見方のほかに、*1 ヨヴェルのような、広範な思想史的知識を踏まえつつスピノザが「二重言語《デュアル・ランゲージ》」の巧みな使用者であったことを積極的に認める研究者も次のように述べている。

シュトラウスは、「迫害」という概念、そして用心深さや偽装という機能に、過剰な力点を置く傾向がある。〔…〕スピノザは聖書の寓意的な読み方に反対する一方で、もっぱらそれを原史に遡って解釈するという立場を受け入れている。この立場では、伝統的な諸用語は、そのまま使用されつつも、それらの有する真に合理的な概念に従って再解釈されていくのである。この「建設的」かつ解釈学的な機能、そしてこの機能が比喩や多義的表現に与えている積極的な役割は、シュトラウスやその弟子たちによっては十分評価されてこなかった。その上シュトラウスは、ほとんどのスピノザの神学的用語を偽装として却下してしまう傾向があるため、スピノザの努力の背後に控えている宗教的な意図と実質とを正当に扱うことができない。おそらくこれは、概してシュトラウスが、スピノザのマラーノ〔中世スペイン・ポルトガルでカトリックに強制改宗を強いられたユ

ダヤ人たちとその子孫〕としての背景の重要性に気付いていないためである。〔Yovel 1989: 151-152〕

シュトラウスの読みに表れているこうした傾向は、例えばスピノザによるイエス評価へのコメントにも垣間見ることができる。スピノザは、若くしてユダヤ教共同体を破門された後、コレギアント派らを中心とするキリスト教徒らの間で暮らし、そのうちの幾人かとは真摯な交流を結びつつも改宗はせず、文字通り、共同体と共同体の「間」で思考した哲学者と評し得る人物だった。そしてシュトラウス自身が『スピノザの宗教批判』で明確化することを試みたように、スピノザが啓示宗教に対し、哲学の立場から「仮借ない批判を加えた」という見方も、一定の視点に立てば必ずしも的外れの解釈とは言い切れない。実際、そうみなされたからこそ、スピノザは『神学・政治論』を匿名で出版したにもかかわらず、ほどなく筆者として同定され、「無神論者」という一大非難を浴びることになったのだった。

しかしスピノザは、イエス（キリスト）に否定的だったわけでは決してない（この点は、文脈も内容も異なるとはいえ『アンチ・クリスト』におけるニーチェのスタンスとも、ある種の類似性がある）。『神学・政治論』の記述を見てみる。

このキリスト〔イエス〕に対しては、人々を救済へと導く神の定めが、言葉や幻視なしに、直接的に啓示された。その結果、神は自らを、かつてモーセに対して聴き取れる声で示したのと同様に、キリストの精神を通して〔直接的に〕使徒たちに示したのである。〔…〕神の知恵、すなわち人間の知恵以上の知恵がキリストにおいて人間性をまとったということ、そしてキリストは救済への道だったと言うことが可能である。[TTP1:18]

神はキリストないし彼の精神に自己を直接的に啓示したのであって、預言者たちに対してのように言葉や像によって啓示したのではないということは、もっぱら次のこと、すなわち、キリストは啓示を、真実に知覚ないし把握したということを意味する。というのも、物事は、言葉と像を離れて純粋な精神で把握される時に真に理解され得るのだから。かくしてキリストは、啓示されたことを、真実かつ十全に把握したのである。[TTP4:10]

もちろんこれらの陳述は、スピノザが神学者たちに「譲歩」した結果によるキリスト評価なのか、それとも自己の確信を率直に述べたのかという点については慎重な読解を要する箇所と言えなくもないが、目下の問題はそこにない。この部分についてシュトラウスは、次のようにコメントしている。

スピノザはイエス——彼のことをスピノザは必ず「キリスト」と呼ぶ——以外の誰も、想像知の助けがなかったら、超‐合理的（supra-rational）な内容である啓示を受け取るのに相応しい超人間的（superhuman）な超越性に到達しなかったと述べている。あるいは、彼だけが——とりわけ旧約聖書の預言者らとは対照的に——自らに啓示されたことを真に、十全に理解したと述べている。〔Strauss 1988d (1952): 171〕

〔しかし〕真理に関するある種の知として啓示や預言が可能であるという言説と、あらゆる超-合理的な知の可能性を否定している他の箇所の言説——この二つを突き合わせるならば、スピノザが〔…〕『神学・政治論』の中心的な主題と呼ぶべきポイントにおいて、自己撞着していることが、ここで如実に示されている。〔169〕

本当にそうなのだろうか。例えばドナガンは、シュトラウスのこうした解釈に対して異議を唱え、スピノザの主旨を次のように要約している。

スピノザは、「他の人々以上の大きな完全性に達していた」(ad tantam perfectionem supra alios pervenisse) のはイエス以外に誰もいなかったために、神はイエスに対し、モーセにすら啓示しなかった事柄を啓示したという点を強調している。しかしこの意味は、イエスの完全性が〔シュトラウスの言うように〕「超-人間的」であるということではなく、それが、彼と同じ他の人間の完全性より卓抜していたということに過ぎない。さらにスピノザは、イエスが自らに啓示されたことを「十全に、永遠の真理として」知覚したのであって、モーセが自分に啓示されたことを解したように、「戒律や規定」として知覚したのではないと述べている。これは、イエスに啓示された事柄の内容が〔シュトラウスの言うように〕「超‐合理的」だったということを意味しているのでは全くなく、十全な知覚は必然的に合理的であると主張しているに過ぎない。［Donagan 1996: 370］

注意深く読めばわかるように、問題になっている『神学・政治論』のこの箇所で、スピノザは確かにイエスを、人間の中で比類がない人物として捉えている。すなわちスピノザは、啓示そのものを否定したのではなく、啓示が人間において、しかもその人間たちの中でも最も卓抜した完全性を有していたイエスにおいて確かに生じたことを肯定している。[*2]

奇跡についても同様である。シュトラウスの見解とは異なり、スピノザは奇跡の存在を否定していない。『神学・政治論』の第四章を素直に読めば、彼は、「奇跡」とは、単に私たちがその原因について認識していない現象であり、（その奇跡も含め）一切は自然の必然性に従って起こる、ということを主張していることがわかる（「反自然的な奇跡、超自然的な奇跡というのは不条理以外の何ものでもない。それゆえ聖書における奇跡とは、人間の把握力を超える、ないしは超えると思われる自然の業以外の何ものをも意味しない」［TTP6:9］）。

スピノザは、自らの表象力の限界に達するやそれを〈聖なる出来事〉と片付けてしまうような思考法とは異なる次元で真理論を構築し、その限りで奇跡も肯定しているのである。

彼は、神(もちろん「スピノザにおける神」だが)の内在的な顕現を肯定しつつも、表象力によって神を聖的・超越的領域に押し上げ、そこからの隔たりを絶対の前提にした上で議論を組み立てるというような発想は拒否した。同様に、奇跡を「超自然的現象」に祭り上げ、テルトゥリアヌス流に「不合理なるがゆえに我信ず」というような態度をとること――スピノザにしてみればそれはほとんど「知的怠慢」と同義である――を退けたのである。かつてフォイエルバッハは、「宗教にとっては、神聖なもののみが真実である。哲学にとっては、真実なるもののみが神聖である」[Feuerbach 1999 (1846): 12] と述べたが、シュトラウスはこの前者の立場を前提しているかに見え、そうであるがゆえに、スピノザによる宗教批判の徹底的な破壊性を問題視しようとする際に、むしろその真のラディカリティを把握することができないでいるようにも見受けられるのである。

ところで、スピノザ思想の体系的な研究者らからは批判されてしまうこうした事例は、逆説的にも、シュトラウスの思想の真価を貶めることにはならない。ちょうどヘーゲルのスピノザ読解において顕著に現れているように、ある思想家が他の思想家を理路整然と誤読したり、終始一貫して無視したりしている箇所にこそ、前者の特徴が最も露わになる。したがって、今述べてきたような解釈上の「ずれ」は、シュトラウス自身の思想的立場のユニークさを示す徴《しるし》とすらみなすことができる。

次節では、このような解釈を採ろうとする、彼の思想的背景を検討してみたい。

2　シュトラウスにおける「エルサレム」と「アテナイ」

シュトラウスによる政治思想史の見通しは、さながらヘーゲルの哲学史のように、非常にクリア、さらに言えば図式的である。しかし、ヘーゲルの史観が「（経験的にはともかく）理念の展開という意味では自分の同時代が歴史の終局＝目的《フィニス》」という観点からレトロスペクティブに過去の哲学・思想を配置し直す類いのものであったのに対して、シュトラウスの場合、起点を過去においてエルサレムとアテナイ、ヘブライズムとヘレニズムの原点にまで遡り、そこから現代に至るまでの政治思想史を「堕落の道」として辿り直すところに特徴がある［Strauss 1999 (1953): 1995d (1959): 27-55 etc.］。「堕落史観」といえば、思い浮かぶのが、原初の自然状態を美化して現実の人間社会の腐敗を厳しく批判したルソーの思想だが、ルソーとシュトラウスの間に共通点はほとんどない。彼に言わせればむしろルソーは、むしろこうした堕落への道を推し進めた第一級の「戦犯」である。

シュトラウスによると私たちがその恩恵に浴している近代という時代は、その当初から、古典的自然法思想の瓦解に見られるように、超越的な規範性の解体によって特色づけられる時代であり、世俗性への妥協のプロセスだった。例えば、しばしば近代政治思想の嚆矢として位置づけられるマキァヴェッリは、たとえ善き統治のためであるにせよ、「目的のためには手段を選ばず」という思想を正当化し、自然法の超越性を人間の意志に従属させた。続くホッブズは、古典的自然法に対する自然権の優位を主張することによって、自己保存という人間の欲求を自然法に置き換えようとした。ホッブズにはまだかろうじて残っていた徳への志向を、私有財産権の絶対性を擁護する主張によって資本制社会の原則に譲歩し、利益に徳を従属させたのがロックである。さらにそうした流れを決定的にしたのがルソーであって、彼は、一般意志の優位を唱えることにより、超越的な法に基づくのではなく、完全に人間たちの意志のみによって基づく社会の基礎を据えた。その後のドイツ観念論はルソーが敷設した議論の枠内で動くことになる。カントは法と道徳を分離する道を開き、ヘーゲルは、ドイツ観念論を特徴づける理想である「〈徳〉を〈自由〉によって置き換えようとする試み」[Strauss 1995d (1959): 79] を完成させたばかりか、「歴史主義という相対主義」を完璧な形で導入した。以上のような流れの一切をシュトラウスは、「人間における、より低い価値への要求水準の低下」という現象以外の何ものでもないと嘆いている [Strauss 1999 (1953): 1995d (1959) etc.]。

その一方で彼が称揚するのは古代ギリシアの伝統である。ソクラテス、プラトン、アリストテレス――これらの哲学者たちは、「徳とは何か」「正義とは何か」という問いを原理的に問う姿勢を有していた。しかもそれを日常的な用語で規定する方法を知っていた。シュトラウスによれば彼らは、「我」と「汝」とか、「自然状態」と「市民状態」、「事実」と「価値」、「現実」と「イデオロギー」といった近代の政治学に固有の、すなわち閉じた学的体系内で用いられる用語で思考を開始することはなかった [Strauss 1988d (1945): 80]。それゆえ、政治哲学の最も本質的な地点から思考を再開するためにこそ、私たちは古典を学ばなければならない、と彼は訴えるのである。

このようなシュトラウスの近代批判は、近代性の契機を踏まえた上での「モダンの乗り越え」という立場ではなく、「プレモダン」の立場からの近代性の批判である。「古典的哲学者たちは、善きものと先祖的なものとの同一視の根底に横たわる偉大なる真理に対し、十二分に正当な評価をしていた」[Strauss 1999 (1953): 93]と述べるシュトラウスは、「我々はかつて、誤った道に向かう以前には、正しい道にいた」[Strauss 1989b (1952): 227]と真剣に考えている。「完全性は、始源のうちに、すなわち時の始まり、最も古い時のうちに存在する」[ibid.]、「過去は現在より優れている」[228]、「近代性の危機は、私たちが回帰すべきであることを示唆している。しかし何に回帰するのか? 明らかに、前近代の無欠さの中にある西洋文明、西洋文明の諸原理にである」[245]といった主張が著作のあちこちで繰り返されているのは、そのためである。

ところで「西洋文明の諸原理」といった右のようなシュトラウスの言明から、一部に――しかも、一定範囲で流布している――誤解が生じる。それは、彼が称揚する「前近代の完全な西洋文明」を、「古代ギリシアの輝かしき哲学的営為」に帰する解釈である。この見解に従えば、古典に学ぶという姿勢を訴えること自体は、恥ずべきものではないどころか、近代の教養教育に欠けているのはまさにそうした古典の軽視であり(「一般教養教育とは何か」[Strauss 1995e (1961)]等を参照)、古典的叡智の復権こそ、混迷する現代において求められている必須の事柄なのではないか、その点でシュトラウスこそ、これからの人類が歩むべき進路を指し示す偉大な教師なのではないかという評価も出てくる(こうした古典教育復興の議論はシュトラウスの弟子であるブルームによる『アメリカンマインドの終焉』[Bloom

1987]などでも強調された点であり、よく知られているように一時期、各国で流行した)。

しかし事はそう簡単ではない。というのも、古代ギリシア哲学の礼賛に見えるシュトラウスの姿勢は、彼のより深い意図の反映、すなわち彼が「敵」とみなした近代性の本陣に対して、正攻法を避け、搦め手から攻め入ろうとする戦略的な営みとみなすことができるからである。

彼は、自らが忠実なユダヤ教徒であることを公言している[Strauss 1997b (1962); 1995f (1963): 260 etc.]。「私にとって問題とは、我々ユダヤ人の伝統によって理解された律法《トーラー》か、さもなければ、不信仰か、このいずれかなのだ」[Strauss 1997b (1962): 343]と述べるシュトラウスが真に擁護したいのは、ギリシア哲学に代表されるヘレニズムの原理ではなく、それをさらに遡るヘブライズムのそれ、すなわち律法に基づくユダヤ教の諸原理なのである。*3 ポリスと哲学に象徴されるようなギリシア的伝統は、当然ながらヘブライズムと対立する。「根本的に言えば、人間を王とする制度は悪である。それは神に対する一種の反抗であり、ポリスや技芸や知識がそうであるのと同様である」[Strauss 1989b (1952): 258]。彼は、ギリシアに始まった哲学という営為は、聖書の伝統とは両立しないと考えていた。「聖書だけが神の全能を教えているのであり、神の全能というこの思想は、いかなる形においても、ギリシア哲学とは絶対的に両立不能である」[252]。彼によれば古きものは善なるものであり、その善なるものとは旧約の神である。

先祖のものは善きものと同一である。善きものは必然的に先祖のものである。これが意味しているのは、人間は常に考える存在であったがゆえに、先祖のほうが優れていたということにほかならない。もしこれが事実でないのなら、どのような意味で先祖が善いと言えようか。先祖は優れている。したがって、もしこの考えが徹底的に考え抜かれるなら、先祖とは神々であり、神々の息子であり、あるいは神々の弟子と解されなければならない。言い換えれば、正しき道を〈神の法〉(theos nomos) とみなすことが必要なのである。[254]

こうした陳述をするシュトラウスに、語の正確な意味での「反動」という名称を与える立場もあるかもしれない。しかし彼は、それを断固として拒否する。なぜなら彼によれば、そうした人々は「善と悪の区別を、進歩と反動の区別にとって代える」という「歴史主義の過ち」に陥っているためである[239]。シュトラウスは「絶対的な善」が過去において不変の形で存在したと確信しており、歴史の「進歩」なるものは、そこからの逸脱であると考えている。だとするなら、すぐ思い浮かぶようにプラトンによるイデア説なら、その絶対的な善に達しているのだろうか。こうした推測に対しても彼は「否」を突きつける。「プラトンは、厳密な意味での成就すなわち完全な知恵は不可能であり、ギリシア語で哲学を意味する知恵の探究のみが可能であると考えていた。一方で彼は、知恵の探究には定められた限界は存在しないとも主張した。したがって、プラトンの考えからは、原理的に無期限の進歩は可能であるということが帰結する」[235-236]。つまりシュトラウスによれば、プラトンですら「進歩主義者」――聖書的伝統からの逸脱者にして、ある意味で〝歴史主義者〟――なのである。

では、「哲学は、必ずしも正しい生き方ではないし、明らかに正しい生き方でもない。なぜなら啓示の可能性が存在するためである」[269]、「本来の、そして十全な意味における哲学は、確かに聖書の生き方とは両立不可能である。哲学と聖書は、人間の魂のドラマにおいて、二者択一されるべきもの、敵対し合うものなのである」[260]と述べていたシュトラウスが、なぜ伝統的ユダヤ教の立場ではなく、ギリシア哲学の立場を様々な著作で擁護しているのか。

その理由は、シュトラウスが第一に、聖書の教えと哲学との先鋭的な対立を「西洋の知性と精神の核心」とみなし、「このいまだ解決をみない解決こそ、西洋文明の活力の秘密」であり、「西洋文明の中心的活力とは、〈啓示と哲学という〉二つの掟の間にある生命、その根本的な緊張にほかならない」と考えていたためであり[270]、第二に、「ギリシア哲学と聖書との間には、近代の諸契機に敵対するという点で完全な一致が見られる」[246]ためであって、その一致、すなわち「すべての人間に共通する層」を見いだすのに、聖書よりは「哲学から出発するほうが容易である」[253]ためである。そして第三に、啓示にとって哲学が「なくてはならないもの」だからでもある。「哲学にとって啓示は必要ないが、啓示にとって哲学は不可欠である。なぜなら、啓示は、自らが不合理なるがゆえに我信ず、としてきたものを、哲学の法廷の前で明らかにしなければならないからである」[Strauss 2006 (1948): 177]。*4

こうした点を考慮すると、シュトラウスの思想の中心部に、ランパート[Lampert 1996]やドゥルーリー[Drury 2005 (1997)]のようにニーチェ主義を見るだけでは十分とは言えない。むしろ、マイアーが指摘するように、「神学‐政治的問題こそ、シュトラウスの政治哲学の核心に位置している」［Meier 2006: 3］という点を再確認しておくことが、シュトラウスの思想を吟味していく上での出発点となるはずである。*5

ところで、仮に神学‐政治的な問題、とりわけ啓示の問題がシュトラウス思想の最も根底部にあるのだとしたら、シュトラウスが「啓示と啓蒙」との対決を自らの思想が賭けられるべき決定的な地点であると考え、事あるごとにスピノザに痛言を浴びせているのは、少しも不自然ではない。とりわけシュトラウスによって、「啓蒙思想における最初の徹底的な遂行者」であり、「近代における最も極端な啓示の批判者」［Strauss 1989b (1952): 268］とみなされているのが、スピノザその人にほかならないからである。

次節では、このシュトラウスのスピノザに対する論難を最初の足がかりとしつつ、彼らの間の隔たり、そして接点の双方を探っていく。

3　スピノザに抗するシュトラウス——〈徳〉をめぐる差異

例えば、次の一文を見てみる。

ユダヤ的伝統の基礎にあるのが、天地創造への信仰、聖書における奇跡の実在への信仰、シナイで与えられた啓示に基づく律法に対する絶対的義務とその本質的不変性への信仰であるとするならば、啓蒙は、ユダヤ的伝統の基盤を掘り崩してきたと言わなければならない。急進的な啓蒙（ここで、なかんずくスピノザが想起されるのだが）は、まさにこのことを、はじめから十分な自覚と十分な意図をもって遂行したのである。〔Strauss 1995a (1935): 23〈括弧はシュトラウス〉〕

まさにここで語られているのは、レヴィナスによるスピノザへの苛立ちとも似た、ユダヤ教の伝統を体現した「宗教者」としてのシュトラウスによる護教的発言である。シュトラウスは、先に見たように人類の歴史を、原初に実現されていた完全性からの堕落とみなすが、その際、聖書的伝統を初めて徹底して破壊した張本人が「不正の教師」〔Strauss 1995b (1958): 105〕と名指されたマキァヴェッリであり、スピノザは、その「マキァヴェッリの冷酷な弟子」〔Strauss 1997a (1930): 15〕、いわば師にも勝る「伝統破壊者」として位置づけられている。「デカルトもホッブズもライプニッツもキリスト教徒であることをやめなかったのに、スピノザはユダヤ教徒であり続けなかった」〔Strauss 2002 (1921-1932): 220〕と語るシュトラウスのスピノザに対する評価は、それゆえ辛辣である。「スピノザは驚くほど破廉恥」であって、「マキァヴェリズムを神学的高みにまで持ち上げる」〔Strauss 1997a (1930): 19〕だけではない。スピノザは近代科学と同様、「啓示を論駁することに失敗」しているが、スピノザは自然的目的論と完全に縁を切ってしまっているがゆえに、「近代科学のほうがスピノザ哲学よりまだまし」などである[Strauss 2006 (1948): 155]。さらにスピノザは不敵さにおいてホッブズにも勝る。「私は、周知のように大胆なことで名高いホッブズの言葉をよく引用するが、ホッブズは、自分でさえスピノザほど大胆には書かなかった、と語っている」[Strauss 1989b (1952): 268; ref. 1996 (1936): 64]。まさに、「スピノザは、マキァヴェッリに鼓舞されたその冷酷さゆえに、どんなに非難されても正当化される」[Strauss 1997a (1930): 22] 存在なのである。*6

この激しい苛立ちと憤怒。レヴィナスがかつて「スピノザの裏切り」を非難したのと同様（『困難な自由』）、シュトラウスによれば、「スピノザはユダヤ教が真理であることを否定した」[Strauss 1989b (1952): 230] 廉で告発されるべき存在である。「教義と秘蹟を欠いたキリスト教を非公式に奉じたユダヤ人」[Strauss 1997a (1930): 17] とも形容してスピノザのキリスト教への「妥協」をも論《あげつら》いつつ、レッシングを引きながら、彼と同様に啓示批判の最左翼とみなすスピノザへの容赦ない批判を遂行しようとするシュトラウスに、スピノザの体系の「秘教的読解」など、実のところ、望むことは困難である。*7

しかし、事がこうした「啓示か哲学か」という対立になってしまうと、もはや双方が譲ることのできない地点に至ってしまうことは、シュトラウス自身認めていた [Strauss 1989b (1952): 269 etc.]。先に引用したように、この二つの対立は、互いに自らの真理性を主張している限り、「永遠に解消不可能」だからである。仮にそうだとすると、シュトラウスとスピノザとの間には超え難い溝があるということが確認できただけで、話が終わってしまう。*8 だとすれば、この双方が共に対話できる糸口、共通の基盤を探すことは全く不可能なのだろうか。

必ずしもそうとは言い切れない。その一つの道は、〈徳〉についてのシュトラウスとスピノザの考えを比較してみることである。

シュトラウスは、〈徳〉を政治的生活における「最も根本的な問題」と考えていた［1995d (1959): 40, 1995c (1959): 63-64, 2000 (1948): 190-191 etc.］。同様にスピノザも、〈徳〉を自らの思想体系の中核に据えていた［E4D8, E4P18Sc］。もしシュトラウスによる自らの宗教的な立場への固執と古代ギリシア哲学への回帰とが、徳を基盤にした「より善き政治とは何か」という問題へと普遍化できるならば、それこそスピノザが思考した政治的問いかけの中心的テーマの一つをなすものであり、彼らの思想には、依然として対話の余地があることになる。

そこでまず、スピノザの徳論についてここで確認しておきたい。

> 徳と能力とは同じものと解される（第三部定理七により）。すなわち、人間に関する範囲における徳とは、人間が自身の本性の諸法則のみによって理解され得るような事柄をなす能力を持っている限りにおいて、人間の本質ないし本性それ自身である。［E4D8］

この「徳と能力（＝力（potentia））の同一視」こそ、スピノザの中核をなす考えであり、彼の全倫理的・政治的思想の要《かなめ》であると言って過言ではない。彼によれば、「徳はそれ自身のために求められるべきであり、徳よりも優れているもの、徳よりも私たちにとって有益なもの、それのために徳が求められなければならないようなもの、そのようなものは何であれ、決して与えられていない」［E4D18Sc］ためである。

しかし、徳とは能力であり力であるというこの言明が、「現実の世俗世界において権勢や威力を持つ者が徳あるものである」というように誤解されてしまうと、スピノザは、ニーチェにおける「力への意志」が被ったのと同様の、甚だしい誤解にさらされることになる。実際、こうした見方は、スピノザ自身の次のような言明によって、より強固にされてきた歴史を持つとも言える。

徳の基礎は自らに固有の存在を維持しようとする努力それ自身であり、幸福は人間が自らの存在を維持することができるということから成り立っている。［E4P18Sc］

自己保存の努力はものの本質そのものである（第三部定理七より）。したがってもし何かの徳がこの努力より先に考えることが可能だとしたら、結果として（第四部定義八より）、ものの本質そのものが、その本質そのものよりさらに前のものと考え得るということになってしまうだろう。このことは（それ自体で明白なように）不条理である。ゆえに、いかなる徳も自己保存の努力より先に考えられることはできない。［E4P22Dem］

レヴィナスも含めスピノザの批判者たちは、こうした言明を、他者性を顧みない〝スピノザのエゴイズム〟なるものを如実に表す証拠としてしばしば挙げている。しかしそれは本当だろうか。

実際には、「徳は能力（＝力（potentia））である」という主張にせよ「自らの存在の維持」という命題にせよ、スピノザの主張の主旨は、現実の世界における権力者たちの正当化にも、孤立した自我《エゴ》の絶対化にも、自分の生存だけへの執着にも、結びついていない。なぜなら、徳＝力という等式が立てられた時点で、徳は、「人間という種に属する生き物に固有の個的卓越性」という規定を脱して、人や生物や物も含めた外《そと》の様々な個物や出来事との関係性の中で形作られる可変的・可動的な性格を帯び、外の力と絶えざる触発関係に置かれる諸力が織りなす「効果」とみなされるようになるからである。

スピノザにおいて徳や力は、活動力(potentia agendi)と同じことを意味するが［E3Pr］、それらの力は、「無限に多くの仕方」［E1P17C2Sc］で生起しているだけでなく、人間の場合、「自らの活動力を増大しあるいは減少するような多くの仕方で触発されることが可能」［E3Pos1］な状態に置かれている。言うまでもなく、人間の身体《コルプス》は、常に外部の諸身体《コルプス》と共通の平面で、無数の出会いに開かれているためである［E3Pos4, 6］。したがって、個体性というものを、スピノザは孤立した単体で考えることを決してせず、むしろ「構成関係の合一」がみられるあり方、すなわち「すべてが一緒になって、一物体あるいは一個体を組織している」という事態のほうを、常態として考えていた［E2Lem4-7, Pos6］。そうした「個体」は、「夥しい別の仕方で触発されるにもかかわらずその本性を保つ」し、「その形相をいささかも変えることがない」［E2Lem7Sc］のである。

それゆえスピノザが「自己保存の努力は徳の第一かつ唯一の基礎である。この原理より先には他のいかなる原理も考えられることができず、またこの原理なしにはいかなる徳も考えられないからである」［E4P22C］と表明したとしても、それは、「自我の牢獄に閉じられた孤立した個人」の「エゴイスティックな自己存在への執着」を表しているのでも、個人的な卓越性に還元される事態を述べているのでもなく、個体において発現した限りにおける、外の様々な諸力との合成作用の動因とその結果を示している。この徳性の合成と上昇という局面について、スピノザは次のように述べる。

各々の人は、自分自身の存在を維持することにより一層努めるほど、かつより一層それをなすことができればできるほど、ますます徳を与えられ、そしてまた人は自らの存在を維持することを怠る限りにおいて無力である。［E4P20Dem］

「徳を絶えず熱心に求める各々の人は、自分自身のために求める善きことを他者のためにも欲するだろう」［E4P37］というように、スピノザにおける徳は、個人的ではなく集団的特性をはじめから帯びており、それが、彼をして「あらゆる個物が互いに活動力を減衰せずに存在するあり方」――『エティカ』全体および『政治論』や『神学・政治論』におけるスピノザの中心的な企て――の探究に向かわしめている。そしてこうした思考は、必然的に、内在的・水平的（あるいは「民主主義的」）なベクトルと親和性が高い。先の記述から明らかなように、より多くの人々が「自己の真の利益」を真剣に追求するような条件が整備されれば、能動的な諸力の合成という局面はますます増大し、ますます人々の間での徳性＝能力がダイナミックに高まっていくからである。力は単に合成されるのではなく、より能動的に合成される度合いが高まることによって、互いの利益と権利（すなわち力能［TP2:4］）の尊重という傾向性が次第に強まっていくという発想が、スピノザの考えの中心にあった。[*9]

では、シュトラウスの徳に対する考え方はどうだろうか。シュトラウスは、スピノザのこうした力能の合成論を知らない、というより、ほとんど理解していない。シュトラウスの考えでは、神権政治の復活とは言わないまでも、『旧約聖書』の「律法」の超越的・垂直的な復活こそが、本来、人間の進むべき方向であり、それが叶わないとしたら、せめて次善の策として採用されるべきは、「賢人政治」（優秀者支配）の導入なのである。そしてこの優秀者支配制《アリストクラシー》という考えは、古典的政治哲学者たちの共通了解だったと彼は述べる。

> 政治哲学の問題に対する古典的解決について語ることは可能である。なぜなら、あらゆる古典的政治哲学者たちの間には、根本的であると同時に特殊な合意がみられるからである。それは、政治的生活の目的は徳であり、徳によって最も導かれた秩序とは、優秀者支配制の共和国、ないしは混合政体にほかならないということである。［Strauss 1995d (1959): 40］

功績、人間的卓越性、すなわち「徳」を根拠として訴えられる統治することへの要求は、最も議論の余地のないもののように見えた。というのも、〔古代ギリシアのポリスにおいては〕一般に、勇敢で有能な将軍、清廉潔白で公平な裁判官、賢明で無私な行政長官らが望ましいとされていたからである。こうして、最善の政治的秩序という自然的な問題に対する、すべての善良な人々の自然的回答として「優秀者支配制」（最善の者による統治）が現出した。トマス・ジェファーソンが言うように、「あのような統治形態こそ最善のものであって、それは極めて効果的に、本性上最も優れた人々（aristoi）を統治機関の役職へと純粋に選抜するもの」なのである。［Strauss 1988b (1945): 85-86］

他の思想家の主張の要約をしつつ自分の主張を織り込む手法をしばしば採るシュトラウスは、決してこのような主張を「価値中立的」には論じていない（極めて厳しいヴェーバー批判で知られる彼が、「価値自由《ヴェルトフライハイト》」という態度ほど政治学において厭ったものはない）。これは、まさしく彼の抱懐している見解である。それは、次のような一連の記述からも明らかである。「民主主義とは、一言で言えば、普遍的な優秀者支配制にまで押し広げられた一つの優秀者支配制を意味している」［Strauss 1995e (1961): 4］、「最善の体制とは最善の人々がいつも統治する体制、すなわち、優秀者支配制のことである」［Strauss 1999 (1953): 140］、「要約すれば、最善の体制とは何かという問いに対して、古典的自然権理論は、結局のところ二重の解答を与えているのが特徴であると言い得るだろう。すなわち、端的に最善の体制とは、賢者による絶対的支配であろうという解答と、実際上の最善の体制とは、法の下における立派な人物たちによる支配、あるいは混合政体であるという解答である」［142-143］、「賢者のみが、個々のケースにおいて魂にとって何が善いかを本当に知っているのである。したがって、賢者が絶対的支配をする立場にあるような社会でなければ、正義に適うこと、すなわち、すべての人にその人に本性的に善いものを与えることは実現できない」［147］、「貴族制は、常に寡頭政やそれより一層悪いものになる瀬戸際にさらされているとしても、人間に関する問題に対する考え得る最良の政治的解決である」［Strauss 2000 (1948): 182］……等々。

しかしシュトラウスの徳に関する主張をさらに辿っていくと、彼の思想の本質的な矛盾と言ってもよいポイントも露わになってくる。

まず先に触れたように、彼は徳を、哲学的問いかけにとって決定的に重要な問いとみなすことを政治哲学の出発点に置く。

> 明白に哲学的な問いとは、「徳とは何か？」という問いである。それを保持することが人に最高の支配権を与えるような――したがって、誰もが自発的に認めるか、議論の最中に答えられなくなって沈黙に至るような――徳とは何か、というものである。［Strauss 1988b (1945): 90］

ところが、この徳とは何かという問いは、必然的に政治的な意見と対立する。哲学者の見方は、突き詰めれば「真に世間とは相容れない見解」［91］となるであろうからである。シュトラウスによると、このような哲学的問いの探求者は、世俗の政治的生活の否定と哲学的瞑想を最高の生とする脱俗的方向へと向かうという。

彼は究極的なところでは、公共的意見、つまり政治的意見の次元だけでなく、政治的生活そのものの次元をも超え出るように強いられていく。というのも彼は、政治的生活の究極目的は政治的生活によっては達成されることができず、もっぱら瞑想、すなわち哲学に生活を捧げることによってのみ達成され得るということを自覚するようになるからである。この発見は、政治哲学にとって決定的に重要なものである。〔…〕それは、政治哲学の最高の主題は哲学的な生活である、ということを含意しているのである。［ibid.］

シュトラウスは、こうした考えと生き方を、自らの見解として肯定している。「哲学的な生き方ないし〈賢者〉の生き方は古典的政治哲学の最高の主題だったのに対し、そうした生き方は、近代においては、ほとんど完全に政治哲学の主題であることをやめてしまった」［ibid.］、「近代人は、成功するため、あるいはむしろ、自らが成功し得ると信じることを可能とするために、人間の目標を引き下げなければならなかった。これを首尾良く行う一つの方法が、道徳的な徳を普遍的承認へと置き換えるということ、あるいは幸福を普遍的承認から生まれる満足へと置き換えるということだった」［2000 (1948): 210］という彼の嘆きは、そこに由来している。

こうした言明は、「独善的」であり「現実乖離的」であるとの反論を受ける可能性がもちろんあるが、加えて一方で、血塗られた現実の直視ではなく理念の観想に専念すること、そしてそうした瞑想的な生活を「最も望ましい生き方」とみなす彼の主張からは、現実の不確実な意見を断固として拒否し、イデアルな完全性の探究へと向かう「果てしない純粋性への希求」とも言うべき求道的な、あるいは著しく観念的とも言える姿勢が、ともあれ見てとれる。

ところが、注意深く彼の主張を辿ろうとしてきた読者にとっては梯子を外された感覚に陥ることなのだが、シュトラウスは、こうして擁護する「徳」の純粋性と高みへの飛翔を、まさしく彼がそこから脱しようとしてきたはずの世俗的な見解と目的に従属させてしまうのである。周知のようにアリストレスは『政治学』で、すべてのポリスの目的とされる最大の善と共通の利益とを同一視し、政治社会全体にとっての公共的な価値——共通善（κοινον συμφέρον）——を私的な価値から分離したが、シュトラウスは、徳が、この共通善に「従属しなければならない」と主張する。

> 人は徳を共通善によって定義しなければならない。〔…〕共通善を、私たちは、あらゆる社会が実際に追求している目的と解さなければならない。その目的とは、外国の支配からの自由、安定や法の支配、繁栄、栄光や絶対的支配権などである。言葉の適切な意味における徳とは、このような目的のために必要とされ、このような目的を遂行する諸々の習性の総和のことである。私たちの行為を徳あるものとするものは、このような目的であり、もっぱらこのような目的のみであ

る。このような目的のために効果的に遂行される一切は善である。この目的が、あらゆる手段を正当化する。徳とは、市民的な徳、愛国心であり、あるいは集合的な利己性への献身にほかならない。〔Strauss 1995d (1959): 42〕〔強調は引用者〕

驚くべき言明かもしれない。シュトラウスによれば、徳とは、世俗の意見と対立することを自らの運命として甘受しつつ追究する、天空の彼方の星のごときもの、永遠に届かない地点にあるがゆえに追い求めるべき価値がある対象だったのではないだろうか。「言葉の十全な意味における徳」がこうした「あらゆる社会にとって実際に追求されている目的」に従属する地位に甘んじてよいものならば、まして徳が、「市民的な徳、愛国心、あるいは集合的な利己性への献身」という言葉で置き換えられてしまう程度のものなら、徳を探究する哲学者が、「瞑想」までして探究的な活動に勤しむ必要などあるだろうか。[*10] 徳の内実がこのようなものであるならば、哲学者は概念の吟味者であるどころか、ただ「徳こそが大事である」という題目を訴えるアジテーターでありさえすれば済むことになってしまう。[*11] しかしシュトラウスはさらにはっきりこう述べる。

それでは哲学的政治の本質に属するものとは何だろうか？　哲学者は無神論者ではないということ、哲学者は都市にとって聖なるものをすべて汚すわけではないということ、都市が崇敬するものを哲学者も崇敬するということ、哲学者は破壊活動家ではないということ、要するに、哲学者は無責任な冒険主義者ではなく良き市民であること、それどころか最良の市民であること——こうしたことを都市に納得させることである。〔2000 (1948): 205-206〕

シュトラウスは確かにこう言っていたのだった、「思想に節度があってはならない。それは恥知らずとは言わないまでも、大胆不敵でなければならない」と——その直後に「しかし節度は、哲学者の言論を制御する一つの徳である」と付け加えることを忘れずに〔1995d (1959): 32〕。これは、「ハンマーを持って哲学をする」ことを訴え、「時代に抗して、時代に向かって、望むらくは来るべき時代のために活動すること」、すなわち「一切の諸価値の転倒」と脱神秘化にこそ哲学的営為の本質をみたニーチェの依拠するような立場からは、かなりかけ離れたものである。*12

思い出してみよう。シュトラウスは、先に挙げた引用箇所でも、「一般には」とか「自然的回答」という言葉を使っていた。彼は、一般的な意見、しかも「正常人」による見解の妥当性を自明のものとして議論を進めている。「古典的哲学者たちは、市場で親しまれていないような用語は一つも用いていない」〔1995d (1959): 28〕、「自然権が存在するという哲学的主張の根底にある、正と不正に関する単純な経験の持つ明証性」〔1999 (1953): 31-32〕、「自然的な正 (natural right) の存在に必要なのは、ただ、すべての正常者〔=平均的男性〕(all normal men) が正義の原理に関して一致することだけである」〔98〕……等々。このように彼の思想には、「意見への嫌悪」と「意見への妥協」とが併存している。人々の常識的な意見を超える「理念」の探求者を称揚する一方で、その「理念」の正当性の根拠を人々の常識的な判断に求めるというのが、シュトラウスの思想における一つの重要な特徴――ないし「撞着」――なのである。

しかし、「正常者」というような限定を仮に外しても、「誰が見ても正しい意見」「誰からも異論がない意見」とは、それ自体が、全く無内容であるか、一つのイデオロギーであることは言うまでもない。もちろん、徳の概念を何らかの形で一義的に決定することが可能だとシュトラウスが考えていたとは考えにくい。徳の内実が史的に変遷し、古代ギリシアと中世キリスト教の時代でも、また同じギリシア思想の中でもプラトンとアリストテレスとの間にすら差異があったことは、シュトラウス自身も指摘している通り［1988b (1945): 94］、周知の事実だからである。[*13] したがって、「何を徳とするか」に関する彼の解釈は、シュトラウスの限定を受けた徳概念になることは、彼自身、承知していたはずである。[*14]

ところでこうしたシュトラウスの考えは、より重要な次の問いかけにおいて、一層の緊張を孕むことになる。それは、「優秀者支配において、誰が、優秀者を優秀者として決定するのか（あるいは、認めるのか）」という問いである。

シュトラウスがさしあたり回帰を呼びかけてやまないギリシアの哲学者たち、なかでもプラトンやアリストテレスの構想した政体論を復活させようとする際に常に問題になるのは、まさにこの点である。広く知られている通り、プラトンは国家の構成員を統治者階級と戦士階級、生産者階級とに三区分した。誤解されやすいが、彼はしかしながら、この階級区分を固定的なものとみなしてはいない。

プラトンは世襲を否定し、それぞれの階級に応じた徳と能力を各々が発揮する限り、階級間の移動も認めていたからである。問題は、「政治権力と哲学が一体」となり、哲学者が国を治めねばならないとした、哲人王論の部分に集中する［Platon 2003 (1922): 449a-541b］。彼は、統治者や戦士といった国の守護者には私有財産と私的家族を禁止し、財産の共有をさせ、子どもを共同で養育すべきであると主張した。哲人王になるための教育において候補者たちは、三十五歳になるまで念入りに配置された諸教育を義務として学び、数々の選抜をくぐり抜け、五十歳まで官職や軍隊で実務経験を積まなければならない。そうした過程を経て選ばれた人物は、「善のイデアを観想し実現する活動に最大の喜びを感じる」ように当然なっているであろう、というのである。

しかし、こうして哲人王を生み出すために周到に準備された仕組みは、そのメカニズムの維持を永続的に保証する社会的エートスの均質化を前提にする。すなわち、そこでは誰もこの仕組みに決して異を唱えないことが求められるのである。のみならず、このように細心の注意と最大の配慮をもって育てられた以上、誤った判断や行動を当の哲人王がする事態は、プラトンにおいては基本的に想定されていない。「権力は腐敗する、絶対的権力は絶対に腐敗する」（アクトン）というような洞察は彼にはない。むしろプラトンに従えば、絶対的権力は、いわばそれが絶対的に構築されているがゆえに絶対に存続するとすら言えるだろう。シュトラウスも指摘しているように［Strauss 1999 (1953): 138-139］、そしてよく知られているように、プラトンはこうした政体を「実現可能」とみなしていた。プラトンは詩人ばかりか法律家まで、権力の交代や、腐敗に抵抗する仕組みも組み込まれていないこの理想国家から追放する。至高の善に基づいた行動のみを期待され、それを寸分の狂いもなく実行できる人間——こうした哲人王が果たして私たちと同じ「人間」なのだろうか、という問いは措いておくとして、いずれにせよこの人物の支配の正統性は、静態的《スタティック》な共同体と、その共同体の中で政治的決定権を有する人々の「混じり気のない合意」とに依存している。

一方のアリストテレスはどうか。プラトンよりはるかに現実的なアリストテレスは、他のすべての人々を凌駕するような神的理性を備えた人物が出現しない限り、哲人王の支配よりは法の支配のほうが「神と理性の支配」として望ましいとし、少数者支配制よりも多数者による支配制のほうが、腐敗防止に役立つとも述べている［Aristotle 1959 (1932): 1281a-1282b］。しかし、現実主義者のアリストテレスは、まさに自然に内在するとされる質的な違い、すなわち個々の個物、各々の人間の「能力の差」［1259b10-1260b etc.］を認める思考法のゆえに、奴隷制を断固として容認し［1253b-1255b, ref. Strauss 1999 (1953): 23］——彼は、奴隷には奴隷という「分に応じた徳」があり、「奴隷にとっては支配されるのが利益」と述べている——、女性の政治参加すらも、プラトンと異なり認めない。

> 男女の性について言えば、男性は自然において優れたものであり、女性は自然において劣ったものである。男性は支配するものであり、女性は従うものである。当然ながら同様のことが、すべての人間においても一般的に適用されなければならない。それゆえ、魂が身体とは異なり、人間がより低次の動物とは異なるのと同じ程度に、他の人々に比べて劣っているすべての人間は生ま

れながらにして奴隷なのであり、その人々にとっては、劣れるものは支配されるほうがよいという別のところで述べたのと同じ原理に基づいて、主人によって支配されるほうが善いのである。[1254b]

奴隷の存在を考慮に入れないのではなく、その存在をはっきり認識しつつ、それが支配されるのに相応しい理由を、例の「可能態の内在」という理論によって正当化している現実派のアリストテレスの思想のほうが、より抑圧的な色彩を帯びている。ともあれここでも、「誰が優れた者を支配者と決めるのか」あるいは「誰がその優秀者の支配を正当なものとして支持するのか」という問題は、回避されている。というより、「当然の社会的合意」の名の下に最初から問題にされていない。ないしは、強固な先入見によって厳格にエピステーメーが構造化されているがゆえに、問題が問題として持ち上がってこない。

ところでシュトラウスは、そんな認識上の制約を意に介していないかに見える。むしろ彼は、時代的な条件を超越してこれら二人の思想を支持し、その優秀なる支配者が「成人男性」であることを正当化する。そればかりか、聖書から強引な帰結を導き、「すべての人間の尊厳を認める必要はない」という主張すらも、容認する。

ギリシア哲学と聖書は次の点に関して一致する。それは、適切な道徳の枠組みは家父長的家族であるという点、すなわち、その家族は一夫一婦制を採っているかその傾向を有しており、自由な成人男性、特に年長の成人男性が優勢であるような社会の基礎単位を形成しているという点においてである。聖書と〔ギリシア〕哲学が何人かの女性の高貴さについて語ることがたとえあっても、原理的には両者は男性の優位を主張している。聖書が描いているのは、アダムがイヴの誘惑によって堕落していく様である。プラトンは、最善の社会秩序が、ある女性の強欲によって崩壊する様を描いている（『国家』549c-d）。聖書やギリシア哲学によって賞賛された社会は、自由な男たち〔自由人〕から構成される社会であるので、あらゆる人間への尊敬は拒否するのである。
［1989b (1952): 247］

古代ギリシアにおいて「誰が」という問いが前面に出なかったのは当然であって、奴隷制の貫徹によって勤労住民の大多数を政治のアリーナの外部に排除していたために、均質な公民による公的空間が確保されていたからである。[*15] その人工的な公的空間の内部では、理念上は、プラトンが提案したような「教育による賢者の養成」という課題の達成も、あながち空論とは言えないかもしれない。しかしプラトンによるシュラクサイの失政で明らかにされたように、現実とは、理念の想定しなかったような諸々の出来事の支配下にあり、言うまでもなくそこでは、様々な傾向性を持った力が絶えず鎬《しのぎ》を削っている。[*16]

シュトラウスは、古代のギリシアにおける統治制度の特殊的な形成条件を無視して、というより、この特殊条件に基づく政体としての構造を骨格としては容認し、温存したまま、現代にそれを復活させることを願っているかのようにも見える。その例としてしばしば出されるのが、優秀者支配につきものの考えとしてシュトラウスが擁護していた、プラトンの「高貴なる嘘」〔Platon 2003 (1922): 414b-c〕である。コジェーヴも指摘しているように、シュトラウスによれば、プラトンが『国家』で描いたような賢人による支配を現実化するには、哲学者自身が僭主になるか僭主への助言者になるしかないが〔Strauss 2000 (1948): 164-165〕、そのためには、「いかにして賢者は賢明でない者の服従を得ることができるか」〔Strauss 1989c (1958): 158〕という問題を解かなければならない。賢者は武力に頼るのではなく説得を試みる。しかしシュトラウスは、「説得は論証ではない。賢明ではない者、とりわけ補助者は、高貴なる嘘によって説得されるのである」〔ibid.〕と主張する。したがって彼は、「最高の体制は何か」という問いに対して、それは「民主制を偽装した貴族制」（an aristocracy disguised as a democracy）〔146〕であると明言する。彼がプラトンを引きつつ、ある一点で民主主義を擁護することができるとした理由は、「民主主義の原理は自由である以上、民主主義の中ではあらゆる人間のタイプが自由に発展することができ、それゆえ、殊に最善のタイプの人間も発展できる」〔Strauss 1995d (1959): 36〕点に限られる。

「いかなる人間も決して賢くはない。それゆえ、知恵ではなく、知恵へと向かう前進が人間にとっての最高の善である」という（シュトラウス自身の）言葉で彼の思想はしばしば簡潔に要約されてきた。しかし、シュトラウスが知恵と言う場合、それは啓示によって示された「旧約の真理」であること、しかも「知恵へと向かう前進」をなし得るのは一部の「優秀者」であり——あるいは「哲学者」であって——それらの人々による支配の正当化を彼が目指していたことを適切に読み取るならば、次のような評言は、ある点で的を射ていると同時に、部分的にしか妥当ではない。

シュトラウスによれば、哲学者だけが真に有徳的である。なぜなら真正の徳は、知に依拠しているからである。それとは対照的に、道徳的な徳は常に慣習的なものであって、世俗的な意見に従属しており、最もましな場合でも、後者の徳は真正の徳の似姿か模倣とされてしまう。個人の道徳的自律というような普遍的概念が彼の思想に欠落している理由は、シュトラウスのこうした主知主義的な徳の解釈にある。［Tanguay 2003: 382］

ここでタングァイが指摘している通り、確かにシュトラウスには、道徳的な意味での個人の自律という考えは欠如している。人間が自分の判断で行動をすることは、原初の「完全なる知恵」、旧約における神の啓示によって示された真理と知恵の純粋性を損なうものでしかないからである。しかし、その「真正の徳」も、いったんその内容規定をしようとするならば、先に見たようにそれは、人間的な判断、人々の憶見、なかんずくシュトラウスの独断《ドグマ》によって、すでに純粋性が毀損されていることにも注意を払っておかねばならない。

さらに付け加えるならば、シュトラウスにおける、人々が自分たちの力で「完全なる善なるもの」

を解釈することへの嫌悪は、自然法についての彼の考えにも現れている。例えばアクィナスが定式化したように、「人間には知り得ない」神の法のうち、「人間が知り得る部分」だけが自然法なのだとしたら〔ref. Aquinas 1963: Q.90-94〕――永遠法である自然法の能動知性による分有（participatio）――、自然法は実のところ永遠の秩序ではなく、人間の認識の進展と共に変化してしかるべきものということになる。事実、中世以降のキリスト教神学とその解釈的伝統を踏まえて構成された西洋社会では、この論法によって、人間の知識の進歩と永遠の神の秩序との間で生じ得る矛盾を回避しようとしてきた。

しかしシュトラウスは、このようなトマス的な自然法の解釈も認めない。シュトラウスにとって、自然法の「漸進的理解」といった便法は、自然法の絶対性を脅かすものでしかない〔Strauss 1999 (1953): 163-165〕。彼が守りたいのは、自然法が啓示において絶対的かつ十分に示されたという事実であり、トマスのような理解は、ホッブズと同様、自然法の人間的解釈による「堕落の道」を開くものである。個人的な相互愛を重視するがゆえに世俗の社会的権力との間では妥協的・改良主義的な態度をとり続けてきた新約以降のキリスト教的伝統ではなく、シュトラウスにとって真に擁護すべきは、あくまで、神による啓示の絶対性の承認と現実社会との非妥協性を志向する――それゆえ必然的に啓示に基づく共同体の閉鎖性を帰結する――ユダイズムなのである。

さて支配の類型の問題をめぐってスピノザはどのように考えていたのか。実のところ、彼は賢人政治や寡頭政を、必ずしも言語道断という形で糾弾はしていない。けれども、それらを安定的な体制とも、合理性に適ったものとも全く考えていない。理由の一つは、人間の本性上の限界にある。

実際のところ、一人の人間だけで国家の最高の権利を握ることができると信じている者は大変な過ちを犯している。なぜなら、権利はもっぱら力によってのみ決定されるが、たった一人の人間の力でこうしたあまりに重い負担を背負うことは、ほとんど不可能だからである。[TP6:5]

すなわち、「主権の義務とは、国家の状態と事情に精通し、全員に共通の福利を気遣い、多数の臣民に利益のあることをもたらすことである」という点は普遍的に知られているにもかかわらず、「一人の人間だけではそれらすべてを監督することはできないばかりか、絶えず心を働かせてそれらを気にかけているということもできない」。というのも「病や老衰やその他の様々な事由が、公共の事柄に携わることを妨げてしまう」という「物理的な限界」を考慮に入れなければならないからである[TP7:3]。例えば、どんな賢者といえども、それが人間である限り、一人の人間の意志は「極めて変わりやすく不安定」[TP8:3]である(「王たちは神々ではなくて人間であり、しばしばセイレーンの歌に迷わされる」[TP7:1])。その上、統治者は、支配者とエートスを必ずしも共有していない民衆——そうした民衆は、一般に「恐怖」の念によって翻弄されている[TP2:10; 4:4]——をも支配しなければならない。ところが、「王一人だけでは、すべての人々を恐怖の状態に留め置くことはできない」。なぜなら、一般に兵士の数やその剛勇と忠誠とがなければ王の力は実効力を持たないが、こうした忠誠は、

「常にその人々が何らかの要求――それが栄誉あるものであろうと卑しいものであろうと――によって結びつけられている間だけ持続する」［TP7:12］という人間本性上の制約に拘束されているからである。さらに、すべての権力が一人の人間に無制限に委ねられた場合には、その権力が「はるかに簡単に一人の人間から他の人間へと移譲されてしまう」［TP7:14］という可能性も考えておかなければならない。

ゆえに繰り返し引用されるべきは、スピノザの次のような認識である。

人間の本性が、大抵の場合、自分たちにとって最も有益なものを欲するようにできていたら、調和と信頼を保つのに、いかなる特別な技能も要しないだろう。しかし、一般に認められているように、人間の本性はこれとははるかに違ったふうにできている以上、国家は必然的に、支配する者も支配される者も皆、欲すると欲せざるとにかかわらず、自分たちの公共の福利に益することをなすように設立されていなければならない。すなわち、国家はすべての人が、自発的であれ力ないし必然性による強制の結果であれ、いずれにしても理性の指図に従って生活するように設置されていなければならない。これは、いかなる事柄であれ、どんな人間の善き信念などにも絶対的に委ねきらないように国の統治が整えられている場合に実現する。というのも、いかなる人間でも、絶えず警戒を怠らないように寸時も眠り込まないというわけにはいかず、またどれほど堅い意志を持った、高潔な人間でも、とりわけ最も精神の力を要する際に、精神的に参ってしまったり、自分に負けてしまったりしたものだったからである。その上、いかなる人も、自分自身ですら満足に達成できないような事柄、例えば自己のためによりも他者の関心により多く気を配り、貪欲を避け、妬まず、野心にもとらわれないといったようなことを他人に要求するのは、確実に愚かしい。特に、その人間が日々あらゆる感情への強烈な刺激に曝されている場合にはなおさらである。〔TP6:3〕

基本的な諸々の法を規定するに際して、特に人間の感情を考慮に入れなければならないという点は銘記されなければならない。何がなされるべきかが示されただけでは十分ではない。主たる課題は、人間が感情によって導かれるか理性によって導かれるかに関係なく、依然として安定的かつ確固たる法を維持するにはどうすればよいか、ということが示されなければならないのである。〔TP7:2〔以上、強調は引用者〕〕

個人の徳と国家の徳との混同を戒めていたスピノザは〔TP1:6〕、賢人政治ではなく、より多くの人が統治に参加する形態を望ましいとしていた。それは単に、寡頭政につきものの民衆の「嫉妬の念」の制御に相応しいからという理由からだけでなく〔TP8:12〕、後者のほうが、「王は死んでしまうが、会議体は永続的」〔TP8:3〕であるという事実、すなわち人間の物理的条件の制約を踏まえた政治形態だからである。あるいは要するに、「一人の王では、何が国家に有益であるかをあまねく知ることは不可能である。このため王は、多数の国民を顧問官として持つ必要が出てくる」［TP7:5］からである。スピノザは言う。

主権が十分に大きな会議体に移譲される時に、絶対的、あるいは絶対的な状態に最も近い統治と言える。というのも、絶対統治がもし存在するとしたら、それは実際には民衆全体によって行われる統治でなければならないためである。［TP8:3］

スピノザによれば、君主制政体より貴族制政体、貴族制政体より民主制政体のほうが、「一層多く絶対統治に接近しており、それゆえ自由を維持するのに一層相応しい」［TP8:Pr.］ということになる。注目したいのは、ここでスピノザが最も注意を払っているのが、単に統治に携わる人の規模や量の問題ではないばかりか、「質」の問題――統治者が「優秀」か否か――ですらもないという点である。そこにあるのは、政治というものが、単に「国制の選択」（寡頭政か貴族政か、優秀者支配制か民主制かといった）の問題に還元されるものでは全くなく（シュトラウスにとっては「体制《レジーム》の選択」［Strauss 1995d (1959): 33-36, 1999 (1953): 137-143 etc.］が政治哲学の決定的に重要なテーマである）、その時々の社会の物質的な諸条件――その中には社会を構成する成員の「欲望」も、当然含まれる――の変化に対応しつつ成員の活動力の展開を保障するための「一回的な政策選択の営み」であるという認識にほかならない。「最善の政治秩序を、古典的哲学者は、常にいかなる場所においても最善である政治秩序と解した」

［Strauss 1988b (1945): 87］と主張して、政治学の課題をイデアルな体制の問題に還元してしまうシュトラウスの思想は、政治的概念の中から抗争的契機を排除し、変動という政治の第一のファクターを棄却してしまう。そしてそのことによって、多様な欲望の衝突の場における折衝《ネゴシエーション》という政治の本質を見落としてしまうのである。

それに対しスピノザは、ひとつの社会体が、絶えざる変化に直面しても安定的であるための諸条件をひたすら探っている。統治権の保持者（それが王であれ貴族であれ民衆であれ）の考慮すべきことは、観想された理想の政体などではなく、常に変化する社会的要求と情動、そして欲望であり、専念すべきは、成員の活動力をより十全に保障する仕組みの実際的な構成――これは組み上げては壊しながら、蛇行しつつ、時には逆行や循環も経ながら試行される性質のものであるがゆえに「完全に絶対的な統治形態」(omnino absolutum imperium) への絶えざる接近過程とみなされる――の問題を考え抜くことにほかならない。「永遠の相のもとで」という形容詞は、とりわけ政治的学知に関する限り、スピノザよりシュトラウスに与えるほうが相応しい。むしろスピノザは、「政治的なもの」の本質を少なくとも、「観想という非社会的な完全性」［Strauss 1989b (1952): 251］としてではなく、諸々の変動因相互の一時的な架橋や調整という社会的地平のただ中における現実的知恵として捉えていたという点で、政治理論における「理念的なるもの」への従属の度合いが、シュトラウスのみならず他の著名な政治思想家に比してもはるかに少なかった。それにもかかわらず彼は、「善き統治とは何か」という問題への強烈な関心と「徳性」の涵養への志向を失わなかった――その点では単なるマキァヴェリストというレッテルに収まり得ない「高邁」の地点を見据えていた――思想家だったのである。

4　シュトラウスの影響と意義

プラトンとシュトラウスには共通の体験がある。それは現実の政治への深い失望である。プラトンが『国家論』を書き、理想国家を描いたのは、アテナイの民主制が崩壊の危機に瀕している時だった。同様に、シュトラウスがまさにそうしたプラトンらの古典期の思想に向かったのは、当時の世界で最もリベラルな社会的平等を実現したヴァイマル憲法の下ですら、ユダヤ人に対する社会的差別がなくならないこと、そしてその制度のただ中からナチスが合法的に政権奪取に成功し、ユダヤ人たちへの弾圧がより一層の猛威を振るい始めた時期である。シュトラウスによれば、そのような状況下では、ユダヤ人差別に対して、「せいぜい法的な平等をもたらしただけで社会的平等をもたらすことはなく、非ユダヤ人たちの感情に何の効果も持たない自由主義」に与することも、「憲法上、諸個人や諸集団によるユダヤ人への差別を阻止する能力を持たず、また阻止しようともしない自由主義国家」に期待することも、到底できる相談ではなかった［1997a (1930): 5］。[*17]

絶望が切望を産むという構造は、「個人的な体験とその意味付けや昇華」としてならば、完全に了解可能なものであるばかりか、肯定されてしかるべきものであろう。「悲惨な人々にとっての唯一の慰めは、ただもう希望よりほかにない」（シェイクスピア）のだとしたら、最悪の状況における希望とは、人間の生き延びる活力の源にほかならない。しかし一方で、「極端な悲惨からは、極端な希望が生まれる」（ラッセル）というのも、また事実である。そのような希望は、精神分析で言うところの反動形成の形をとる。それは、悲惨な現実に対抗する反定立《アンチテーゼ》に過ぎないという点でも、ヘーゲル流に言えば「まだ真に弁証法的に止揚されていない」理念なのである。言い換えれば、その理想を、諸力の錯綜する現実のただ中でもう一度練り直すというプロセスがシュトラウスには欠けている。そこにあるのは、現実への理念の「適用」という態度ばかりである。*18

こうした社会理論はしばしば、それを構築した当人よりも、その継承者や弟子たちによって、大いに歪められて伝えられていく。最初の構築者にあった自らの実存的な状況への切実な応答という側面が忘却され、言葉と形式だけが伝わっていくためである。「プラトンの呪縛」と呼ばれるような現象も、プラトンそのものというより、プラトンがあのような非現実的な国家論を構想しなければならなかった必然を顧みず、スタティックな「一つの理念型」としてそれを吟味したり応用しようと試みたりする後世の解釈者や政治家たちの意図の産物なのである。

社会の現実から遊離しようとも――否、積極的に遊離するがゆえに――社会にとって最も重要な、しかし永遠に答えの出ない問いを追求し続けているというだけの理由で賞賛されるべき一部の「エリート」。そうした「エリート」たちの追求する価値が、究極的には共同体の成員の一般的な意見から乖離したものではなく、常識的な判断によっても異論なく承認される類いの「市民的な徳」や「愛国心」といった諸価値であるがゆえに、そうしたエリートたちは、民衆よりも「熟慮」できるという点で優れた自分たちの考える「善き政治」の断行のためには、時に民衆を騙しても――すなわち非民主主義的な行為をとっても――容認されると説くシュトラウス。理論の社会的影響ということで言えば、こうした主張が、彼が亡命したアメリカ合衆国の官・軍・産の複合体における支配層《エスタブリッシュメント》の思想と行動の正当化という役割を果たしていったとしても不思議ではない（実際、シュトラウスの優れた弟子らの多くは、アカデミズムというより、アメリカの政策に大きな影響を及ぼし得る政治家として、立場を確立していった）。「アメリカ合衆国はマキァヴェッリの原理に、明白に対立して設立された、世界で唯一の国」［Strauss 1995b (1958): 13］と規定し得ると述べ、「自由」や「正義」という合衆国の掲げる諸価値を賞賛するシュトラウスの目には、例えばネイティブ・アメリカンの虐殺の記憶も（周知の通り、アメリカは、「建国」以前に、列強の植民地だったのであり、十八世紀中盤のフレンチ・インディアン戦争によって、イギリスが先住民を虐殺しつつフランスから植民地支配の覇権を握ることなしには、「建国」という行為自体が成り立たなかった土地である）、武力によって勝ち取られた血なまぐさい独立戦争という事件も（そこでは多様で激烈なゲリラ戦も含む高度な知的戦術が勝敗の大きな一因をなした）、あるいはそのアメリカが国外においてどれほど「マキァヴェリ的」な権謀術数をめぐらして、世界各地の紛争に介入し、自らの「国益」に反する数々の政府の転覆にまで手を貸してきたかという事実は見えているのか、いないのか。[*19]

スピノザは、シュトラウスがそうしたように、「啓示の破壊者」というレッテルのもとで、民衆の福利の可能性を閉ざしたと糾弾される理由を、本当のところ持っていない。『神学・政治論』でスピノザが訴えようと試みていたのは、まさにそうした非難――シュトラウスの非難は、スピノザの存命中から彼に対して投げかけられていた、ありふれた類いのものである――に向かって、「哲学に対してそうした非難を続けている限り、むしろ民衆の安全と平安は得られない」ということを立証することだったからである。シュトラウスは、「啓示が真理を述べているか、真理を把握できるのは哲学か」という、極めて古典的であるように見えつつ、近代という時代に著しく制約された問題にとらわれている。スピノザも述べている通り、古代のヘブライ国家において啓示が人々に受け入れられていた時には、そもそもそのような真偽問題は成立せず、端的に預言者の言葉とその真意は民衆に「間違いなく真なるもの」として伝わったはずだからであり〔TTP2:5〕、スピノザはその事実を完全に肯定している。スピノザは「何が真か偽か」という議論ではなく、様々な表象のレヴェルに応じ、「どのような条件のもとで、ある言説が真と受け入れられるか」という視点から現実を洞察する姿勢を手放さない。そこにあるのは、真理性の成立条件を、常に群衆の力《ポテンチア》という「生《なま》の力」の場に曝しながら思考する態度である。

だから仮にスピノザが生きていたとしても、シュトラウスに対して、「哲学への無理解」という言葉を投げ返すことはしないだろう。むしろシュトラウスに欠けていたのは哲学に対する無理解ではなく、正真正銘の「政治哲学者」であると標榜しているにもかかわらず、「現実」を巧妙に思考の外部に置く政治への無理解なのである。

高邁な理想を説く者は必ず少数者を排除してしまう。観念的な理想の実現には、ほとんど必然的に、社会の「均質性」が前提になるためである。その人たちは、境界線の問題に鈍感なのではない。むしろ境界線の問題に自覚的であり、それを「均質な内部」と「その外部」との間に厳しく設定する精神の持ち主なのである。その意味で、シュトラウスの思想は、社会的な領域を「垂直的」なベクトルで上から条理化する、階層秩序的――ないし差別的――な志向性を持っている。それに対しスピノザは、あらゆる階層秩序の形成作用の原初にある、「水平的」なベクトルに極めて自覚的である。彼は、私たちの〈生〉の実態が、情動や言語などあらゆるレヴェルでの相互触発――「コミュニケーション」はその一形態に過ぎない――とその効果の中にあることを十分認識していたがゆえに、徳や能力の集団的な合成の局面を、常に見いだすことができた。既成のスタティックな価値観としての徳を体現した人物による社会の「支配」という政治理論ではなく、社会的領域から立ち上がるダイナミックな徳の「創造と生成」を語る文脈をスピノザは探り当てている。

したがって、「古典的な概念の復権」の試みという点ではマッキンタイアやロールズらと同列に論じ得るシュトラウスの場合、彼が徳という概念を前景に置き直した点の貢献は、ひょっとすると前者らの場合よりずっとあとまで残るかもしれない。*20 ネグリも指摘するように、ますます複雑化する多数者の欲求という現実的な条件のただ中で、私たちが、いかにして多様性に対して開かれた共同性と相対的に安定した政体を構築するかという今日的な問題の根幹に、まさしく〈徳〉（人間のより高次の「能力」としての）の問題が位置しているためである［ref. Negri 1985］。この〈徳〉を垂直的ベクトルのもとで、超越的に捕獲しようとするシュトラウスと、あくまでそれを水平的ベクトルにおいて、内在的・創造的に構築しようとするスピノザ。

回収か生成か——徳をめぐるスピノザとシュトラウスの対立軸は、そのまま、現代の政治理論におけるこの核心的な問題に触れ、その張りつめた弦の軋みを谺《こだま》させ続けて、やまない。

注

＊1　『神学・政治論』の序文でスピノザが、「哲学的読者へ」（Philosophe lector）と呼びかけている点にも注意を払う必要がある。「私が、皆さんに提示し、吟味してもらおうとするこの著作は〔…〕、著作全体とその各章が取り扱っている対象の重大性、そして有益性のゆえに、皆さんに歓迎してもらえることと確信しています」［TTP Pr.:15］。この陳述からは、スピノザが、少なくとも「哲学的読者」（主としてリベラルなデカルト派）に対しては、自分の思想を腹蔵なく語ろうとしていたことが窺える。

またこの箇所については、オーステンス宛書簡も参照。スピノザの『神学・政治論』を「無神論」と決めつけた医師フェルトホイゼンに対して、スピノザはこう反論している。「自分が誤りだと考えているのに、それを支持する極めて多くの強力な論証を見せかけで展開できるほど狡猾で抜け目のない人間など、実際、存在するのでしょうか。また、はっきり言いますが、虚構が真理と同様に信頼できる仕方で証明できることが可能だと彼〔フェルトホイゼン〕が信じているなら、今後彼は、いったい誰が書いたものを真剣に書かれたものと信じるのでしょう」［Ep.43］。

＊2　神学者相手の書簡とはいえ、オルテンブルク宛の私信でスピノザは、「万物に顕現し、とりわけ多く人間の精神に顕現し、なかでも最も多くイエス・キリストの中に顕現した神の永遠なる知恵」、これのみが、「何が真か偽か、何が善か悪かを私たちに教えてくれるもの」であり、「この知恵なしにはいかなる人も福祉の状態に達することはできません」とすら述べている［Ep.73］。また、公刊を目的にした『神学・政治論』より、はるかに「秘教的」である理由が少なかった『エティカ』において彼は、イエスにおいて生じた事態を、「キリストの精神すなわち神の観念」（Spiritus Christi, hoc est, Dei idea）と表現し、それを「人間が自由になるため、人間が自分に欲する善を他の人々にも欲するようになるための唯一の基礎である」［E4P68Sc］とまで述べている。

＊3　シュトラウスの孫弟子筋にあたるノートンの記述によれば、ある時、一人の敬虔な学生がシュトラウスに宗教的信仰を尋ねたところ、シュトラウスは、「私は一人のユダヤ教徒である。マイモニデスがそうであったように」と

答えたという［Norton 2004: 203-204］。彼がここで、神への無条件の信仰と哲学との相補的な関係を説いた中世のユダヤ人学者マイモニデスを引いているのは興味深い。マイモニデスは（シュトラウスと同様）、合理主義的思考——マイモニデスの場合は、新プラトン主義の契機を含んだアリストテレス主義——の意義を、人間を神の認識に導く点にあるとは考えていない。むしろ、人間の誤った神認識を浄化ないし純化する点に、哲学の合理的な機能とその限界とを見ている。

＊4　ここは、ユダヤ教の伝統に立つ点で共通の土俵にいるレヴィナスとシュトラウスの立場とが異なる点でもある。バトニツキーも指摘するように、レヴィナスの場合、哲学は究極的には宗教的真理を述べ伝えることが可能であり、それゆえに社会的な意義があると考えていた——というより、この点こそレヴィナス思想の核心とみなすことさえ可能である——のに対し、シュトラウスは、哲学と宗教的真理ないし啓示との間の和解不能性をあくまでも前提し続けるからである［ref. Batnitzky 2006: 13-16］。

＊5　シュトラウスの思想的変遷を丹念に追ったタングァイもシュトラウスの思想における、啓示と哲学——「エルサレムとアテナイ」——との対立関係に注目し、これがシュトラウスにとって、「生涯にわたって、気にかけることを決してやめることのなかった根本的問題だった」［Tanguay 2007: 264］と指摘している。

＊6　この点に関しては、シュトラウスの講演「理性と啓示」［Strauss 2006 (1948)］は、シュトラウスの哲学的立脚点を探るのに不可欠なばかりか、彼の激しいスピノザ批判が随所に見られ、両者の思想的対立点を知るのに有益である。

＊7　これが、「秘教的読解」の対象として、ある意味最もふわしいテクストの一つともみなし得るスピノザの『エティカ』に対して、シュトラウスがそれを全く行わず、その評価を、もっぱら表層的な読解から受ける常識的な反感にのみ訴えている理由の一つでもある［1989a (1952): 267-268; ref. Moutaux 1993］。シュトラウスの読みには明らかに、対象選択における恣意性が見られる。「幾何学的形式」で書かれた『エティカ』の表面的な骨格の背景にある、

彼が肯定しようとしていた対象を精緻に取り出すという読解は、二十世紀のスピノザ・ルネサンスを形作った人々（ドゥルーズ、マトゥロン、ネグリ、アルチュセール、バリバール、マシュレイ……等々）が常に行ってきたことだが、こうしたスピノザの深い意図を聴き取ろうとする姿勢は、「『エティカ』のように本の形式と本の根底にあるものとの間の対照ほど教訓的なものはない」と指摘し、そこにおける定理や系や注の複雑さと対照的に存在するのは、「何か微妙な、非常に軽くほとんど空気のようなものであり、それに接近すると逃げ去り、それを遠くから眺めようとすれば、その他一切の大事と思われる事柄にすら拘泥する気をなくすほどのものなのです」と語っていた時のベルクソン〔Bergson 1993 (1938): 123-124〕に（あるいは若き日のアランにも）、すでに見られる。

＊8　神も精神であると主張し、宗教を絶対精神の表象的な表現であるとしたヘーゲル主義の立場から見ると、こうした対立は、かなり未熟な段階に位置している。しかし、シュトラウスは神の絶対的な超越性を確保する立場からヘーゲルを一蹴する（神を、外部なき無限の能産的な活動性として捉え、〈精神〉とはみなしていないスピノザも、シュトラウスとは別の意味で、ヘーゲルの宗教観には与しないが）。

理性はヘーゲルの哲学において自らの完成に達した。ヘーゲルの体系の本質的な限界は、理性の本質的な限界を示しており、啓示に対するあらゆる合理的な反駁の根本的な非妥当性を示している。合理主義の最終的な崩壊とともに、理性と啓示との、不信仰と信仰との果てしない闘いは、原理上は、人間の思想の領域においてすら、啓示に有利な形で決せられてしまった。理性が知るのはもっぱら諸々の主体や客体についてだけだが、生ける神、愛する神は、確かに一個の主体を無限に上回るものであり、一つの客体、すなわち人が超然と無関心に眺めることができる何かでは断じてあり得ない。〔Strauss 1997b (1965): 9〕

こうした解釈は、シュトラウスが古典的自然法の「崩壊」の結果としてヘーゲルの思想を捉えていることから導き出されている。

もし基準が過程に内在しているとするならば、すなわち「現実的なもの、現在するものは理性的である」とするならば、超越的基準などなしで済ませることができる。善きものと先祖的なものとの原始的な等式への回帰として現れてきたものが、実際、ヘーゲルを準備したものだった。[Strauss 1999 (1953): 319]

しかしシュトラウス自身は、単に啓示と哲学との対立や和解不能性を強調していたのではなく、むしろマイモニデス（およびファーラービー）の再評価を通じて、古典ギリシアの理想とイスラム教とユダヤ教の三者を統合するという遠大な構想を抱いていたという点も付言しておく必要があり［ref. Strauss 1989a (1950): 43］、彼の思想のこうした側面の解明は、別の研究が参照されなければならない。さらに付け加えるなら、理性の立場と聖書の立場を互いに譲ることなく極めようとすることは、共に「完全に道を誤っている」とスピノザが考えていたことは、再確認しておく必要がある［ref. TTP15:1］。

＊9　ネグリは、「スピノザは、一つの政治体制（imperium）が、その統治者らの個人的な徳に基づくことも、個人的な企てに基づくこともできないということをはっきりと示した［TP1:6］。〔…〕人間の集団的な実践は、政治的に生成しつつ、総体的なるものを切望する構成的プロセスのただ中で、個人的な徳を包含しつつ、それを乗り越えていくのである」と述べている［Negri 1998 (1981): 239-240］。スピノザにおける、力の合成を通しての徳性の発展をめぐる原理的分析については、同様に［Negri 1985: 158-169］も参照。こうした発想は、公的領域での形式的平等と私的領域との恣意的自由を求めるリベラリズムの原理（たとえ「健全なリベラリズムの復興」のためであれ）とは異なる系列の思考をスピノザが開拓していたことを示す例である。

＊10　なるほどシュトラウスは、こうも述べている。「善き市民とは、愛国的な市民、祖国に忠誠を誓う者」［Strauss

1995d (1959): 35］であるが、善き人間が善き市民と同一とは限らない。「ヒトラーのドイツにおける善き市民は、他のところでは悪しき市民である」という事態があり得るからである。こうして彼は、狭隘な愛国心を乗り越える可能性を示唆する。すなわち、「アリストテレスは、愛国者よりも、党派的な人間こそ徳に仕える人であると主張した」が、それは、党派的人間は、愛国心の枠を超えた献身、つまり何らかの国家ではなく、「その体制が最善の体制」への忠誠を誓う人間だからである、と［ibid.］。しかしシュトラウスによると、「祖国より尊重される」べき、この忠誠の対象たる「最善の体制」とは、ほかならぬ優秀者支配制である。

＊11　付言しておけば、シュトラウスは、とりわけコンベンショナリストにとって、共通善がイデオロギー的な性格を持ってしまう事態を正当にも指摘している。

共通善であると主張されるものは、実際には、全体であると僭称する一部の者の利益、あるいはこうした僭称、こうした口実、このような取り決めによってどうにか統一体を形成している一部の者の利益にほかならない。もし国家が取り決めによって作られるものだとするなら、共通善も取り決めによって作られるものであり、正や正義も同様であることが証明される。［Strauss 1999 (1953): 104-105］

『自然権と歴史』の主旨からは批判的に取り上げられているこの主張が、他の場所でのシュトラウス自身の見解と矛盾しないかという点については、さらに検討される余地がある。

なお、スピノザにおける徳と愛国心との関係についてヤキーラは、一般論として「少なくとも共和制的伝統においては、愛国心は一つの徳、おそらく根本的な政治的徳であった」という点を確認した上で、スピノザの最晩年の『政治論』の中では、「愛国心が、理論的な関心を持たれることもないし、政治的正当化もされていない」という点を正しく指摘しているにもかかわらず、そこから、「スピノザの政治理論は、徳の理論ではない」［Yakira 1997:

178］と結論づけている。しかし、それは妥当ではない。本文で解説したように、スピノザは、愛国心などに回収されない「徳＝能力」の理論を組み立てていたのであり、その意味ではむしろ、スピノザの政治論こそ徳の理論にほかならない、と主張することも可能だからである。

＊12　とはいえ実のところ、シュトラウスとニーチェは、啓蒙批判や反民主主義やエリティズムという契機ばかりか［ref. Lampert 1996; Drury 2005 (1998): 170-202］、「決断主義」的な傾向をも共有している点で、同一地平で論ずることが可能な思想家のペアである（この点は「ハイデガーとシュトラウス」あるいは「シュミットとシュトラウス」という別の問題系にも連なるが、本稿ではその点の指摘のみに留める）。もっともニーチェは、共同体のために身を捧げる類いの徳を称揚したわけではない。例えば、『ツァラトゥストラ』で描かれているのは「贈り与える徳」(**schenkende Tugend**)［Nietzsche 1988 (1885): 97-102］であり、これは、強者の自己肯定に発する無償の贈与と支配欲である（しかしこの点は一方で、シュトラウスの「拡張主義」という別の姿勢〔後述〕にもつながり得る論点を示しており、単純にシュトラウスとニーチェを対立させるのは、やはり困難を伴う）。

＊13　何事についてであれ単なる「卓越性」を意味していたアレテー（徳）は、プラトンとアリストレスによって人格的内面化を施されていくが、周知のようにプラトンは「知恵」「勇気」「節制」にそれを調和させる「正義」を加えて徳となし、アリストテレスは徳を人柄に関わる徳と知的な徳とに分けた上で、「中庸」の原理に基づく「思慮《プロネーシス》」に中心的な重要性を与える。また、キリスト教神学における徳としては、パウロによる「信仰」「希望」「愛」がプラトンの三元徳に加わる形でアクィナス以来唱えられる一方で、ルネサンス期の徳は、「精神・身体の両面における男らしい有能さ」を含意していた。

＊14　この点はシュトラウスの歴史解釈全般の「恣意性」の問題として、様々な解釈学者らから、かねて指摘されてきた。一例として、ヨンの精力的な作業を参照［ref. Jung 1978a, 1978b］。

＊15　もう一つの理由は、フィンレイが指摘するように、古代ギリシアには「コイノニア」（共同体）の意識の強い共

有があったためでもある。「その絆が単に親近性と共通の生活様式からだけではなく、共通の運命と共通の信仰の意識からなる、初期キリスト教共同体のような強い絆を持った共同体〔…〕、その共同体意識こそがアテナイ民主政治の実際上の成功をもたらした不可欠の要素であり、その意識は国家宗教と伝統によって強化されていた」〔Finley 1996 (1973): 28-29〕。

ちなみにアレントは『人間の条件』の中で、プラトンは、「一方で職人を一人前の市民より価値の低い者と考えていながら、他方では、政治問題を制作という形態として扱い、政治体を制作という形態で支配するよう提案した最初の人だった」〔Arendt 1998 (1958): 230〕と述べ（彼女によれば、このことは、より少ない程度とはいえアリストテレスにも当てはまるのだが）、プラトンが政治を、制作的支配としてしか捉えていないと批判する。すなわち、「知恵」によって、「活動《アクション》」の複雑性をあたかもそれが解消可能な認識上の問題であるかのように解決してしまうプラトンにおける哲人王の最大の問題は、この統治形態が「過酷」であるという点にではなく、「むしろこの形態があまりに上手く機能し過ぎる点にこそある」〔221〕と指摘している。しかし、シュトラウスとは異なり政体論に関心がなく、「自由な議論とコミュニケーションの空間」としての公的領域の復活を訴えるアレントの議論は、逆に、「議論にもコミュニケーションにも加われない外部に属する人々とその行動」を、単なる生産的行為（「労働《レイバー》」）に属する領域として、排除してもいる。

一方、まさにアレントが排除した社会的領域をも包含した公共圏の創出を試みようとするハバーマスの市民的公共性論は、「討議倫理《ディスクルス・エティーク》」を内面化してそれに参与できる理性的な能力を有する人々の特権化と囲い込みに陥り、情動的かつ「非・理性的」交通を介して「コミュニケート」し合おうとする「群衆・多数」（あるいは「マルチチュード」）としか名付けようのない人々が構成する社会的地平を、主題化することにも問題化することにも失敗している。

＊16　付言すれば、プラトンは失政を重ねるほど自分の理念の「現実化」にしがみつくかのようでもあり、それをパラノイアックに貫徹する方向に向かっていく。それが「次善の策」として選択された「法の支配」、すなわち、晩年

の『法律』で描かれているような、民衆の行動と思想とを尋常ならざる情熱をもって細部にわたって統制する方向――そこでも民衆は対話という名の説得の対象でしかない――である。

＊17 クセノスも指摘している次の文章を読む時に、私たちは、一つの激しい衝動に駆られる若き日のシュトラウスを知ることになる［ref. Xenos 2008: 16］。これは、一九三三年（言うまでもなくこの年は、一月にヒトラーが首相に就任し、三月に全権委任法が国会で可決されて、ナチスの独裁が確立した年である）の五月一九日、カール・レーヴィットにパリから宛てたシュトラウスの書簡での記述だが、そこには、人生における最も困難な時期に、復古的な右翼の本流に救いを求めるというシュトラウスの基底をなす気質が窺えると同時に、これまで本稿で見てきたような彼の思想の特徴――非民主主義的体制の積極的是認と自由主義への嫌悪、そしてユダヤ主義への回帰――が凝縮された形で露わにされている。少なくとも言えることは、これが、レーヴィットも含めドイツを脱出することを余儀なくされた多くの著名なユダヤ系知識人ら――ベンヤミンであれアドルノやホルクハイマーであれ、あるいはマルクーゼやフロムやアレントであれ――が、決して口にすることのなかった言葉であろうということである。

〔…〕こうした事情に関する限り、ドイツの新しい右翼が私たち〔ユダヤ人〕を許容しないのは、右翼の原則から完全に逸脱しています。むしろ逆なのです。右翼の原則に基づいて、すなわちファシスト的、権威主義的、帝国的原則（faschistischen, autoritären, imperialen Prinzipien）に基づいてのみ、品よく、すなわちあの〔フランス人権宣言の〕《人間の不可譲の権利》（droits imprescriptibles de l'homme）への馬鹿げた、浅ましい訴えに助けを求めることなしに、この卑劣な行為に対して抵抗できるのです。私はカエサルの戦記を深い理解をもって読んでいますが、ウェルギリウスの例の言葉を想起します、《汝〔ローマ〕よ、命令によって支配し〔…〕、従う者たちは赦し、驕れる者どもを討伐すること〔を忘れるな〕》（Tu regere imperio…parcere subiectis et debellare superbos)。十字《クロイツ》〔鉤十字（および新約のキリスト教）〕の前にひれ伏す理由はありません、たとえそれが自由主義《リベラリスムス》の十字であったとしても —— 世界のどこかで古代ローマの思想の火花が命脈を保っている限り。次のようにすら言いましょう、「いかなる十字よりも、ゲットーのほうがましだ」（lieber als jegliches Kreuz das Ghetto）と。〔Strauss 2001: 624-625〔強調はシュトラウス〕〕

＊18　シュトラウスの古代の政体復興論が、恣意的な「一つの選択」に過ぎないことは、ギリシア史家の第一人者とも言われる前述のフィンレイが試みているように、同じ古代ギリシアの政治状況から、今日における直接民主制のヒントにもつながる「民主主義的契機」を取り出すことも可能であるという事実によっても明らかである〔Finley 1996 (1973)〕。例えば、アテナイの民主政にはリベラル・デモクラシーにとって学ぶべき多くの点があることを精力的に訴えるフィンレイは、一方で、プラトンをもってギリシアの政治思想を代表する傾向に対して、「プラトンは明白に非典型的な人物」であり、「プラトンによって全ギリシア人を一般化することは到底できないし、他のどのギリシア人と比較することもできない」〔46〕と反論した上で、ギリシアの統治体制からは、「確かに国制的側面では学ぶべきものは存在しない。古代ギリシア制度の要件と規則は、端的に言って、現代と関連性を持っていない」〔23〕という、シュトラウスとは正反対の認識を表明している。

＊19　少なからぬ数のアメリカ亡命ユダヤ人が、そのユダヤ人共同体としての結束ゆえに、アメリカの対外政策 —— 特にイスラエル政策 —— に、大戦後一貫して影響を与えようと試みてきた事実は、ミアシャイマーらの業績〔Mearsheimer & Walt 2007〕をはじめとして、様々な文献・資料によっても明らかにされている。亡命ユダヤ人というアメリカ社会の中では「異端」に位置するシュトラウスが、自らの思想を自由に吐露できるアカデミズムの頂点において、ヘブライズムの全面的な復興ではなく（それはもとより非現実的である）、「公教的」には、古典・古代の諸価値の賛美、しかし「秘教的」には、ユダヤ人共同体（国家としてはイスラエル）の存続にとって死活問題で

ある「合衆国の覇権」を合理化する思想をエリートらに説いてきたという構図は、必ずしも非現実的ないし「反ユダヤ主義的」な推定ではない。これはシュトラウスが、イスラエルに国家として特別の地位を与える政治的シオニズムに必ずしも同意していなかったとしても〔ref. Strauss 1997b (1962): 318-320, 1997a (1930): 4-6〕――もっとも、彼は青年期に、自分が政治的シオニスト組織の一員だったことを認めてはいるが〔Strauss 1997b (1962): 319〕――検討する必要がある「仮説」の一つである。

＊20　確かにマッキンタイアも、フットらを継承しつつ徳の問題を主題化した。しかし、彼のようなコミュニタリアンの立場も含め、アリストテレス主義への回帰を遂行している徳倫理学（virtue ethics）の立場は、諸徳が特定の共同体において発展した点を強調するあまり、しばしば指摘されるように、「悪しき伝統」「悪しき共同体」の伝統や規範の継受という問題に対応できない。まさにシュトラウスの言う「徳概念の歴史化」に伴う陥穽にはまっているためである（こうした反普遍主義的姿勢の陥る問題点と普遍主義を掲げる立場との緊張関係をめぐっては、〔Rasmussen 1990〕所収の諸論文等も参照）。

文献

Aquinas, Thomas., 1963, *Summa Theologiae*, I-II, Vol.13, London: Eyre&Spottiswoode.〔『神學大全13』稲垣良典訳、創文社、一九七七年〕

Arendt, Hannah., 1998 (1958), *The Human Condition*, Chicago: The University of Chicago Press.〔『人間の条件』志水速雄訳、筑摩書房、一九九四年〕

Aristotle., 1959 (1932), *Politics*, Cambridge: Harvard University Press.〔『政治学』山本光雄訳、岩波書店、一九六一年〕

Batnitzky, Leora., 1996, *Leo Strauss and Emmanuel Lévinas: Philosophy and the Politics of Revelation*, New York: Cambridge University Press.

Bergson, Henri., 1993 (1938), "L'intuition philosophique" in *La pensée et le mouvant*, Paris: Presses Universitaires de France.〔「哲学的直観」『思想と動くもの』『ベルグソン全集7』矢内原伊作訳、白水社、二〇〇一年〕

Bloom, Allan., 1987, *The Closing of the American Mind*, New York: Simon & Schuster.〔『アメリカンマインドの終焉』菅野盾樹訳、みすず書房、一九八八年〕

Donagan, Alan., 1996, "Spinoza's theology" in *The Cambridge Companion to Spinoza*, ed. Garrett, D., Cambridge: Cambridge University Press.

Drury, Shadia B., 2005 (1997), *Leo Strauss and the American Right*, New York: St.Martin's Press.

Feuerbach, Ludwig., 1999 (1846), *Das Wesen der Religion*, Ausgewählte Texte zur Religionsphilosophie Perfect, Heidelberg: Lambert Schneider.

Finley, Moses I., 1996 (1973), *Democracy: Ancient and Modern*, New Brunswick: Rutgers University Press.〔『民主主義――古代と現代』柴田平三郎訳、講談社、二〇〇七年〕

Jung, Hwa Y., 1978a, "The Life-World, Historicity, and Truth: Reflections on Leo Strauss's Encounter with Heidegger and Husserl" in *Journal of British Society for Phenomenology*, No.9-1, 11-25.

――., 1978b, "A Hermeneutical Accent on the Conduct of Political Inquiry" in *Human Studies*, 1, 48-83.

Lampert, Laurence., 1996, *Leo Strauss and Nietzsche*, Chicago: The University of Chicago Press.

Mearsheimer, John J.& Walt, Stephen M., 2007, *The Israel Lobby and U.S. Foreign Policy*, New York: Farrar Straus & Giroux.〔『イスラエル・ロビーとアメリカの外交政策（1・2）』副島隆彦訳、講談社、二〇〇七年〕

Meier, Heinrich., 2006, *Leo Strauss and the Theologico-Political Problem*, Cambridge: Cambridge University Press.

Moutaux, Jacques., 1993, "Exotérisme et philosophie: Leo Strauss et l'interprétation du *Traité théologico-politique*" in *Spinoza au XXe siècle*, ed. Bloch, O., Paris: Presse Universitaire de France.

Negri, Antonio., 1985, «Reliquia Desiderantur: Congettura per una definizione del concetto di democrazia nell´ultimo Spinoza» in *Studia Spinozana*, Vol.1, Hanover: Walther&Walther.〔「以下ヲ欠ク —— スピノザ最晩年の民主制政体概念の定義を推察する」小林満・丹生谷貴志訳『現代思想』一五巻一〇号、青土社、一九八七年〕

——., 1998 (1981), *L'anomalia selvaggia. Saggio su potere e potenza in Baruch Spinoza*, in *Spinoza*, Roma: Derive Approdi.

Nietzsche, Friedrich., 1988 (1885), *Also Sprach Zarathustra*, kritische studienausgabe 4, München: Gruyter.〔『ツァラトゥストラはこう言った（上・下）』氷上英廣訳、岩波書店、一九六七年〕

Norton, Anne., 2004, *Leo Strauss and the Politics of American Empire*, New Haven: Yale University Press.

Platon, 2003 (1922), *Politeia* in *Platonis Opera*, IV, ed. J.Burnet, Oxford: Oxford University Press.〔『国家（上・下）』藤沢令夫訳、岩波書店、一九七九年〕

Rasmussen, David. (ed.)., 1990, *Universalism vs. Communitarianism: Contemporary Debates in Ethics*, 1990, Cambridge: MIT Press.〔『普遍主義対共同体主義』菊池理夫・山口晃・有賀誠訳、日本経済評論社、一九九八年〕

Smith, Steven B., 2006, *Reading Leo Strauss: Politics, Philosophy, Judaism*, Chicago: The University of Chicago Press.

Strauss, Leo., 1984 (1964), *The City and Man*, Chicago: The University of Chicago Press.

——., 1988a (1959), *What is Political Philosophy? And Other Studies*, Chicago: The University of Chicago Press.〔『政治哲学とは何か —— レオ・シュトラウスの政治哲学論集』石崎嘉彦訳、昭和堂、一九九二年〕

——., 1988b (1945), "On Classical Political Philosophy" in *What is Political Philosophy? And Other Studies*, Chicago: The University of Chicago Press.〔「古典的政治哲学」『政治哲学とは何か —— レオ・シュトラウスの政治哲学論集』石崎嘉彦訳、昭和堂、一九九二年〕

——., 1988c (1952), "Persecution and the Art of Writing" in *Persecution and the Art of Writing*, Chicago: The University of Chicago Press.〔「迫害と著述の技法」石崎嘉彦訳『現代思想』二四巻一四号、青土社、一九九六年〕

——, 1988d (1952), "How to Study Spinoza's *Theologico-Political Treatise*" in *Persecution and the Art of Writing*, Chicago: The University of Chicago Press.

——, 1988e (1954), "On a Forgotten Kind of Writing" in *What is Political Philosophy? And Other Studies*, Chicago: The University of Chicago Press, 1988.〔「忘れられた著述について」『政治哲学とは何か――レオ・シュトラウスの政治哲学論集』石崎嘉彦訳、昭和堂、一九九二年〕

——, 1989a (1950), *The Rebirth of Classical Political Rationalism*, T.L.Pangle (sel.), Chicago: The University of Chicago Press.〔『古典的政治的合理主義の再生』石崎嘉彦監訳、ナカニシヤ出版、一九九六年〕

——, 1989b (1952), "Progress or Return? The Contemporary Crisis in Western Civilization" in *The Rebirth of Classical Political Rationalism*, T.L.Pangle (sel.), Chicago: The University of Chicago Press.〔「進歩か回帰か」『古典的政治的合理主義の再生』石崎嘉彦監訳、ナカニシヤ出版、一九九六年〕

——, 1989c (1958), "The Problem of Socrates: Five Lectures" in *The Rebirth of Classical Political Rationalism*, T.L.Pangle (sel.), Chicago: The University of Chicago Press.〔「ソクラテスの問題」『古典的政治的合理主義の再生』石崎嘉彦監訳、ナカニシヤ出版、一九九六年〕

——, 1995a (1935), *Philosophy and Law: Contributions to the Understanding of Maimonides and His Predecessors*, New York: State University of New York Press. (orig.: *Philosophie und Gesetz: Beiträge zum Verständnis Maimunis und Seiner Vorläufer*, Berlin: Schocken Verlag.)

——, 1995b (1958), *Thoughts on Machiavelli*, Chicago: The University of Chicago Press.

——, 1995c (1959), "The Liberalism of Classical Political Philosophy" in *Liberalism Ancient and Modern*, Chicago: The University of Chicago Press.〔「古典的政治哲学のリベラリズム」『リベラリズム 古代と近代』石崎嘉彦・飯島昇藏訳者代表、ナカニシヤ出版、二〇〇六年〕

——., 1995d (1959), "What is Political Philosophy?" in *What is Political Philosophy? And Other Studies*, Chicago: The University of Chicago Press.〔「政治哲学とは何か」『政治哲学とは何か —— レオ・シュトラウスの政治哲学論集』石崎嘉彦訳、昭和堂、一九九二年〕

——., 1995e (1961), "What is Liberal Education?" in *Liberalism Ancient & Modern*, Chicago: The University of Chicago Press.〔「一般教養教育とは何か」『リベラリズム 古代と近代』石崎嘉彦・飯島昇藏訳者代表、ナカニシヤ出版、二〇〇六年〕

——., 1995f (1963), "Perspectives on the Good Society" in *Liberalism Ancient and Modern*, Chicago: The University of Chicago Press.〔「善き社会に関する諸々のパースペクティヴ」『リベラリズム 古代と近代』石崎嘉彦・飯島昇藏訳者代表、ナカニシヤ出版、二〇〇六年〕

——., 1995g (1968), *Liberalism Ancient and Modern*, New York: Basic Books.〔『リベラリズム 古代と近代』石崎嘉彦・飯島昇藏訳者代表、ナカニシヤ出版、二〇〇六年〕

——., 1996 (1936), *The Political Philosophy of Hobbes: Its Basis and Its Genesis*, Chicago: The University of Chicago Press.〔『ホッブズの政治学』添谷育志・飯島昇藏・谷喬夫訳、みすず書房、一九九〇年〕

——., 1997a (1930), *Spinoza's Critique of Religion*, Chicago: The University of Chicago Press (orig.: *Die Religionskritik Spinozas als Grundlage seiner Bibelwissenschaft: Untersuchungen zu Spinozas Theologisch-Politischem Traktat*, Berlin: Akademie-Verlag, 1930).

——., 1997b (1962), "Why We Remain Jews" in *Jewish Philosophy and the Crisis of Modernity: Essays and Lectures in Modern Jewish Thought*, Green, K.H. (ed.), New York: State University of New York Press.

——., 1999 (1953), *Natural Right and History*, Chicago: The University of Chicago Press.〔『自然権と歴史』塚崎智・石崎嘉彦訳、昭和堂、一九八八年〕

——., 2000 (1948), *On Tyranny*, Chicago: The University of Chicago Press.〔『僭主政治について（上・下）』石崎嘉彦・飯島

昇藏・面一也・金田耕一訳、現代思潮新社、二〇〇六年〕
——., 2001 (1933), *Gesammelte Schriften (Bd.3): Hobbes politische Wissenschaft und zugehörige Schriften - Briefe*, Stuttgart: Metzler.
——., 2002 (1921-1932), *Leo Strauss: The Early Writings (1921-1932)*, M.Zank (tr./ed.), New York: State University of New York Press.
——., 2006 (1948), "Reason and Revelation" in *Leo Strauss and the Theologico-Political Problem*, by Meier, H., Cambridge: Cambridge University Press.
Tanguay, Daniel., 2003, *Leo Strauss: Une biographie intellectuelle*, Paris: Grasset.
Xenos, Nicolas., 2007, *Cloaked in Virtue: Unveiling Leo Strauss and the Rhetoric of American Foreign Policy*, London: Routledge.
Yakira, Elhanan., 1997, "Leo Strauss and Baruch Spinoza: Remarks in the Margins of Strauss' Timely Reflections" in *Studia Spinozana*, Vol.13, Würzburg: Königshausen & Neumann.
Yovel, Yirmiyahu., 1989, *Spinoza and Other Heretics: The Marrano of Reason*, Princeton: Princeton University Press.〔『スピノザ 異端の系譜』小岸昭・細見和之訳、人文書院、一九九八年〕
Zac, Sylvain., 1965, *Spinoza et l'interprétation de l'Écriture*, Paris: Presses Universitaires de France.

第3章〈アドルノ〉

「ひとつの場所」あるいは反転する鏡像

緒言——三つの契機

「なにゆえ人類は、真に人間的な状態へと歩み入っていく代わりに、一種の新しい野蛮状態へと落ち込んでいくのか」〔GS3:11〕——エレミア的な預言者の呻きにも似たトーンで書きつけられた『啓蒙の弁証法』冒頭部のあまりに有名な一節。アドルノが[*1]、この問題意識を導きの糸にしながら、啓蒙が逆説的にも全体主義的暴力に転化していく事態に対して激しい異議申し立てをこの本の中で行っていることは、よく知られている。ホルクハイマーと並ぶフランクフルト学派の代表的思想家として知られる彼が、この本を中心とした諸著作で一貫して、おそらく人類の生誕とともにあったであろう本源的な傾向性——すなわち世界の全体を統合的に把握し、認識対象の合理的整序を止めない、人間の知的・文化的活動そのものが帯びる暴力性——の告発に専心してきたことも、周知の通りである。

しかしながら、アドルノに虚心に向き合っていくと、こと啓蒙の野蛮への転化というテーマに関しては、実のところ彼が批判の刃を向けている対象とは、ほかでもないスピノザなのではないかという印象を受けざるを得ない。というより、多くのテクストを通してアドルノが、少なくとも原理的にはスピノザの立場をいわば「主敵」とみなして論難の対象にしていることは、ほとんど疑うことができないかのように見える。

例えばこの『啓蒙の弁証法』の主題は、アドルノによると、啓蒙の徹底がその反対物、すなわち全体主義という野蛮に転化するという「啓蒙の自己崩壊」の問題であると規定されているが［ibid.］、そうした啓蒙と全体主義との結びつきの「接点」に、スピノザがいる。このことは、アドルノが『エティカ』の有名な一節——「私は〔…〕人間の行動と衝動を、線・面および立体を研究する場合と同様に考察する」［E3Pr］——を引き合いに出しつつ、次のように直截に指摘していることからも窺える。

> 啓蒙は、行動や衝動といった諸情念を、「線や面あるいは立体を扱うかのように」考慮する。全体主義的秩序は、このことを大まじめに実現したのである。［GS3:105］

つまりアドルノによるとスピノザの方法は、いずれは全体主義に帰着することになる啓蒙的プロジェクトの象徴であり、典型なのである。その際、彼が糾弾するのは、スピノザ思想におけるこのような合理主義的側面だけではない。「自己保存――この罪科にまみれた原理」[GS6:357]と述べるアドルノは、啓蒙の本質的原理をこの自己保存の衝動に見た上で、その考えを、いわば体制順応的な仕方ではっきりと正当化したのがスピノザであると指摘する。

> 啓蒙が念頭に置く体系とは、諸事実を最も巧みに処理し、自然支配にあたって最も有効に主体を支持するような認識の形態である。その体系の原理、それが自己保存の原理である。[GS3:102]
> 「自己保存の努力は、徳の第一の、そして唯一の基礎である」というスピノザの命題[*2]は、全西欧文明にとって真の格率を含んでおり、この格率のもとで、ブルジョワジー内部における宗教上、哲学上の差異は鎮静する。[46]

少なくとも主著の一つである『啓蒙の弁証法』で、彼が、スピノザにおいて原理的な範型を確立した「啓蒙的合理性」と「自己保存」概念の双方に対する仮借ない批判を行っているという点は、以上の例を一瞥するだけでも、ほぼ疑う余地がない。

しかしながら見落としてならないのは、この二人の思想家が、このような先鋭的な対立図式の両端に位置する一方で、各々の擁護する対象と闘う相手とを、一定範囲で共有してもいるという点である。スピノザは、共同社会の目的は自由であると訴え、人々がそこに到達する道筋を包括的に追究するとともに、各人の個別的な差異を抹消することなしに諸々の個体の有する能動性を最大限に展開できる社会体とはいかなるものかという問いを一貫して考究していた。その点で彼は、近代自由主義の原点に位置するとも評される思想家である［ref. Feuer 1958; Smith 1997 etc.］。[*3] また一般に、第二次大戦後の社会思想を、ファシズムないし全体主義との思想的対決という契機なしに評価することは困難だが、この時期にスピノザの再評価を開始した思想家らは、アルチュセールであれドゥルーズであれ、スピノザの体系における「差異」と「多様性」の契機に注目してきたことはよく知られている通りである。少なくとも戦後において――ましてそれ以前は言うまでもなく――、アドルノのようにスピノザと政治的全体主義とを結びつけて考える解釈は、自明でも一般的でもない。

それどころか後の節で検討するように、スピノザは、アドルノの思想の主調テーマと言ってもよい「全体性は虚偽である」［GS4:55］という命題、これを――確かに提示の仕方は大きく異なるにせよ――彼に先回りする形で主張していたことを確認することすら可能である。これらのことを考慮すると、事態はより複雑になる。

もちろん、「ヘーゲリアン」を自認し、一貫して、否定――元はヘーゲルに由来する「限定的否定」(bestimmte Negation)［GS3:40, GS6:161 etc.］――を思考のモチーフにしてきたアドルノの思想と、後述するようにニーチェに連なる「肯定」の思想という側面を強調されることの多いスピノザの思想が、いささかのずれもなく重なりあうとは考えられないが、むしろそうであるとしたらなおさら、この両者の近接と反発という関係性をどう捉えたらよいのかという問題が、思想史上、改めて提起され得る。

本稿では、主として、アドルノが一貫して非難し問題視してきた「自己保存」と「全体性」、そしてそれとは対照的に彼が終始是認し固執し続けてきた「否定」という概念を取り上げ、それらの内実を再検討してみたい。興味深いことに前二者は、スピノザの思想の本質的な地点を捉える際に不可欠とされる論点であり、後者は、スピノザがまさに、自らの思想の中核的な概念をなす実体と様態の区別を論じる際にこだわり続けた概念でもある。したがって、この三点を吟味することが、スピノザ・アドルノ双方の主題を闡明するのに相応しいアプローチであると考えても、大きく妥当性を外すことにはならないはずである。次項から、これらの点を順に検討していく。

1 アドルノの啓蒙批判と自己保存

「自己保存」と「支配」との同一視——これがアドルノの自己保存理解の要である。以下にその主張を、まずは『啓蒙の弁証法』を中心に見ていくが、彼はこの見解を補強するために、しばしばベーコンを引き合いに出す。例えば、次に挙げるのはアドルノが引用するベーコンの一節である。

今日我々は、意見としては自然を支配すると言っているが、必然の相から見れば、自然の奴隷状態である。しかしながら、もし我々が発明を通して自然の導きに従っていくならば、それによって実践上では、自然に命令することになるだろう。〔Bacon 1965 (1592): 15; GS3:20, ref. GS6:181〕

言うまでもなく、啓蒙（Aufklärung）とは、カントによれば、恩寵の光や啓示の光といった知性の外にある権威に寄りかかることなく、「自然の光」（lumen naturale）としての人間の生得的な理性を全面的に信頼し、人間が「童蒙状態から脱すること」〔Kant 1968 (1784): 32〕である。そして同時に、ヴェーバーがそれを「合理化」の進行プロセスであると規定したように、「世界を呪術から解放すること」(Entzauberung der Welt)〔ref. Weber 1992 (1917): 87, 100 etc.〕をも意味している。アドルノは、この啓蒙の象徴的な形象をベーコンに求め、ファロセントリックで独裁的な統治者が従順な臣民や奴隷を虐げる所行にも比すべき「支配としての知」の体制が、十七世紀に確立したと主張する。

ベーコンが心に描いた人間悟性と諸事物の本性との幸福な結婚は家父長的である。すなわち、迷信に打ち克つ悟性は、呪術から解放された自然を支配しなければならないのである。力である知は、被造物の奴隷化においても、世俗の支配者たちへの従順さにおいても、制約を知らない。〔GS3:20〕

啓蒙の事物に対する態度は、独裁者の人間に対する態度と変わらない。独裁者が人間を知るのは、彼が人間を操作することができる限りにおいてである。科学者が事物を知るのは、彼がそれらを作ることができる限りにおいてである。〔25〕

時折誤解されることもあるが、こうした箇所でアドルノが示そうとしているのは、例えば近代合理主義の産物である啓蒙の貫徹によってアウシュヴィッツに象徴される野蛮の状態——自然や文化とは相容れない剝き出しの暴力——が招き寄せられてしまったとか、理性に目覚めた人間が啓蒙的知性によって自然支配を推し進めた結果、逆に自然に復讐される事態に陥ってしまったというような、いわゆる「近代西洋文明批判」という文脈に位置づけられてしまうような安直なストーリーではない。

むしろアドルノによれば、「啓蒙」とは「自然」の別名、ないしその必然的産物である。というのも、自然そのものが本来、自己保存を旨とするものであり——「真の自己保存としての自然」〔48〕——、そうした自然が、「人間」という形態において自らを現勢化しようとした場合、「啓蒙の逆説」と呼ばれるものがほとんど必然的に帰結してしまうためである。すなわち、自然の中に生み落とされた人間は、「自己自身を保持する能力の欠如」〔102〕によって特徴づけられる極めて脆弱な存在でしかなく、それゆえに、内的あるいは外的な自然を支配して生き延びるか、それともそれらに支配されて死に至るかという二つの排他的決断の間で、常に前者を選択していくことを運命づけられている。いわば人間は、自然そのものの条件によって、「適応を通して否応なく自己保存を図らざるを得ない」存在であるため［28］、支配か被支配かというこの根源的な選択から逃れることはできない——これがアドルノの基本認識だった。

したがって、「啓蒙の本質は二者択一である」［49］という彼の有名な定式は、自然に後続する啓蒙が有する特質を述べたものではなく、人間に現象した限りにおける自然それ自体が初源から帯びている悲劇的択一性を表現している。アドルノによると、知性の近代的形態である啓蒙が悲劇なのではなく、元々のはじまりから、知性そのものが——それ自体の帯びる暴力性ゆえに——悲劇なのである。

そしてここから、啓蒙的理性とは、選択された目的を忠実に遂行する手段にほかならないという議論が展開されていく。

> 目的の純粋な道具であろうとする理性の、古くからの野心はついに満たされた。論理的法則の排他性は、この機能への頑固な固着に、つまるところ自己保存の強迫的性格に由来する。自己保存は、突き詰めれば常に、生き延びるか滅びるかという選択を迫られており、この選択は、二つの矛盾する命題のうち、一つだけが正しくもう一つは誤りでしかあり得ない、という原理のうちに反映している。［47］

このような排他的な二者択一を遂行する道具としての啓蒙は、この選択をより首尾よく履行するため、「神話」に代表されるような、「自己保存との合理的関連を持たず、直接的に生に身を委ねるもの」[46] を慎重に、そして暴力的に退けていく。

> 啓蒙は神話に対して神話的な恐怖を抱いている。〔…〕啓蒙は、人間のいかなる発話のうちにも、それが自己保存の目的連関のうちに位置づけられない限り、至るところに神話を嗅ぎつける。[ibid.]

アドルノによれば、神話は、世界の秩序化や階層化の契機をあらかじめ内包している点で「それ自体すでに啓蒙」[27]——啓蒙の原初段階——であって必ずしも啓蒙の対立物ではないのだが、啓蒙のプロジェクトは、いわば、神話の持つそうした契機をラディカルに純化し、「人間としての自然」（人間本性《ヒューマン・ネイチャー》）が、自らの存続可能性の増大を技術的・合理的に貫徹していく包括的プロセスとして捉えなければならない。

しかし、もしそうであるなら、人間の生活条件を改善することを目的とした「技術」は、何らかの生命力——人間という形態に発現した限りにおけるとはいえ——の充溢や産出の結果と考えることも可能なのではないだろうか。ところがアドルノによると、そうではない。技術とは、まずもって「死としての技術」である。彼によれば、自然界における隠蔽的な擬態《ミメーシス》においても標識的な擬態《ミミクリー》においても、あるいは社会内における異物への病的憎悪《イディオジンクラジー》においても典型的に見いだされるように、「生命は、死への同化という代価を払って、自らを存続させようとする」傾向を持っている［205］。したがってアドルノにとって技術とは、そうした自己保存の目的を完遂するために、「死んだものへの適応」［206］を行う営みにほかならない。目的連関に取り憑かれている啓蒙の営みが、いわば「通約不可能なものを切り捨てる」プロセスであってみれば［29］、そこにおける技術が、対象の質を無視してそれを支配可能な均質の「物」に還元した上で、「精神的過程を、自動化し、盲目的に突き進む諸過程へと変貌させる」［206］ものに過ぎないことは、いわば必然である。

　したがってアドルノによると、技術の進展に伴って整備される社会も、また、それと相即して進行する自律性という人間の自己支配も、一方で自然を受け継ぎつつ他方では「自己保存」を追求する結果、ついには反転して死にまで直進する自己展開的プロセスの産物にほかならない。

> 社会は、持続的で組織された強制力となって自然を継承する。その強制力は、各個体におけるシステマティックな自己保存という形で自己を再生産しつつ、自然に対する社会的支配という形で自然に再び押しつけられる。［205-206］

人間は、自己に対する支配の上に自らの基盤を置いているが、そうした支配は、潜在的には常に、人間の自己支配がそのもののために行われる当の主体の抹殺である。なぜなら、支配され、抑圧され、自己保存によって解体される実体は、自己保存の遂行をその本質的機能としている生ける実体、すなわち保存されるべき当のものにほかならないからである。[73]

まさに、「自己保存は自らの自己を喪失する」[GS4:263] のである。アドルノによると、このような自己保存の原理は、資本主義と市民社会の進展に伴って、ブルジョワジーが自身の私的利益を追求する原理と等置されるに至るとともに、一層先鋭化したベクトルを帯びるようになる。すなわち「自己保存の原理は自由経済のうちで解放されなければならなかった」[GS3:109] が、しかしそれは同時に、自己破壊へと向かう衝動の全面的な解放とも言うべきものだった。

人間の分裂をもたらす経済機構を私的集団がコントロールするといった形で経済システムが発展するに伴い、理性によって同一に保たれてきた自己保存の原理は、ブルジョワジーの具象化された衝動となり、もはや自己崩壊と区別できない破壊的自然力と異なることがないことが明らかになった。自己保存と自己崩壊との区別は不分明になってしまったのである。[110]

ここまでのところからも了解できるように『啓蒙の弁証法』などでアドルノが執拗に描こうとしているのは、人間における個的生命の生存衝動として表出する自然――すなわち自己保存――が、自らの限界まで展開しようとする際、保持されるべき当の個体すら破壊するに至ってしまうというパラドキシカルな事態である。後年の『否定弁証法』において彼は、この自己保存概念がスピノザに由来することに改めて注意を促しつつ、その概念の有する破壊的な「イデオロギー性」を問題にしている。

スピノザの「自己保持」、すなわち自己保存とは、本当は、すべての生物体の自然法則である。それは同一性の同語反復を内容としている。ともかく、すでに在るものが在るべきだというわけである。そこで意志は対象に背を向けて、意志動機の方へと方向を変え、この意志動機が意志自身の単なる手段でありながら目的となる。この方向転換が、すでに虚偽意識に向かっての方向転換なのである。仮にライオンが意識を持っているとして、ライオンはカモシカに激しい怒りを感じるからそれを食べようと欲するのだと言うなら、それはイデオロギーである。［GS6:342］

スピノザに親しんでいる読者ならすぐに気付くように、アドルノはここで、巧妙な言い換えをしている。正確に言えばスピノザは、「在るものが在るべきだ」と当為を述べたのではなく、いわば「在るものが在る」という存在的事実を主張しているのみであり、また、「意識」や「怒り」によってそれを正当化もしていない。言うまでもなく、スピノザは社会ダーウィニズムの唱道者ではないからである。しかしこの点は、後に検討することにして今は措いておく。ともあれアドルノにとっては、いかなる理由があれ、「自己保存は、手段を目的として固定化するが、その目的はいかなる理性の前でも決して正当化されることはない」［ibid.］のであって、これを言い換えれば、自己保存は理性に反するというのが、彼の揺らぐことない基本了解なのである。

ところで、以上のような主張から浮かび上がってくるアドルノの自己保存理解の特徴とは何だろうか。それは彼が、自己保存の衝動を、個的な利害のみを考慮する「個人の衝動」へと還元された形式で理解しようとしており――上述の、意識を伴った怒りというスキーマ自体が、ある意味「ブルジョワ的自己意識」の表現となっている――、また、技術と知識の進展を「絶対的物象化の進展」［GS10.1:30］と規定していることからもわかるように、広範な人間の知性とその産物を、もっぱら内的・外的な自然を「支配」するものとして捉えようとする点である。こうした理解は、「誇張のみが真実である」［GS3:139］と述べ、ある契機の一面性の強調を敢えて行うことによって既存の知のシステムを揺るがすことがアドルノの好んだ方法であったことを差し引いても、彼ほどの広範な識見を有した哲学者の主張にしては、ややステレオタイプな見解との印象を受けざるを得ない。

では、アドルノの考える「理性」についてはどうか。こちらもまた、残念なことに、かなり彼流にバイアスをかけた規定がなされている。例えばアドルノは、「科学によって窮め尽くすことのできないような存在はこの世に存在しない、しかし、科学によって窮め尽くすことのできるものは存在ではない」という「神託」を下したのがカントであると指摘しつつ［43］、「物それ自体」と「現象」とを二分することによって認識論的な袋小路に自閉していく近代理性の試みを批判しようとする。その際彼は、理性の極めて重要な側面を――洞察力としてでも対話能力としてでもなく――いわゆる「計算的合理性」と同一視しようとする。曰く、「理性は、計算的思惟の法廷を打ち立てる。計算的思惟は、自己保存という目的にあわせて世界を加工し、対象を単なる感覚的素材から隷従の素材へと設える以外に、いかなる機能も知らない」［102-103］、「理性は計算と計画の道具であって、目的に対しては中立的であり、その基本原理は均等化である」［107］、「理性は目的を欠いた、それゆえ、いかなる目的にも結びつく合目的性となった。理性とは即自的に見られた企画《プラン》である」［108］……等々。果ては、「科学とは、観察された規則性に限定され、ステレオタイプのうちに保持されている、同一的なものの反復である。〔…〕数学的公式とは、意識的に管理された退行であり、その点ではかつての呪術的儀礼と変わりない」［206］という、いささかエキセントリックな主張まで平然と行っている。ともあれアドルノは、少なくとも『啓蒙の弁証法』の中では、理性の能力を、計算的合理性や道具的理性というかなり限定した範疇に局限し、「理に適う」ということの意味を、適応や迎合とほとんど同一視するかのような姿勢をとっている。

しかしながら、自己保存の概念であれ理性であれ、アドルノが糾弾する部分は、本当にその本質的な勘所を突いたものなのだろうか。仮にそれが的外れ、とまではいかないにしても、単に属性の一部であるものを全体とみなして非を鳴らしているのだとしたら、アドルノの鋭利な批判は、それでも自らの正当性と破壊力を維持し続けることが可能だろうか。

何より、もし「真の自己保存」（アドルノ）を問題にするのであれば、破滅的事態——彼がその到来を予示してやまないカタストロフ——を回避する思考や行動もまた、文字通りの意味で、彼が徹底的に批判する「自己保存の衝動と理性」の内に含まれている可能性はないのだろうか。

そこでここからは、これらの問いを検討するにあたり、アドルノの攻撃対象でもあり、最も徹底した形で自己保存と理性の定式化を遂行したと解されることもあるスピノザにおいて、その二つがどのように捉えられているのかを改めてごく簡単に確認しておきたい。

2 スピノザにおける理性の役割――自然と自己保存

アドルノとスピノザの理性観は、対照的である。「自己保存は科学の構成的原理である」[GS3:106]とするアドルノが、科学的知性に代表される啓蒙的な理性の本質に自己保存の原理を見ているのに対し、よく知られている通り、スピノザは自己保存を、人間に限らず一切の自然物の存在を規定する基本的原理であると考えているからである。スピノザにおいては、「各々の物が自己の存在に固執しようと努める努力はその物の現実的本質にほかならない」[E3P7]という主張が示すように、自己保存とは、理性やそれに基づく科学といった精神的活動の本質ではなく、「存在の本質」なのである。そのため、スピノザにおける理性の役割は、存在――すなわち、スピノザによれば「自然」――と対立的であることは、定義上不可能である[ref. E4P18Sc]。したがって理性による欲望の役割は、存在の「理解」でありこそすれ、「支配」と規定することはできない。

理性に導かれる人間の究極目的、言い換えれば、人が他のすべての欲望を統御するにあたって規準となる最高の欲望は、人そのものならびにその認識の対象となり得る一切のものを十全に理解するように人間を駆る欲望である。〔E4app4〕

ここで述べられている対象の十全な理解とは、「事物をそれ自身あるとおりに知覚すること」、「事物を偶然としてでなく必然として観想すること」、すなわち事物の時間的・空間的な生起の連関を表象の経由なしに認識することを意味し、スピノザはそれを「理性の本性」(natura rationis) であるとしている〔E4P44〕。したがって、前節でアドルノが描写したような、自己保存的な理性の発展がついには保存されるべき当の生命体を解体や死に至らしめるという事態は、スピノザにおいては、原理上生じ得ない。

理性は自然に反する何事をも要求しない。したがって理性は、各人が自らを愛すること、真に有益な自己の利益を求めようとすること、そして人間をより大きな完全性へと真に導くあらゆるものを欲すること、そして絶対的に、各人が自己の存在をできる限り維持するように努めることを要求する。これは実に、全体がその部分よりも大きいと言うのと同様に必然的に真である〔E4P18Sc〔強調は引用者〕〕。

それゆえ、「自己保存の努力は徳の第一かつ唯一の基礎である」〔E4P22C〕というスピノザの言明から、自己保存の原理が生命を毀損する諸価値への奉仕を担っているというような帰結を導くことはできない。

スピノザは、「能動」(actio)を「人間の能力ないし理性によって規定されるような欲望」[E3Agd3]と規定したが、自己保存のために理性を使用することは、したがって彼によれば、人間の隷属ではなく、人間の「能力=力能」の増大を意味する。

> 人が、自己の利益をより多く求め、自己の維持により多く努力するにつれて、彼はそれだけ有徳であり、あるいは同じことだが、自己の本性の法則に従って行動する能力、言い換えれば、理性の導きに従って生活する能力がそれだけ大きくなる。[E4P35C2]

> 真の徳とは理性の導きのみに従って生活することにほかならない。したがって無能力とは人間が自己の外部にある事物から受動的に導かれ、かつ外界の一般状態が要求する事柄——それ自身だけで見られた人間の本性そのものが要求する事柄ではなく——をなすように外部の事物から決定されることにのみ存する。[E4P37Sc2]

これらを踏まえると、アドルノが、事実上スピノザに帰する形で、「自己保存が啓蒙の自己崩壊を帰結した」という構図を描こうとしているのだとしたら、それは大きなミスリーディングであると言わざるを得ない。アドルノが嘆く「自然の否定」という契機、すなわち、「文明化を推し進めるあらゆる合理性の核心にある、この自然の否定こそ、増殖する神話的非合理性の細胞である。すなわち、人間の内なる自然を否定することによって、外なる自然を支配するという目的《テロス》ばかりか、自らの生の目的すら、混乱し不明確になってしまうのである」〔GS3:72-73〕というような事態は、少なくともスピノザの自己保存概念や理性概念から導き出すことはできない。

しかしアドルノのスピノザに対する批判はこの点のみにとどまってはいない。それは、彼が一層重要な問題としてクローズアップする、啓蒙と「同一性」をめぐる議論の中で取り上げられる。

3 アドルノによる「同一性」批判

アドルノに従えば、「啓蒙はおよそいかなる体系にも劣らず全体的である」〔GS3:41〕という点を私たちは看過してはならない。すなわち、「あらかじめ啓蒙によって承認されるのは、ただ統一を通じて捉えられるものだけ」〔23〕であって、「啓蒙にとっては、数に、つまるところ一へと帰着しないものは仮象とみなされる」〔24〕というのである。こうした主張は、啓蒙のみならず、「同一性」と「主体」を基調とする哲学的思考そのものに、彼が攻撃の照準を定めていることを意味している。

啓蒙は事物の連関や意味や生をすべて人間の主体性のうちへ取り込む。もともとそういう取り込みによって、主体性は初めて構成されるのである。啓蒙にとって、理性とは、事物の固有の実体を自らのうちに吸収し、理性そのものの純粋な自律のうちに揮発させる化学的動因である。〔…〕ついに、主体は、理念上唯一の無制約的で空虚な権威になりきってしまったのである。[109]

啓蒙は「質の充実の放棄を代償として得られた自然の統一」[26]を目指すが、アドルノによれば、「質を喪失した自然は、単に分割されるだけの混沌とした素材になり、全能の自己は、単なる所有に、抽象的な同一性になってしまう」[ibid.]。ここで彼が問題にしようとしているのが、同一性に基づく思想、あるいは同じことだが、全体性という概念の下に事象の個別性を解消ないし止揚してしまうタイプの思考であることは明白である。

そしてこの点においても、アドルノがスピノザ主義を、「真の同一哲学」(echte Identitätsphilosophie) [NaS16:49] と評して批判していることが確認できる。アドルノは、彼が問題視する「同一性の哲学」の呪縛に隈なく絡め取られた存在として、スピノザを捉えているのである。

ところで一見唐突なようなだが、後の論述に必要な点でもあるので、ここでニーチェとヘーゲルの思想上の対比を確認する作業をごく簡単に行っておきたい。

周知のように、アドルノに先行して、こうした同一性をめぐる思想の批判をラディカルに遂行したのはニーチェだった。彼は、「同一性」なるものを「人間の基本的誤謬」であり「妄想」[Nietzsche

1988e: 582］であると非難している。例えば次に挙げるのは、その誤謬の由来を示す、よく知られた一節である。

一枚の木の葉が他の一枚と全く同じだということが断じてないのは確実であるが、それと同じように確実に、木の葉という概念はこうした個性的な多くの差異を任意に棄て去ることによって、つまり相違点を忘却することによって形成されたものである。そしてこの概念は、自然の内にある様々な木の葉の中に、「木の葉」そのものとでもいえるような何かあるものが、すなわちあらゆる木の葉がそれに則って認識され、描かれ、測られ、彩色され、縮められ、塗られるような何かある原型が存在しているかのような観念を呼びさますのである。［Nietzsche 1988a (1869): 880］

もちろんこれは、ニーチェが、スコラ哲学の普遍論争で問題になった唯名論と実在論の対立を踏まえつつ、いわば一般性の水準において同一性と本質という概念が生成される過程を批判的に記述した箇所の一つだが、彼はその思想的営みの中で終始一貫して、ここに示唆されているような、全体性や体系および同一性という契機をその本質的要素とする思想に対して、仮借ない批判を遂行していた。

例えばヘーゲルは『精神現象学』において、「真理は全体である」(Das Wahre ist das Ganze)［Hegel 1970 (1807): 24］と述べ、その全体とは、「自らの展開を通して、自らを完成する実在である」［ibid.］と規定した。周知のように彼は、媒介性＝相互依存性 (Mittelbarkeit) を無視したところで成立する認識を、十全性を欠いたものであり「虚偽」にほかならないと考えている。なるほど、ある物事がそれ自体で独立して存在することはあり得ず、外部との相互依存関係のもとではじめて成立するという認識自体は、ニーチェやスピノザですら強調するところであり[*4]、妥当性を問題視すべき事柄ではないようにも見える。

しかしここで留意すべきは、ヘーゲルが上のような主張をする際、彼は常に、全体性と体系の「優位」を与件として論を進める点である。『大論理学』等における「全体は自律的なものであり、諸部分はこの統一体の契機に過ぎない」〔Hegel 1969 (1812-1816): 167〕という主張にも見られる通り、事実上ヘーゲルは、「全体が部分の関係を形成する」ということを前提に自らの所論を組み立てている。すなわち、「真理は全体である」というヘーゲルの主張は、真理の根拠は個物や部分には存在せず、「知は体系としてのみ現実的である」〔Hegel 1970 (1807): 28〕という認識に則ってなされているのである。

こうした事態に対しアドルノは、「超然とした冷ややかさでヘーゲルは、個別的なものを抹殺しようとする。彼のもとでは、全体の優位が疑われることは微塵もない」〔GS4:15〕と糾弾する。すなわちヘーゲルの思考においては、「主観による現象の先行的形成作用のほうが、現象における非同一的なもの、つまり〈いわく言い難い個体〉(individuum ineffabile) より優先されてしまう」〔GS6:148〕のである[*5]。

アドルノが、ヘーゲルの向こうを張って、「全体は非真である」(Das Ganze ist das Unwahre)〔GS4:55〕と宣言するのは、非同一的な個別性が全体性へと止揚されてしまう回路を切断するためである[*6]。「同じものが同じものに、同じ関係において、同時に帰属しまた帰属しないということは不可能である〔…〕すなわちこれが、すべての中で最も確実な原理である」と述べたのはアリストテレスだが［Aristotle 1996: 1005b］、それ以来、論理学の諸原理の中だけでなく哲学史の主流においても――ヒュームらに代表されるある種の経験論を除いて――、同一律の原則だけは疑われることのない最も基本的な思考原理とされてきた。しかし、アドルノに先立ってニーチェが行ったのは、この原理が、単に人間の表象に過ぎないのではないかという問題提起である。先の引用と似た内容だが、改めてニーチェの言葉を挙げる。

> 我々を前進させる認識というものはすべて同一化、すなわち同等でないもの、類似のものの同一化の認識なのであって、これは本質的に非論理的なものである。〔…〕個別的なものを無視するということが、我々が概念を持つことの原因なのであり、これと共に我々の認識は始まる。〔…〕多くの個別的特徴が、我々に一つの事物を規定してくれるが、すべてのものを規定してはくれない。こうした特徴の同等性が機縁となって、我々は多くの事物を一つの概念の下に総括するようになるのだ。我々は諸特性の担い手として、本質というものを生み出し、これら諸特性の原因として抽象物を生み出す。一つの統一性、例えば一本の樹木が、諸関係の諸特性における多様性として我々に現れてくるということは、二重の仕方で擬人的である。すなわち第一に、このように限界づけられた「樹木」という統一性は、現実には存在しない。一事物をそのように裁断して取

り出すということは（眼によってであれ、形式によってであれ）、恣意的なことである。いかなる関係も、真なる絶対的な関係ではなく、擬人的に着色されている。［Nietzsche 1988d: 493-494〔強調はニーチェ〕］

ここからもわかるように、ニーチェと共にアドルノが全体性という概念の批判をするのは、「同一性に対する他者の抵抗」［GS6:163］、すなわち否定されたものの「奪われた活力」［GS6:162］を回復し、それに正当な地位を復権させるためにほかならない。アドルノは、個物の特殊性・特異性を大文字の「精神」に回収してしまうヘーゲルの思想を、「見かけ倒し」であり、「詭弁」であるとまで評している［GS6:175］。

ヘーゲルが強い意味で言語を必要としなかったのは、彼の場合、あらゆるものが――言葉で表せないものや不透明なものも含めて――「精神」であるとされ、精神は連関であるとされたからである。この想定は救いようがない。〔…〕非同一的なものの内面、それは、非同一的なものとは異なるものや、そのように設えられ氷結した自己同一性が不当に占有しているもの、それらに対してこの非同一的なものが持っている関係性にほかならない。［GS6:165］

しかし、精神というものは、その概念からいって、「精神は主観であって、それゆえ全体ではない」

という点にこそ、その定義上の独自性を持っている。弁証法的概念を酷使して取り繕おうと、それが詭弁であることに変わりはない。全体性であると称する精神などというものは、ナンセンスである。それは二十世紀になってのしあがってきた単一政党となんら変わりがない。［GS6:199］

アドルノが、読者にファシズムやスターリニズムを意識的に連想させつつ、ヘーゲルの思想へのいささか辛辣に過ぎる非難を行っているとしても、ここで彼は筆を滑らせているのではない。「アウシュヴィッツこそ、純粋な同一性という哲学素《フィロゾフェーム》が、死にほかならないことを裏付けている」［GS6:355］というのが彼の根本的な認識、いやむしろ実践的意識なのである。

アドルノは、否定の否定が肯定に止揚されるというヘーゲルの弁証法――それを彼は「肯定弁証法」（positive Dialektik）」［NaS16:27］とも呼ぶ[*7]――において生じているある種の論点先取に異議を申し立て、第一の否定の契機に執拗に留まること、すなわち「限定的否定」（bestimmte Negation）の姿勢に固執することを自らの立場としている。彼にとって弁証法とは、「非同一性を徹頭徹尾意識し抜くこと」［GS6:17］と規定されるべきものである以上、アドルノが「全体が真である」というテーゼと不可分の関係にある「精神が全体である」というテーゼを拒否することは、いわばドイツから亡命したユダヤ系哲学者としてのアイデンティティを賭けた政治的意思表明だったことは、想像に難くない。

いったん否定されたものは、消滅するまで否定的である。これが、我々とヘーゲルとを決定的に分ける点である。〔…〕「否定の否定は肯定である」という命題を擁護できるのは、肯定性をすべての概念性の基礎としてはじめから前提している人だけである。［GS6:162; ref. NaS16:32］

たとえ否定性、分裂、非同一性といったものの上にいかにアクセントが置かれていようと、ヘーゲルはこれらの次元を本当はただ同一性のために知っているに過ぎない。様々な非同一的なものがいたく強調されてはいるが、しかしそれらのものは、思弁にとってひどく厄介だというまさにその理由で、正式に認められないのである。［GS5:375］

ヘーゲルは、否定の総過程の既知の成果、体系と歴史における全体性を、結局、やはり絶対者に仕立てることによって、偶像禁止の戒律を破り、自ら神話へと転落した。［GS3:41］

「体系とは精神となった胃袋であり、狂暴さこそがすべての観念論の印である」［GS3:34］とまで述べていたアドルノにとって、せめて精神が自らを全体だと僭称しないこと、これこそが、「否定弁証法の希望の形式」［GS6:398］にほかならない。このように見てくると、あたかもアドルノが、ニーチェと共同戦線を組んで、ヘーゲルにおける全体性の優位と特殊性の抹殺という思考を批判している感すらある。

しかし、ヘーゲルによって批判されると同時に、ヘーゲルを「あらかじめ批判している」存在として規定されもするスピノザ［ref. Macherey 1990 (1977): 258-260］は、ヘーゲルではなくむしろニーチェの思想との内的な結びつきがしばしば指摘されてきたのだった［ref. Deleuze 1968, 1981 etc.］。*8

その連関に着目していくと、アドルノが「真の同一哲学」と呼んでスピノザを批判する場合にも、先に見た自己保存や理性の場合と同様、一面的な見方に基づく、ポイントを外した批判となっている可能性も浮かび上がってくる。

次項ではその点を確認していきたい。

4　スピノザにおける二つの「外部性」

確かにスピノザの哲学は、「同一哲学」、それも「真の」と呼ばれるのも無理はない側面を持っているかに見える。「すべて在るものは神のうちに在る、そして神なしには何ものも在り得ずまた考えられ得ない」［EP15］という陳述から、一切の個物を最終的に実体ないし神という同一性のもとに溶解させてしまうのがスピノザの哲学であるという解釈を導出するのは、ヘーゲルらによるスピノザ理解の基調的姿勢でもある。

しかし例えば、「すべての色は、光によって可視的となる。光なしには、いかなる色も存在できず、相互に区別もできない」という命題があったとして、これは、「すべての色は、究極的には光に解消される」という命題と同一ではない。二つの命題は、言説の論理階層が全く異なる。前者の場合、多彩な色の存在はいささかも否定されていない。単に、色が見えるためには光が必要であること、光なしにはいかなる色も、色として存在することができないという、諸要素の成立条件としての依存関係を述べているに過ぎないからである。そこでは多様性は否定されるのではなく、むしろ多様性の存在は命題が成立するための条件である。

　スピノザの「神＝実体」と様態との関係性をめぐる主張は、あえて比喩で語ることが許されるなら、この前者の命題が意味する内容と相似性がある。スピノザにおける「神」は、スピノザ自身が厳しく注意しているように、断じて天上の人格神などのイメージを重ねてはならず［E1App］、実体とイコールであり、同時に、自己原因に等しい［E1D6, E1D7Dem］。そして、「自己原因とは、その本質が存在を含むもの、あるいはその本性が存在するとしか考えられ得ないもの」［E1D1］であり、「実体とは、それ自身のうちに在りかつそれ自身によって考えられるもの、言い換えればその概念を形成するのに他のものの概念を必要としないもの」［E1D3］であるとするならば、神＝実体とは、「何かが在る」という命題において、その個々の存立ではなく、そもそも「在る」という事態そのものを成立させている動的な力能と捉えられる。というより、定義上そのように理解しなければならない。したがってその本質とは、「一切のものがそれによって存在しかつ活動する能力＝力能（potentia）」［E1P34Dem］以外の何ものでもない。「原子や分子間の凝集エネルギー――静電引力であれ水素結合やクローン引力であれ――がなければ、この宇宙のすべての物質は自らの形態を存立させ得ない」という言明と類比できるように、神＝実体＝自己原因がなければ、一切の個物は存在できない。もしそれがなければ、そもそも存在そのものについて語り始めることができない一契機として、実体ないし自己原因はある。

このような自己原因の本性から「無限に多くのものが無限に多くの仕方で生じなければならない」[E1P16] ことを証明していくスピノザの実体論は、「同一哲学」という規定の内部に留まり続けるというよりは、むしろそれを逸脱するものである。スピノザの実体は、そのもとに依存する諸事物すなわち様態の等質性や等価性をいささかも意味せず、ただ単に、世界がこのように「在る」こと、そしてそれがどこまでも多様で豊かな仕方──「人間」的な観点からすればしばしば残酷なあり方──でしか存在することができないということ、そうした事態の基盤となる条件を示している。[*9]

あるいはさらに一歩進めるなら、実体には「外部」などないというスピノザの立場は、私たちが飽くことなく生産し続ける「全体性」という思考を解体させる契機となるとすら主張することができるだろう [ref. E1P30Dem]。

アドルノ同様、スピノザの立場に立っても、「全体は虚偽」である。なぜなら、多くの場合、私たちの語る「全体」とは、本当は部分に過ぎないものが、私たちの想像力によって全体として僭称されたものに過ぎないためである。スピノザによれば、諸々の個物の本性が相互に連関しあい、互いに一致をみる相で捉えられる場合には、それらの個物はむしろ「部分」とみなされるのに対し、諸々の個物の相互連関性が見失われ、個体の集まりがそれぞれ独立し、相互に分断された存在とみなされる場合に、それらを「全体」とみなす思考が発生する [Ep.32]。同様に、「真」や「善」や「一」、あるいは「存在」とか「事物」といった超越的名辞（termini transcendentales）を私たちは形成してしまうが、それらは、「人間身体が限定されたものであるため、自らのうちに一定数の表象像しか同時に判然と形成することができないということから生ずる」ものである［E2P40Sc1］。

したがってスピノザの全体性に対する批判は、人間の意識主体としての絶対性という観念に対しても向けられる。スピノザによれば、先に述べた実体は、その変状としての様態を包含し、表現しているが、そこにおいては、どの一個の様態をとっても、定義上、自律的な存在というものはない。人間の精神にしても同様である。例えば私たちが感覚したり知覚したりするものは、自然界の様々な事物から形作られた諸観念であり、人間精神はそのような物質的な過程に依拠して構成されたものである［E2P13］。ところが「人間身体は、自らを維持するために極めて多くの他の物体を要し、これらの物体からいわば絶えず更新される」［E2po4］のであって、その物質は、環境との間で様々な交換と代謝を行い、常に暫定的な外延しか持たない存在である。そのため、私たちの意識や思考という精神的な活動も、それ自体で絶対性を主張することが可能なほど閉じられたものであることはあり得ない。スピノザが言うように、「人間の精神も自然の一部分である」［Ep.32］のであって、「人間が自然の一部分でないということは不可能であり、また人間が単に自己の本性のみによって理解され得るような変化、自分がその妥当な原因であるような変化だけしか受けないということも不可能である」［E4P4］ためである。

とりわけ人間の意識は、外部の物体と個々の人間身体との相互触発の中から立ち現れてくるものであるがゆえに、通常、原因というよりも、断片的な形で生起する諸々の触発の結果に関する認識でしかなく、非十全で混乱したものである［E2P24-29］。ドゥルーズも指摘するように、スピノザにおいては、「意識は錯覚を抱く」という言い方さえ不十分であって、意識は、「合目的性の錯覚、自由意志の錯覚、神学的錯覚という三重の錯覚と結びつき、その錯覚の上に構成されるものである」とすら主張しなければならない［Deleuze 1981: 31］。

以上を言い換えれば、スピノザには方向の異なる「二つの外部性」が――実際は同じ一つの外部性なのだが――あることになる。一つは、実体のレヴェルにおいて成立する外部性であり、それは「一切の外部はない」というその閉じ方において特徴づけられる。そこでは、人間精神の超越的な特権性を解体する内在的な領野の実在性が強調される。もう一つは、人間の精神や身体という様態のレヴェルにおいて成立する外部性であり、それは「常にその外部がある」というその開き方において特徴づけられる。そこでは、人間精神と意識の超越的なポジションを常に解体する外部性の強調にアクセントがある。

これらの点を踏まえると、「全体は虚偽である」という命題一つとっても、単純にアドルノの対立者としてスピノザを捉えることには、やはり困難が伴うと言わざるを得ない。

では、二人の差異をどこに求めたらよいのか。実のところこの二人は、その違いを探ろうとするほど、対立する様相よりも、逆に非対立的な契機のほうが顕わになるという奇妙に捻れた関係にあるのだが、その好例をさらに以下の節で見ていきたい。

5　否定とユートピア

スピノザの思想は、しばしば、「純粋肯定の哲学」〔Deleuze 1968: 51〕などと形容される。後述するように、それは、現状肯定とも、何かの「安らぎ」のような境地とも異なる境位なのだが、ともあれ、一方のアドルノが、私たちの現実の社会的生に対し、ほとんど容赦なく「否定」の宣告をしているのは確かである。

その点は、彼のあまりにも有名な科白、すなわち「アウシュヴィッツ以後、詩を書くことは野蛮である」〔GS10.1:30〕、「私たちは、アウシュヴィッツのあとで、まだ生きることが可能なのか」〔GS6:355〕、「アウシュヴィッツ後の文化は〔…〕ことごとくゴミ屑である」〔GS6:359〕といった、強制収容所における大量虐殺の悲劇を経た後の文化状況に対する激しい批判の言辞にも象徴的に示されている。ただしアドルノの場合、そうした言説は、批判というより、ほとんど「憎悪」に近いパッションを帯びる。それは、この世におけるいかなる事柄にも、「罪のないものなど、もはやありはしない」〔GS4:26〕と断じる次のような陳述にも見てとることができる。

思想の責任から免れているように見える生活面でのちょっとした喜びといえども、薄情な知らぬふりをしてわざと馬鹿を装うという契機を有するだけでなく、それとは正反対のものに直ちに奉仕することにつながる。花で咲き誇った樹木ですら、人がそれを恐怖の暗い影なしに花見の対象とする限り、その瞬間に偽りのものになる。「なんて綺麗なんだろう」という無邪気な賛嘆も、実態はそれとは似ても似つかぬ存在の恥辱に対する逃げ口上となる〔ibid.〕*10

ここで連想されるのは、「今・ここ」にただ「在る」ことそれ自体の罪責性を訴えてやまなかったレヴィナスの思想だが、そのレヴィナスが終生、批判の対象としていたスピノザの思想における本質的な特質の一つが、〈喜び〉という情動だった。アドルノは、「人々の喜びのほうへと歩み寄るならば、たとえ最も小さな一歩であっても、それは苦悩を強固にする一歩である」〔GS4:27〕とまで述べ、人間的な喜びを、ある種の峻烈さをもって拒否する。*11 彼によれば、「アウシュヴィッツ以降は、この我々の生存が肯定的なものであるといういかなる主張も単なるお喋りに見える」〔GS3:355〕と言うのである。また彼は、ある意味で世界に対する「肯定」の象徴的表現とも言えるスピノザの「知的愛」(amor intellectualis)という考えについてすらも、「精神的な愛、すなわちスピノザの意味での知的な愛の形態は、悪しきもの、虚偽であるもの、我々の世界における耐え難いものに対する容赦のない憎悪以外には、もはや考えられない」〔Adorno 1973: 201〕とまで述べ、愛を、世界の裏面を暴く否定的な憎しみの念に等しいものとして捉え直そうとしている。アドルノが「陰鬱な」、否、「暗黒の社会理論家」と呼ばれるのも、故なきことではない〔ref. Wiggershaus 1987: 94〕。*12

ところで、喜びの否定と憎悪、「悪しきもの」に対する糾弾、虚偽の告発といったモチーフをこうして並べてみると、当然のように一つの疑念が生じてくる。つまり、アドルノの姿勢は、世界に対するルサンチマンとそれに基づく背後世界の捏造という、ニーチェが批判してやまなかった態度にほかならないのではないだろうか［ref. Nietzsche 1988c (1889): 9-245］、あるいは、アドルノがもし仮に、この現実の世界おいて生ずるいかなる小さな喜びも肯定してはならないという主張を、真に妥当性のあるテーゼとして表明しているとしたら、そうした言説そのもの、すなわちアドルノの思想自身が、彼が批判してやまない一つの「全体性」を形成してしまっているのではないか、という疑いである。

例えば、『啓蒙の弁証法』でも『否定弁証法』でも、一読すれば多くの読者は、アドルノが、包摂的に、そしてかつほとんど運命論的とも形容してよい口調で、「今・ここ」という地点における人間的営みを断罪する記述を随所で行っていることに気付くはずである。彼はかつて、全体性の孕む問題を批判するにあたって、「第一哲学は、連続性と完全性を貫くためだけに、判断を下す対象のうちで適合しないものをことごとく切り捨てなければならない」［GS5:18］と論難していたが、この批判は、そのまま彼の思想に向け返され得るのではないだろうか。[*13]

おそらく、この批判は著しく的を外したものではないだろう。ジェイがアドルノを評して、「現在の全体が全く『真ならざるもの』であるとするならば、真に批判的な理論を支えるためには、こうした全体の外部にある何らかの超越的な支点が必要となる」［Jay 1984: 117］と指摘しているように、アドルノの思想には、確かに、一種の「神学的前提」とでも呼ぶべき超越的基準がある。この点はベンヤミンからの影響が如実に表れたものとも言えるが、[*14]ともあれ、「アドルノには、現存のものに忠誠を誓うことはせずそれを越えていくという根底的な神学的視線の借用がある」〔Schweppenhäuser 1996: 49〕との指摘は、適切だと思われる〔ref. Brittain 2010〕。

しかしここでは、そうした姿勢を評価するにせよ批判するにせよ、いま少しアドルノに寄り添って、彼の主張に耳を傾けてみたい。そもそもアドルノが、現実の世界に対して最終宣告に近い批判を展開する際、彼はどこに自らの「神学」的軸、すなわち「超越的視点」を据えていたのか。

それが彼の言う「ユートピア」であることは間違いない。悲劇的トーンに彩られた『啓蒙の弁証法』の中にも、次のような一節がある。

超越論的で個人を超えた自我としての理性は、人間同士の自由な共同生活という理念を含んでいる。その共同生活においては、人間たちは、普遍的な主体へと自らを組織し、純粋理性と経験的理性との間の争いを、全体の自覚された連帯のうちに止揚する。この共同生活は、真の普遍性の理念、すなわちユートピアを表明している。〔GS3:102〕

「あらゆる偉大な哲学に含まれているユートピア」「自らに歪みを持たないために、何ものももはや歪める必要のない人間性のユートピア」〔GS3:140〕といった記述にも見られるように、注意深く読んでいくと、アドルノは、現実を超えたこの超越的な理想に一つの望みを託していることがわかる。

> 絶望に直面して、唯一なお責任を持って遵守され得る哲学とは、すべてのものを考察するにあたって、救済という観点から見た時にそれらが呈するであろう様相のもとに眺め渡すことである。認識にしても、救済の立場から世界に差し込んでくる光以外には、いかなる光も持たない。それ以外の一切はしょせんテクストに基づく解釈の類いに過ぎず、突き詰めれば一種の技術に過ぎない。そうであるならば、メシアが出現した暁にはこの世はみすぼらしい無様な姿をさらけだすことになるだろうが、似たような位相においてこの世が転位され、異化され、その隠れていた割れ目や裂け目が露呈されるような遠近法が作り出されなければならない。[GS4:283]

アドルノは、同一性を基調とした思想の対極にあるものを、「ユートピア的信頼」と表現し、それを、「すでに仕上げられていないもの、整序されていないもの、物象化されていないものが、今すぐにではないにしろ、やはり存在し得るはずだということへの信念である」と規定していた[NaS16:111]。言うまでもなく非-場《ユートピア》とは、文字通り「この世に場所を持たないもの」の意だが、ここで述べられているのは、いわば「潜在的なもの」の「可能的なもの」に対する優位という思想である。[*15] アドルノは、自らの思想的使命を、同一性に基づく思考が矛盾を恐れるあまり意識的に度外視している、細部の差異や特殊なものに固執し続け、そこに潜む「非同一的なもの（das Nichtidentische）の経験」にユートピアの可能性を探る営みと捉えている。

こうしたアドルノの発想には、それを肯定的にも否定的にも受け取ることができようが、超越的理想主義とも形容できる姿勢が内包されていることは間違いない。作曲家でもあったアドルノが、「芸術はその最高の高まりにおいてさえ仮象に過ぎない」にもかかわらず、「仮象の中には、仮象ならざるものが約束されている」〔GS6:396〕と述べ、芸術を、この世の物質的現実とは異なる次元における理念の実現とみなしていたことにもそれは示されている。[*16]

しかし、ここで注意すべきなのは、アドルノが展開しているのは、単純な背後世界論――偽りの不完全な現実世界の背後に、真に完全な理想世界があるというような――ではないという点である。というのも、アドルノのユートピアは、現実とは切り離された地点に展開される別次元の世界というより、悲惨な現実から紡ぎ出される切実な人間的願いの、儚く脆い結晶としての性格を濃く帯びたものだからである。

アドルノは、「理性は、ただ痕跡や瓦礫のうちでのみ、いつかは誤りのない公正な現実に行き着くだろうという希望をつないでいるに過ぎない」〔GS1:325〕と述べていた。ここからも明らかなように、彼は活動のごく初期から、「希望なきものの救済」(Rettung des Hoffnungslosen) を自らの探究の中心的モチーフとしている。「戦慄すべき現実を直視し、それに耐え、否定性の意識を減少させることなく、よりよき世界の可能性を見失わない冷徹に冷めた眼差しの外に、もはや美しいものも慰めもない」〔GS4:26〕と述べる際、彼は、現実態として存在する個物や諸々の出来事の「否定」の中から垣間見え、指し示される一つの方向としてユートピアを捉えようとしているのであって、それを実体化はしていない。[*17] むしろアドルノの「ユートピア」への志向は、いわば、この世界には、いまだ仕上げられていないもの、整序されていないもの、物象化されていないもの、言葉を換えれば「何ものにも解消できないもの」(das Nichtaufgehende)〔GS5:375〕が存在し得るはずだという信念に基づいている。[*18] ミュラー＝ドームが指摘するように、『否定弁証法』などの著作に通底するのは、「世界が所与性として見えるのと同様に、偶然的なものとみなされねばならず、しかも未来に開かれているという、アドルノの確信」〔Müller-Doohm 2003: 665〕なのである。

ただしその際、興味深いのは、アドルノが、厳格な偶像禁止規定に従って（注9参照）、ユートピアを描き出すことは許されていないという立場を守ろうとする一方で〔ref. Schweppenhäuser 1996: 114-115〕、一歩進んでその性格規定に踏み込むこともしている点である。その特徴とは、一言で言えば、自然との「宥和」(Versöhnung)にほかならない。「宥和はユダヤ教の最高の概念であり、その神髄は期待にある」〔GS3:225〕と述べるアドルノは、その内実を次のように記している。

そうした状態として思い浮かべられるべきなのは、主観と客観の区別なき統一でもなければ、両者の敵対的な対立でもなく、むしろ互いに異なったもの同士における交感《コムニカツィオーン》であるだろう。またこの時はじめて交感《コムニカツィオーン》という概念も、客観的な概念として自らの正当な地位を回復することになるだろう。〔…〕主観と客観との関係は、人間相互の間だけでなく、人間とその他者との間における平和が実現されて初めて、認識論的にもその正しい地位を回復することになるに違いない。実際、平和とは、互いに異なったもの同士が支配し合うことなく、互いに関与し合っている

ような状態のことである。〔GS10.2:743〕

『否定弁証法』の中で、「他者との交感《コムニカツィオーン》は、個別的なもののうちに結晶している。個別的なものは、その現在存在において、他者との交感《コムニカツィオーン》に媒介されているのである」〔GS6:164〕と述べられていたことからも推察できるように、アドルノにとって、「対象相互の親和性」〔GS6:36〕ないし「諸対象が交感し合う場」こそ、「対象それ自体の規定性の痕跡」〔ibid.〕にほかならない。そうであるがゆえに、「非我と宥和した時に初めて、主体は解放されることになるだろう。そうなれば、おのれの敵対者たる抑圧と結託した自由もまた乗り越えられることになるだろう」〔GS6:343〕という主張が、彼にとって説得力を持つのである。*19

こうした思想は、プラトン的というよりは、ドイツ観念論の理想——例えばヘルダーリンあるいはシェリングのものとも言われる「ドイツ観念論における原初のプログラム」〔Hegel 1971: 234-236〕を参照——を改めて想起させるものでもあり、その意味で、個我の独立と個人主義の発達をある程度前提した文化において初めて構想され得る、ひとつの理念的状態である。

6　現存するものへの眼差しと理性

ところで、前節で述べたようなアドルノの思想とスピノザの思想との間には、何らかの接点があるのだろうか。

先述したように、スピノザは「この世界に外部はない」という認識を軸に思想を展開した。これは、外部や超越を措定してしまう思考が陥る、自己の幻想（表象）に過ぎないものを、あたかも世界の真の実在だと思い込むという発想を退ける効果を有している。そうだとすると、ニュアンスの強弱はあるにせよユートピアに傾斜するアドルノとそれを拒否するスピノザとは、やはり互いに相容れない立場なのだろうか。

ある意味ではそうである。しかしわずかに、例えば『否定弁証法』にある、次のような何げない一節が、二人の結節点ともなり得るのではないかという思いも禁じ得ない。

仮に存在するものが変化するとするならば、存在するものがすべてではないことになる。

［GS6:391］

アドルノはここで、「現存するもの」の固定化と正当化を試みる支配的イデオロギーに対して、それは虚偽であり、今のあり方とは異なる別の仕方の存在があり得ること、その限りにおいて、現実の可能性が汲み尽くされていないことを示そうとしている。

一方、スピノザによる様態的な世界観も、いかなる存在もそれが固定的な存在であることはあり得ず、また、それが自然法則に反するものでない限り、世界とは、人間的な観点からすると甚だ異例なことに満ちた存在であることを意味している。いわゆる「管理」や「統合化」をはみ出す存在の充満と横溢の契機こそそれであり、それに正当な位置と表現を与えるところに、スピノザの思想の破壊力がある。

このように、アドルノの思想圏においては、彼の立場と彼が批判するスピノザの立場が、実際には接近しているという事態がしばしば生じる。存在を変化の相に応じて捉えるという先の命題もその一つと言えるが、アドルノが指摘する例として他にも次のようなものがある。

> 啓蒙とは、極端化した神話的不安である。啓蒙の最終産物たる純粋内在主義は、いわば普遍化されたタブーにほかならない。外部にはもはやいかなるものも存在することがあってはならない。というのも、外部を想定することは、それだけでもすでに不安の種となるのだから。［GS3:32］

ここで非難されている純粋内在主義は、「主観」によって自然が了解し尽くせるという意味での、いわば内閉した観念主義の極致とも言うべきものであり、その立場に立つならば、確かに絶えざる不安に人は苛まれることになるだろう。なぜならそれは、現実ないし自然を完全な形で認識できる可能性が存在しないにもかかわらずそれが可能だと強弁する認識だからである。しかし、これは、スピノザの内在主義とは全く異なる。

スピノザが実体論で措定する、その外が一切考えられない内部とは、一切が外《そと》である空間と同義であり、いわば内部と外部という区分が存立し得ない空間のことだが、このような空間では、「外部に対する不安」という表象的、すなわち「人間的」な現象は――それがスピノザ主義とは対極にある意識の哲学における内閉性の特性であるがゆえに――理論上存在する根拠がない。[*20]

また、アドルノは、理性の反省能力を、普遍性を制限しつつ一般性を追求する能力〔GS3:235-236〕とし、全体に亀裂を入れ、新しい「星座」(Konstellation)を作ることを事物と思惟の両方に求めていた。しかしスピノザも、留保なしに一切の出来事の差異性を肯定し、それを必然性として捉え直すことを理性的思惟の特徴としており、また特に物体論においては、偶然の遭遇によって既存の要素に影響を与える新しい外からの力が、従来の要素間の構成関係を変化させ、変容させる点を強調していたことは周知の通りである〔ref. E2P13-14における物体論〕。

出来事として起こり得る現実を、それがいかなるものであっても表象の力によって否定したり抽象したりすることを拒否し、物に即した思考を構築すること、これがスピノザの思考であり、その点がこれまで多くの論者によって、「スピノザの唯物論的思考」として評価されてきたものだった〔ref. Althusser 1974, 1994; Deleuze 1981 etc.〕。

したがって、しばしば形容されるように、アドルノが認識において目指したものが、あくまでも、事象に暴行を加えるのではないような思惟だったとするならば、スピノザにおける思惟も実は同様の側面を有していると語ることが可能なのである。

7 残酷な平和

しかしながら、両者の立場は決定的に異なる。それはアドルノが、宥和の状態において目指している「平和」という考えの中に見てとることができる。

アドルノは、「平和とは、支配なしに、異なるものが相互に関わりを持っている状態のことである」[Adorno 1974: 743] と述べる。アドルノの求めているものは支配なき世界、「恣意や暴力のない」関係性である [GS4:283]。しかし、ニーチェの指摘を俟つまでもなく、「生とは本質的に、すなわちその根本的な機能においては、傷つけ、暴力を振るい、搾取し、破壊するものとして働くのであり、こうした性格なしには全く考えることのできないもの」[Nietzsche 1988b (1887): 312] であって、その限りにおいて、アドルノの求めているような平和的な関係性は、そもそも決して実現することのない幻であると指摘することができる。[*21]

一方で、「人間が存在に固執する力は限定されており、外部の諸原因の力によって無限に凌駕される」[E4P3]、「この帰結として、人間は必然的に常に受動に隷属し、また自然の共通の秩序に従い、これに服従し、かつこれに対して自然が要求する限り応じる」[E4P4C] ——これがスピノザの基本認識である。このような条件は、個々の人間においてだけでなく、いかなる「個物」においても変わらない。ある個体が存在するや否やそれよりもっと有力な他のあるものが存在し、またそれが存在するや否やそれ自身よりもっと有力な他のものが無限に現れ、あるいはある個体の能力が他の物の能力によって規定を受け、外の原因の力によって無限に凌駕される――このような事態は、「普遍的であってすべての個物に適用され得る」［E4P4Dem］からである。個物を破壊し死にまで至らしめる力を、仮に暴力の最も強力な形態とするなら、スピノザは、こうした暴力の廃棄などを求めていないし、また、世界がいずれ暴力的契機を鎮静した状態になり得るとも展望していない。むしろスピノザ的な様態的世界観においては、暴力こそ自然の本質である。

スピノザの思想的な特徴は、以上のような個物を解体するベクトルを留保なく認めると同時に、それとは別方向からの、すなわち秩序形成のベクトルとして、件の自己保存の力、すなわちコナトゥス（自存力）を導入する点にある。人間ないし個体が曲がりなりにも自己の存在を保持できるとしたら、それはこのコナトゥスによる闘争の結果である。剝き出しの暴力を生むのも、そこから何らかの社会状態を作り上げてその暴力状態からの脱出を図るのも――たとえその社会が獲得的に、暴力的な形で編成されたものであれ、構成的に、自生的な秩序として編成されたものであれ――、すべてはこのコナトゥスの働きによる。

世界は、そこに存在するすべての存在物が、解体に曝されつつ一定の秩序形成をするプロセスであり続ける。スピノザはそれに対して、断罪も、その外に救済の展望を求めることもせず、この世界を――すなわち、世界が力の支配から免れることはなく、力がこの世界の生成原理であるということを――あるがままに承認しつつ、そこにおける諸々の関係性のただ中で、にもかかわらず人間が能動的な生を構築し得る契機を探ろうとしている。それは絶望ではない。むしろ彼は、「極めて困難だが見つけることは可能」［E5P42Sc］な道を見いだし、それを目指す努力を肯定している。

アドルノはかつて、哲学が関心を持つのは「ヘーゲルが無関心を告知した場所」であると述べた。それは、「概念を欠いたもの、個々のもの、特殊なもの」、「プラトン以来儚いもの、取るに足らないものと片付けられたもの」、「ヘーゲルにはいかがわしい存在とレッテルを貼られてしまったもの」に向かうのである、と［GS6:20］。「哲学の主題、それは、哲学によって偶然的なものとして〈無視して差し支えない量〉へと貶められてしまった諸性質であろう」［ibid.］。このような繊細な思弁への希求は、彼独自の痛みの経験に根ざしている。

哲学は、痛みを、概念という媒介物に翻訳しようとする。哲学とは、何らかの現実を写し取るために外界にかざされた鏡ではなく、むしろ経験、あるいは言わずにはいられないことを、つなぎ止め、客観化しようとする試みである。［Adorno 1973: 83］

確かに、先のほうで引用した「喜び」への批判――「人々の喜びのほうへと歩み寄るならば、たとえ最も小さな一歩であっても、それは苦悩を強固にする一歩である」――の直前でも彼は、「私たちが一体となるべきは、人間の苦悩である」［GS4:27］と述べていたのだった。まさにアドルノによれば、

「苦痛に発言権を与えようとする欲求こそが、すべての真理の条件」〔GS6:29〕だからである。その真理をアドルノは、主体の側から対象に働きかける思弁によって把握できると考えている。したがって彼は、「実践」を軽視するどころかむしろ重視していると言えるだろう。ただし、アドルノの言う実践とは、「異なるものを異なるもののまま認識する」という思弁的な実践である。彼が提唱していた「客観の優位」〔GS6:185〕とは、別言すれば「主観の過剰」〔GS6:50〕のことであり、「つまるところ、客観の優位を聴き取る〔主観的〕能力の強化」〔Wiggershaus 1987: 50〕のことにほかならない。*22

一方のスピノザにとっても、諸事物の必然的な関係性を洞察し、かつ個物の固有性を認識するのは思弁によるものである。しかし彼は、それに加えて、身体的・情動的コミュニケーションのもたらす出来事に注目し、諸々の行為と出会いのただ中で生じる構成的な力能の産出過程を見いだそうとしている。そこには、思弁があとから包含する「対象」ではなく、そのプロセスの発生が思弁に自らを説明することを求めるような「実践」の場が存在する。暴力的な関係性の中で紡がれる、このような創造的で構成的な契機への着目。これがスピノザの哲学を、「メシア的唯物論（messianischen Materialismus）の一形態」〔ibid., 37; ref. 44-45〕とも規定されるアドルノの立場とは異なった、世界を断罪しない唯物論、あるいは純粋な〝内在的救済〟とでも言うべき地平を開く立場に位置づけている。

とはいえ双方とも、形は違えど、この世界に「ひとつの場所」（une place sur la terre）を空けることに視線を向けている点に異なるところはない。すなわち、アドルノは、人間が人間に対してなす行為がもたらす「痛み」を封殺することのない「思考のあり方」を模索し、それを自己保存と全体性という概念の批判を通して遂行しようとしている。一方のスピノザも、自然の営為と人間の行為が、結果として人々に「痛み」を生じさせることを承認する。そして、その痛み――すなわち〈悲しみ〉――を可能な限り縮減して、〈喜び〉を創造していく「生のあり方」を模索した。しかもアドルノとは対照的に、それを自己保存という立場に依拠しつつ遂行するのである。

「管理された世界のうちに希望があり続けるとするならば、それは、媒介によってではなく、極端にある」［GS8:455］というアドルノの言葉が仮に真実なのだとしたら、スピノザの「肯定」と呼ばれるもの、いわばこれはこの「極端さ」の追求の果てにある残酷で厳しい肯定である。それは、暴力の停止も究極的な宥和もないことを十全に認識しているがゆえに、結果として、人々に救済の効果を与えることが可能となるような肯定にほかならない。したがっておそらくスピノザは、この残酷さに呻き、この世界を「否定」し、「ユートピア」をたぐり寄せようとする営みも断罪しない。むしろそれを、自然界における人間という構成体が生み出す極めて「人間的」な所作として、穏やかさをもって肯定するだろう。笑わず、呪詛もせずに。

アドルノがなんとしても否定し去りたいスピノザに、逆に、アドルノの立場が織り込まれているとしたら――。「弁証法とは、徹頭徹尾、非同一性を意識し抜くこと」［GS6:17］であるとするならば、否定されるはずの当のものに否定する側が包含される可能性にも認識を開いておくこと――それは、アドルノが求める望ましい認識が排除できない仮説の一つであるに違いない。

注

＊1　本稿では、アドルノとスピノザ双方の思想的対比を主題化するという行論上、ホルクハイマーとの共著に関しても、アドルノのみを指示する。

＊2　後の理解の妨げにならないよう該当部分の周辺を記しておく。「自己保存の努力は徳の第一かつ唯一の基礎である。なぜならこの原理より先には他のいかなる原理も考えることができず、またこの原理なしにはいかなる徳も考えることができないからである」［E4P22C］。スピノザの説明によれば、この原理が第一の優先性を有するのは、「いかなる人も、生存し行動しかつ生活すること、言い換えれば現実に存在することを欲することなしには、幸福に生存し善く行動しかつ善く生活することを欲することができない」［E4P21］からであり、「幸福にあるいは善く生活し、行動するといった欲望は人間の本質そのもの、言い換えれば各人が自己の存在を維持しようと努める努力そのもの」［E4P21Dem］だからである。

＊3　例えば、スミスは、十七世紀に存在しなかった「リベラル」という概念を用いてスピノザの政治思想を説明することは時代錯誤的であるとしつつも、次のように記している。「もし自由主義《リベラル》が、強い意味での自律と個の尊厳を意味し、言論の自由を守り、多様で寛容な市場社会を選好し、芸術と科学の進歩からもたらされる利益を享受することを意味するならば、スピノザは自由主義者《リベラル》であると言える。彼は、ロック、モンテスキュー、『ザ・フェデラリスト』の著者たち、カント、トクヴィル、J・S・ミルといった人物らが連なる政治思想の誇るべき伝統の立脚点を据えたのである」［Smith 1997: xvi］。

＊4　むろん実体（substantia）に関しては、媒介性の有無に関してヘーゲルとスピノザの理解は根本的に異なる［ref. Hegel 1969 (1812-1816): 195ff］。本稿で問題にしているのは、個物（様態）(modus) のレヴェルにおける媒介性である。

＊5　アドルノと同様、ニーチェは、ヘーゲルを念頭に置きつつ「体系」を求める意志を、「一つの洗練された堕落」［Nietzsche 1988g (1885-1887): 450］、あるいは「正直の欠如」［Nietzsche 1988b (1882), 63］と述べている。例えば、

体系を「一個の偉大なる誤謬」[Nietzsche 1988a (1869): 801] とするニーチェの次のような主張を参照。

ほとんどすべての大きな「体系」は、自己欺瞞の類いに入れてしかるべきだ。だが、根本的な先入見は、秩序、一目瞭然性、体系的なものが諸事物の真の存在にはつきものであるはずであり、逆に、無秩序、混沌たるもの、予測できないものは、ただ或る偽りの、あるいは不完全に認識された世界においてのみ現れる――要するに一つの誤謬である――とみなすことである。これは、誠実な信頼するに足る人間は、秩序を守り、諸々の格率を持つ男であり、したがって総じて何か予測できる杓子定規の事を常とするという事実から推定された、一つの道徳的な先入見なのだ。ところが、諸事物それ自体が、模範的な役人であるためのこうした処方に従って振舞うということは、全くもって証明不可能なのである。[Nietzsche 1988f (1884-1885): 632]

*6　アドルノは「ヘーゲルは、カントやプラトンも含めた哲学の全伝統と同様に単一性を偏愛している」[GS6:160] と指摘してその思想を厳しく批判するが、念のために記しておけば、にもかかわらず自らを「ヘーゲル主義者」[NaS16:22] と規定する彼は、ヘーゲルの全体性の思想を全面的に拒絶しているのではない。例えばアドルノの『三つのヘーゲル研究』は、ヘーゲルの思想の生産的読み替えの様々な実例を示すものだが、その一つとして彼は、ヘーゲルの「全体性」(Totalität) の考えは、「部分的な諸契機の総体」としてのみ捉えられるべきであると強調している [GS5:253-254]。なぜならアドルノによれば、「各契機の間の関係は、漸次的移行の関係ではなく、転化 (Umschlag) の関係」であるというヘーゲルの見解を、私たちは「文字通り受け取らなければならない」ためである。アドルノは、「この過程は各契機が接近する時に生じるのではない。それは、断絶によってすら生じる」と主張している [GS5:253]。

*7　アドルノがヘーゲルに対して行ったこの「肯定弁証法」という規定を、逆にスピノザに対して行い (dialectique positif）、否定性と手を切ることができないヘーゲル流の弁証法的思考を迂回する新しい弁証法的思考の萌芽を見いだそうとしていたのがマシュレイである［Macherey 1992: 229-232; ref. Macherey 1990 (1977)］。この論点にはにわかに賛同できないが、『啓蒙の弁証法』におけるアドルノのスピノザ理解が「厳密に言えば、スピノザよりむしろホッブズに当てはまる」［Macherey 1992: 229］という彼の主張には、一定範囲で首肯できる部分がある。

＊8　ニーチェ自身が、スピノザの思想との親近性（あるいは「相同性」）を強く意識していたことはつとに知られている。有名なフランツ・オヴァーヴェク宛の書簡［Nietzsche 1956: 1171-1172］等を参照。

＊9　スピノザの神概念の理解のためには、旧約聖書において神が自らをヤハウェ、すなわち「在りて在るもの」（「出エジプト」3.14）と啓示した内容とともに、ユダヤ的伝統における「図像化〔偶像〕禁止規定」（Bilderverbot）を念頭に置く必要がある。よく知られているように、「限定的否定」（bestimmte Negation）を通して、弁証法における性急な肯定（矛盾の止揚）に進まず、矛盾の中に留まることを選択するアドルノの思想の根底にも、同様にこの禁止規定が反映されている。

＊10　アドルノは、『ミニマ・モラリア』のこの箇所に続く部分では、「突き詰めれば極端な見解を持つ他人にとりあえず相づちを打っておくという行為」や「人付き合いの良さ」も含め、「他人への同調、つきあいや参加といった行為は、人間的な行為を標榜しているにもかかわらず、実際は非人間的なものを暗黙裏に受け入れていることを示すマスクに過ぎない」とまで述べている［GS4:26-27］。

＊11　もっとも、コンテクストを異にする両者が、〈喜び〉というタームを同じ意味で使っていると単純に想定できないのは当然である。何より、スピノザの喜びは、行為の結果の感情ではなく、活動力の小さな状態から大きな状態への移行の際の情動である点には留意しておかなければならない［Ad2］。しかし、スピノザが、少なくとも花見における花の美しさを愛でる感覚を否定していないのもほとんど確かであるし［ref. E4P45Sc］、快も喜びの一種である以上、それを、彼が肯定する喜びの情動の一つとしてカウントしていないなどと主張することもできない。

＊12　もっとも、アドルノにおいて憎しみはネガティヴな感情というより、「権力に抗う思想」の厳しい立脚点を表すものでもある。「最後の被造物たる人間に加えられたテロに対する非妥協的な憎しみは、命拾いした者による正当な感謝の念の基盤となる。太陽を拝むのは偶像崇拝である。灼熱の陽光に枯れ果てた樹を目にして、世界を照らしながらも焦がすことのない陽の尊厳への予感が、息づき始める」［GS3:248］。

＊13　アドルノが、「弁証法の役割は、思想にその適性証明を与えてやることではない。むしろそれは、思想をその極端な帰結にまで追いつめて、それに転換を迫ることである」［GS4:96］と述べていることからも了解できるように、彼は、ヘーゲルの思想の全体性は批判しつつも、その弁証法における「極端さ」の追究というある種の「全体化」に関しては、それを志向していた。この点については、ホネットが『権力の批判』で述べている『啓蒙の弁証法』批判を参照［Honneth 1988: 59f.］。

＊14　事実、アドルノは一九三四年のベンヤミンとの往復書簡において、自らの神学的姿勢を包み隠さず吐露している。まず彼は、ベンヤミンの「パサージュ」論をめぐり、「この仕事は、そこに含まれていたすべての神学的内実と語いの忠実さとを、極限的な諸テーゼの形で、遠慮会釈なく実現するものでしょう。〔…〕実際、最も決定的かつ真剣なことが問題とされるこの仕事では、神学を抜きにしておくことなしに、十全にものごとが語り尽くされねばならず、カテゴリーの深みが汲み尽くされなければならないと私には思えて仕方ありません」と述べたあと、続く手紙では次のように語っていた。

同時に、そして根本的な意味において、〈神学〉への姿勢で私たちは一致しています。あなたの「パサージュ」への戸口に立った時にも、そのような姿勢を要望した私のことですから、私たちの思考がそこへ溶け込んで姿を隠していければと私が願っているイメージ、すなわち神学のイメージが、このカフカ論であなたの思考を養っているものとまさしく同一のものであることは、私には特に重要なことと思います――この神学は『転倒した』神学（»inverse« Theologie）と言ってよいものです。そこでは、自然的な解釈にも、超自然的な解釈にも同時に反対する立場が、初めて極めて鋭い形をとって定式化されていますが、私にはその立場は、全く厳密に、私自身の立場だという気がします。〔Adorno & Benjamin 1994 (1928-1940): 74, 90〔強調はアドルノ〕〕

＊15　この点のみならず、例えばアドルノの、「批判的思想は、かつて主観が占めていたが今は見捨てられている玉座に客観を据えようとすることではなく――玉座に据えられている客観など一つの偶像でしかないだろう――こうした階層秩序そのものを廃棄することなのだ」〔GS6:182〕という思想には、ドゥルーズの思想との共鳴関係も見てとることができる。『哲学とは何か』におけるアドルノへの言及も参照［ref. Deleuze& Guattari 1991: 95-96］。

＊16　アドルノによれば、それに加えて芸術は、自らの内包する虚偽を取り払った無垢さを武器にした、社会変革のための革命的手段にほかならない。

芸術作品は、もはや交換によって形を損なわれていないもの、利潤や尊厳を失った人間の偽りの欲求によって傷つけられていないものの代理である。〔…〕解放された社会は、芸術という不払い労働の非合理性を克服し、利益という目的に向かう手段の合理性を克服した社会であると言える。こうした社会は芸術において暗号化されており、それこそが、社会を破壊する芸術の起爆装置と言ってよい。〔GS7:338〕

＊17　アドルノは、ブロッホとの対談で、ユートピアの性格を、潜在的なものであると同時に指示する（hinweisen）ものとして語っている。「ユートピアはどのみち本質的に、単にあるものの限定的否定のうちに潜んでいるものです。そして、単にあるものは、偽りのものとして具体化されているために、常にあるべきものを指示してもいるのです」［ref. Schweppenhäuser 1996: 100］。

＊18　したがって、その宥和は、反省以前の統一を回復しようとするものではない。「主観と客観の幸福な同一性を保つ時間的あるいは超時間的な原初状態というイメージはロマン主義的である。それは憧憬の対象だったこともあったが、今日ではまやかしに過ぎない。主観が形成される以前のこうした主・客未分化の状態は、盲目的な自然連関に対する恐怖から生じたものであり、すなわち神話だったのである」〔GS10.2:742-743〕。この点をめぐっては、ジェイの指摘も参照〔Jay 1984: 63ff〕。

＊19　とはいえ、アドルノの言う宥和は峻厳なものであり、緊張関係のただ中におかれたものであることも忘れてはならない。彼は、「宥和の約束が最も完璧に与えられるのは、世界が同時に、いかなる意味も入り込む余地がないほど厳重に〔仮象という〕壁によって閉ざされている時である」〔GS1:365〕と述べていたが、後年の『否定弁証法』においても、「宥和の状態は、哲学的帝国主義と手を組んで異質なものを併合したりなどしない。それはむしろ、自分とかけ離れて相違したものが、すぐに触知できる近傍にいつまでも残っていること、言い換えれば、それが、異質のものでも自分のものでもなく、その二つの彼岸にあるということを幸せとするのではないか」〔GS6:192〕と、安定からはほど遠いその性格を描写している。また、作曲家でもあったアドルノは、不定形音楽（**musique informelle**）を一つの理念としていたことでも知られるが、宥和と芸術との関係については次のように注意を促している。「芸術は自己自身との同一性に従うことにより、自分を非同一的なものと同じものにする。〔…〕宥和という芸術作品の行動様式は、今日では、ほかならぬ芸術が宥和の理念と手を切っている場、すなわち形式が冷酷さを命じている作品においてこそ、実践されているのである」〔GS7:202〕。

＊20　もっとも、権利上（理論上）存在する理由がないものが、事実上存在し発生し続けるところにあらゆる幻想の本質がある。その意味で、意識の哲学ないし意識と外部と恐怖とをその構成契機とする弁証法的な思惟が一見普遍的な妥当性を帯びるのは、非合理なことではない。ただ、そうした思惟は、唯物論的な姿勢をラディカルに徹底した立場からは「イデオロギー」の一つとみなされ得るのである。

＊21　周知のように、アドルノに本質的な影響を与え続けたベンヤミンも、法を措定する権力としての「神話的暴力」(mythische Gewalt) と、それを根底から覆す力の発露としての「神的暴力」(göttliche gewalt) とを区別した「暴力批判論」の一節で次のように述べ、暴力の根源性という問題を提起している。「一切の暴力を完全にかつ原理的に排除してしまっては、人間的課題の何らかの解決を、まして、これまでの世界史上のあらゆる存在状況の勢力圏からの解放を想像することは不可能である以上、あらゆる法理論が注目しているのとは別の種類の暴力〔神的暴力〕についての問いが惹起されないわけにはいかない」[Benjamin 1968 (1921): 54]。

＊22　このようなアドルノの思想について、ハバーマスの批判がある。普遍的宥和を目指すアドルノの姿勢には「ユダヤ・キリスト教神秘主義のイメージが纏わり付いている」[Habermas 1981: 512] と指摘するハバーマスは、アドルノの思想が、ヴェーバー、ルカーチに遡る合理化・物象化テーゼを継承しつつ、道具的理性を世界史的な文明過程総体のカテゴリーへと展開している一方で、実践への関与を拒否する観照的な性格を帯びた「アポリア」に陥っていると指摘する。その上で彼は、その理由を、アドルノの哲学の性格が、なおも「意識の哲学」の限界内に囚われたままである点に求めている [490; 489-534, ref. Habermas 1987: 160-179]。

文献

アドルノからの引用は、以下の全集と単行本および遺稿集に拠った。全集はGS、遺稿集はNaSと略記し、［　］内に巻数および頁を後記している。

Adorno, Theodor W., 1997-2003, *Gesammelte Schriften Bd.1-20*, hrsg. von Rolf Tiedemann unter Mitwirkung von Gretel Adorno, Susan Buck-Morss und Klaus Schultz, Frankfurt a.M.: Suhrkamp. [GS]

GS1: *Die Aktualität der Philosophie*.〔『哲学のアクチュアリティ』細見和之訳、みすず書房、二〇一一年〕
GS3: *Dialektik der Aufklärung. Philosophische Fragmente*.〔『啓蒙の弁証法』徳永恂訳、岩波書店、一九九〇年〕
GS4: *Minima Moralia. Reflexionen aus dem beschädigten Leben*.〔『ミニマ・モラリア――傷ついた生活裡の省察』三光長治訳、法政大学出版局、一九七九年〕
GS5: *Drei Studien zu Hegel*.〔『三つのヘーゲル研究』渡辺祐邦訳、河出書房新社、一九八六年〕
GS6: *Negative Dialektik*.〔『否定弁証法』木田元・徳永絢・渡辺祐邦・三島憲一・須田朗・宮武昭訳、作品社、一九九六年〕
GS7: *Ästhetische Theorie*.〔『美の理論』大久保健治訳、河出書房新社、二〇〇七年〕
GS8: *Soziologische Schriften I*.〔『ゾチオロギカ――フランクフルト学派の社会学論集』三光長治・市村仁・藤野寛訳、平凡社、二〇一二年〕
GS10.1: *Prismen: Kulturkritik und Gesellschaft*.〔『プリズメン――文化批判と社会』渡辺祐邦・三原弟平訳、ちくま学芸文庫、一九九六年〕
GS10.2: *Kritische Modelle 2*.〔『批判的モデル集2 見出し語』大久保健治訳、法政大学出版局、一九七一年〕

Adorno, Theodor W., 1973, *Philosophische Terminologie - Zur Einleitung*, Bd. 1, hrsg. von Rudolf zur Lippe, Frankfurt a.M.: Suhrkamp.
——., 1993-2003, *Nachgelassenen Schriften*, Bd.1-16, hrsg. vom Theodor W. Adorno Archiv, Frankfurt a.M.: Suhrkamp.〔NaS〕
Adorno, Theodor W.& Benjamin,Walter., 1994 (1928-1940), *Briefe und Briefwechsel 1928–1940 Bd.1*, hrsg. von Henri Lonitz, Frankfurt a.M.: Suhrkamp.〔『ベンヤミン/アドルノ往復書簡――1928-1940（上・下）』野村修訳、みすず書房、二〇一三年〕
Althusser, Louis., 1974, *Éléments d'autocritique*, Paris: Hachette Littérature.〔『自己批判――マルクス主義と階級闘争』西川

長夫訳、福村出版、一九七八年〕

――., 1994, *Sur la philosophie*, Paris: Gallimard.〔『哲学について』今村仁司訳、筑摩書房、一九九五年〕

Aristotle., 1996, *Metaphysics*, Cambridge: Harvard University Press.〔『形而上学（上・下）』出隆訳、岩波書店、一九五九・六一年〕

Bacon, Francis., 1965 (1592), "In Praise of Knowledge" in *Francis Bacon*, London: Arthur Johnson.

Benjamin, Walter., 1968 (1921), *Zur Kritik der Gewalt und andere Aufsätze*, Frankfurt a.M.: Suhrkamp.〔『暴力批判論――他十篇』野村修編訳、岩波書店、一九九六年〕

Brittain, Christopher C., 2010, *Adorno and Theology*, New York: Bloomsbury T&T Clark.

Deleuze, Gilles., 1968, *Spinoza et le problème de l'expression*, Paris: Minuit.〔『スピノザと表現の問題』工藤喜作・小柴康子・小谷晴勇訳、法政大学出版局、一九九一年〕

――.,1981, *Spinoza: philosophie pratique*, Paris: Minuit.〔『スピノザ 実践の哲学』鈴木雅大訳、平凡社、二〇〇二年〕

Deleuze, Gilles & Guattari, Felix., 1991, *Qu'est-ce que la philosophie?*, Paris: Minuit.〔『哲学とは何か』財津理訳、河出書房新社、一九九七年〕

Feuer, Lewis S., 1958, *Spinoza and the Rise of Liberalism*, Boston: Beacon Press.

Habermas, Jürgen., 1981, *Theorie des kommunikativen Handelns*, Bd.1, Frankfurt a.M.: Suhrkamp.〔『コミュニケイション的行為の理論（上・中・下）』河上倫逸・平井俊彦・藤澤賢一郎・岩倉正博・丸山高司・厚東洋輔訳、未來社、一九八六年〕

――., 1987, *Philosophisch-politische Profile*, Frankfurt a.M.: Suhrkamp.〔『哲学的・政治的プロフィール――現代ヨーロッパの哲学者たち（上・下）』小牧治・村上隆夫訳、未來社、一九八四年〕

Hegel, Georg.W.F., 1969 (1812-1816), *Wissenschaft der Logik II* in *G.W.F.Hegel Werke 6*, Suhrkamp Taschenbuch Wissenschaft, Frankfurt a.M.: Suhrkamp.〔『大論理学（上・中・下）』武市健人訳、岩波書店、一九九六年〕

——., 1970 (1807), *Phänomenologie des Geistes G.W.F.Hegel Werke 3*, Suhrkamp Taschenbuch Wissenschaft, Frankfurt a.M.: Suhrkamp.〔『精神現象学（上・下）』樫山欽四郎訳、平凡社、一九九七年〕

——., 1971 (1796/1797), »Das älteste Systemprogramm des deutschen Idealismus« in *Frühe Schriften,* in *G.W.F.Hegel Werke 1*, Suhrkamp Taschenbuch Wissenschaft, Frankfurt a.M.: Suhrkamp.〔「ドイツ観念論最古の体系プログラム」加藤尚武訳『現代思想』六巻一六号、青土社、一九七六年〕

Honneth, Axel., 1988, *Kritik der Macht: Reflexionsstufen einer kritischen Gesellschaftstheorie*, Frankfurt a.M.: Suhrkamp.〔『権力の批判 —— 批判的社会理論の新たな地平』河上倫逸訳、法政大学出版局、一九九二年〕

Jay, Martin., 1984, *Adorno*, Cambridge, Massachusetts: Harvard University Press.〔『アドルノ』木田元・村岡晋一訳、岩波書店、二〇〇七年〕

Kant, Immanuel., 1968 (1784),"Beantwortung der Frage: Was ist Aufklärung?" in *Kants Werke: Akademie-Textausgabe Band VIII*, Berlin: Walther de Gruyter&Co.〔『啓蒙とは何か —— 他四篇』篠田英雄訳、岩波書店、一九七四年〕

Macherey, Pierre., 1990 (1977), *Hegel ou Spinoza*, Paris: Éditions La Découverte.〔『ヘーゲルかスピノザか』鈴木一策・桑田禮彰訳、新評論、一九八六年〕

——., 1992, "L'actualité philosophique de Spinoza (Heidegger, Adorno, Foucault)" in *Avec Spinoza: études sur la doctrine et l'histoire du spinozisme*, Paris: P.U.F.

Müller-Doohm, Stefan., 2003, *Adorno: Eine Biographie*, Frankfurt a.M.: Suhrkamp.〔『アドルノ伝』徳永恂監訳、作品社、二〇〇七年〕

Nietzsche, Friedrich., 1956, *Briefe*, in *Werke in Drei Bänden*, Band 3, hrsg. von K.Schlechta, München: Carl Hanser Verlag.〔『ニーチェ書簡集（1・2）』『ニーチェ全集 別巻1・2』塚越敏訳、筑摩書房、一九九四年〕

——., 1988a (1869), *Die Geburt der Tragödie: Unzeitgemäße Betrachtungen I-IV; Nachgelassene Schriften 1870-1873*, kritische

studienausgabe 1, Berlin: Walther de Gruyter.〔『悲劇の誕生』『ニーチェ全集２』塩屋竹男訳、筑摩書房、一九九三年〕
——., 1988b (1887), *Zur Genealogie der Moral*, kritische studienausgabe 5, Berlin: Walther de Gruyter.〔『善悪の彼岸・道徳の系譜』信太正三訳、筑摩書房、一九九三年〕
——., 1988c (1889), *Götzen-Dämmerung*, kritische studienausgabe 6, Berlin: Walther de Gruyter.〔『偶像の黄昏・反キリスト者』『ニーチェ全集14』原佑訳、筑摩書房、一九九四年〕
——., 1988d (1869-1874), *Nachgelassene Fragmente 1869-1874*, kritische studienausgabe 7, Berlin: Walther de Gruyter.
——., 1988e (1880-1892), *Nachgelassene Fragmente 1880-1892*, kritische studienausgabe 9, Berlin: Walther de Gruyter.
——., 1988f (1884-1885), *Nachgelassene Fragmente 1884-1885*, kritische studienausgabe 11, Berlin: Walther de Gruyter.
——., 1988g (1885-1887), *Nachgelassene Fragmente 1885-1887*, kritische studienausgabe 12, Berlin:Walther de Gruyter.
Schweppenhäuser, Gerhard., 1996, *Theodor W. Adorno zur Einführung*, Hamburg: Junius Verlag.〔『アドルノ——解放の弁証法』徳永恂・山口祐弘訳、作品社、二〇〇〇年〕
Smith, Steven B., 1997, *Spinoza, Liberalism, and the Question of Jewish Identity*, New Haven: Yale University Press.
Weber, Max., 1992 (1917), "Wissenschaft als Beruf" in *Max Weber Gesamtausgabe*, Band17, hrsg. von W.J.Mommsen und W. Schluchter in Zusammenarbeit mit B. Morgenbrod, Tübingen: J. C. B. Mohr.〔『職業としての学問』尾高邦雄訳、岩波書店、一九八〇年〕
Wiggershaus, Rolf., 1987, *Theodor W. Adorno*, München: C.H.Beck.〔『アドルノ入門』原千史・鹿島徹訳、平凡社、一九九八年〕

第4章　〈ネグリ〉

「絶対的民主主義」とcivitasの条件*1

ネグリの思想的歩みを辿っていくと――とりわけハートとの共同作業を始めてからは著しく――「絶対的民主主義」の実現を、その主要な政治目標にしていることがはっきりと見てとれる。彼によれば、その際、民主主義に「絶対的」という規定を加えなければならない理由は、「この統治形態において、社会の総体、すなわちマルチチュード〔群衆－多数性〕全体が自らを統治する」ということを明示するためである［Hardt & Negri 2000: 185］。すなわち、代議制的な擬制を廃した「全員による全員の統治」、すなわち「我々すべてが生政治的生産を通して協働的に社会を創造し、維持するという民主主義」が、そこでは「絶対的民主主義」と名指されているのである［Hardt & Negri 2004: 351］。*2 ネグリは、一九七〇年代以前から、「プロレタリアートの価値創造の自律性」を復権しようとするアウトノミア運動を主導する役割を担っており、そのプロセスにおける人民自身による「自己価値創造」(autovalorizzazione) の重要性を繰り返し訴えていた［ref. Negri 1998a (1979)］。これらのことから、ネグリが一貫して目指している政治的地点とは、いわばマルチチュード自身による「自己支配の貫徹」という状態であり、絶対的民主主義とはそのあり方の形容であると、ひとまずは捉えておくことができる。

ところで非常によく知られているように、ネグリによれば、この絶対的民主主義というアイディアは、スピノザの政治思想の「核心」をなすものである［ref. Negri 1998b: 24-26; 2006: 171-174 etc.］。なるほど、確かにスピノザは、『政治論』の中で「絶対統治」(imperium absolutum) を、「民衆全体によって行われる統治」であるとし、それが完全に実現した状態、すなわち「完全な絶対統治」を「民主制政体」と規定していた［TP8:3, 11:1］。

とはいえ、双方の主張を丹念に辿っていくと、スピノザの構想する絶対統治とネグリの目標とする絶対的民主主義とでは、思想上、多くの違いが存在するように見えるのも、また事実である。その差異は決して小さくはない。それどころかそれらからは、似通った二つの線分上にある類似した二つの社会像というより、あたかも、ほぼ同じ地点から出発した二つの直線が、次第にその距離を広げていき、その果てに浮かび上がる別々のイメージのごとき印象を受ける。

こうした差異を、単に解釈上のスタンスの問題として片付けてよいものと考えるのは難しい。私たちがスピノザの社会思想からなにがしか現代的な意義を取り出そうとする場合、「ネグリの解釈したスピノザ」のほうにより多く重心を置くか否かによって、おそらく思想的にも実践的にも、ずいぶん異なる結果ないし成果がもたらされるだろうと予想されるためである。

本稿では、そうした思想上の違いを生産的な仕方で捉え直していくための試みの一環として、特に彼らの唱える民主主義、そして国家や統治権の問題に焦点を絞り、いくつかの基礎的な確認を行っておきたい。

1　ネグリの民主主義——国家の廃絶と〈歴史〉の終局

西洋政治思想史を振り返ってみた時、古典的民主主義観の典型としてしばしば引き合いに出されるのが、アテナイの政体をめぐるペリクレスの評価である。ペルシア戦争における戦没者への有名な葬送演説において、彼はアテナイの政体を、「少数者ではなく、多数者（πλεiovεs）によって治められているがゆえに民主制と呼ばれる」と規定した［Thucydides 1962: 322］。言うまでもなくアテナイの民主制とは、勤労奴隷民を排除した閉鎖的な公的空間における制限付きの「平等社会」の謳歌であり、ポリスが皆兵制度を原則としている以上、武装市民の反乱を未然に予防する効果も計算に入れながら構築されたものだったが、ともあれペリクレスは、市民的な平等、能力の重視、経済的格差による不平等の排除などを掲げつつ、「アテナイのポリス全体がギリシアの教育機関」〔330〕とも称すべき完成度を誇っていると謳い、制限付きとはいえ「多数者に対して開かれている」制度設計の及ぼす模範的意義を高く評価する。周知のように、このアテナイの民主制は、ペロポネソス戦争での敗北に伴いやがて急速に崩壊していく。そして、その後の社会思想史においては、こうした古典的民主主義の挑戦は、結局のところ「愚民」の支配を招いた「歴史の徒花」として、あるいは制度上運用が極めて困難な理想、奇跡的に生じた過去のユートピア的現実として、長らく政治の表舞台から丁重に排除されてきた。しばしば近代民主制の礎石を据えたとも言われるルソーですら、「真の民主制はこれまでも存在しなかったし、これからも存在しないだろう」と述べ、民主制は「神々からなる人民」のみにこそ相応しく、「人間には適さない」〔Rousseau 1964 (1762): 226〕と明言していたことはよく知られている。ましてルソーの言うように、近代国家がこぞって採用する代議制という仕組みが民主主義の「堕落形態」でしかないとしたら〔251-252〕、デモクラシーは、今日、スローガンの一つとして高唱されるのとは裏腹に、理念レヴェルでも現実レヴェルでも、長年にわたって相当な価値の下落を被ってきたという評価もなし得る。

これに対しネグリは、社会の総体が、地球規模の政治的・経済的変容を直接的に生産している今日のような時代においては、古典的民主主義に代わる新しい民主主義を実現する条件が生まれつつあると考えている。そして、その際、十七世紀のスピノザの政治思想の革命性を復活することが、ますます喫緊の課題となっているというのが、彼の現状認識である［ref. Negri 1998c (1981)］。スピノザは、「神の位置に人間と自然とを置き、世界を実践の領域へと変容させ、マルチチュードによる民主制政体を絶対的な政治形態として肯定すること――これらを通して、革命的人文主義の輝きを復活させた」［Hardt & Negri 2000: 77］思想家として重視されるべき存在であるだけではない。とりわけネグリは、スピノザが、近代の他のどの思想家にも比して、民主制政体の実現を最重視していたという点に注目する。

スピノザは制限された形態のままであり続けるしかない君主制政体や貴族制政体の展開に抗して、民主制政体を絶対的な統治形態として定義する。〔…〕事実、スピノザにおいては、民主制政体こそ絶対的なものがその中で実現され得る唯一の統治形態なのである。［185］

ネグリによれば、スピノザの政治思想においては、マルチチュードに対し、「民主主義――すなわち全員による全員の支配――を実現することのできる唯一の社会的主体」という地位が付与されており、そうしたマルチチュードが、自らの知的能力と諸実践を通して「社会そのもの」を構成する地点が、本来の意味での「絶対的民主主義」が稼動し始める瞬間だという。

マルチチュードによって運営され、マルチチュードによって組織され、マルチチュードによって指揮される生政治的統一体としての生産的かつ政治的な力の組織化――これこそが、活動状態にある絶対的民主主義である。*3 [410]

こうした力の組織化をネグリは、「〈共〉《コモン》の生産」とも表現しているが、それは、そこで追求される利益が、「国家の管理の下で抽象される一般の利益ではなく、社会的・生政治的生産において協力し合う諸々の特異性が再領有する一般の利益――すなわち官僚の手によってではなく、マルチチュードによって民主的に運営される公共の利益」[Hardt & Negri 2004: 206] であるからにほかならない。マルチチュードによる富のこうした再領有化は、「世界市場の全域にわたる万人に対する平等な市民権」としての〈人間の自己価値化〉、「コミュニケートし、言語を構築し、コミュニケーション・ネットワークをコントロールする権利」としての〈協働〉、ないしは「力の基盤が万人の欲求の表現によって規定される社会の構成」としての〈政治的力能〉といった形をとって自らを表現する [Hardt & Negri 2000: 410]。「労働の構成的権力」とも、「社会的労働者や非物質的労働の組織化」とも称されるそのようなプロセスの進展こそ、「絶対的民主主義と等しい」[ibid.] と、彼は主張するのである。

ところでネグリによると、このような「マルチチュードによる民主主義」の可能性を圧殺するものが〈主権〉、あるいは主権の独占的執行機関としての〈国家〉にほかならない。

主権は、いかなる形態であれ不可避的に、権力を一者による支配として措定し、完全な絶対的民主主義の可能性を土台から掘り崩していく。今日、民主主義の企ては、あらゆる現存する主権形態——それらは、民主主義を確立するための前提条件に過ぎない——に対して、異議申し立てをしなければならない。〔Hardt & Negri 2004: 353〕

ネグリは、とりわけ今日のマルチチュードは、グローバルな水準で、「主権と権威を必ずや破壊する」という使命を負っていると訴える〔ibid.〕。その闘争の地平では、「下からの〈共〉《コモン》の創造」という目的が優先すべきであるがゆえに、「産業、サービス、財の国家による管理を伴う〈公〉への回帰」は、「禁じ手」としなければならない〔303〕。この闘いにおいては、漸進的な改良主義など、「不可能であるばかりでなく、退屈であり、邪悪であり、単調な繰り返しであり、残酷」〔235〕ですらある。一言で言えば、「国家はもはや、イロニーをもってしても擁護することはできない」〔ibid.〕のである。

言うまでもなく、国家全般に対し、ラディカルにこうした否定的評価を下す発想は、ネグリ自身が属するマルクス主義の伝統に立脚するものである。よく知られているようにマルクスとエンゲルスは、『ドイツ・イデオロギー』の中で、例えば国家を次のように規定していた。

国家は、支配階級に属する諸個人が自分たちの共通の諸利害を貫徹する形態、そしてある時代の市民社会の全体が総括される形態であるから、その帰結として、一切の共通の制度は、国家によって媒介されて一つの政治的形態をとることになる。そこから、まるで法律が意志に、しかも、その現実的な土台から切り離された意志、つまり自由意志に基づくかのような幻想が生じてくる。

［Marx & Engels 1953 (1926): 49］

つまり、成員の自由意志によって維持されているかのように偽装されている国家は、そのイデオロギー的な仮面を剝がしてしまえば、単に少数の支配的階級層による階級支配の道具に過ぎないという認識である。もっとシンプルに定式化するなら、『反デューリング論』においてエンゲルスが述べたように、「近代国家とは、資本主義的生産様式の一般的な外的諸条件を、労働者や、また個々の資本家の侵害から守って維持する必要から、ブルジョワ社会が自分のために作り出した組織に過ぎない」［Engels 1953 (1878): 345］のである。これらの規定を踏まえつつネグリは、国家の機能を、「闘争状態にある二つの階級の勢力位置から生じる、ますます敵対的になっていく矛盾に満ちた関係性を調整する点」［Hardt & Negri, 1994: 154］に、あるいは、「継続的な統合と必然的な排除とを実行しつつ、市民社会が提示する欲求の体系を〈濾過〉し、〈事前処置〉をする点」［157］にあるとみなしている。したがってこの立場からすると、国家はもっぱら、「資本の集合的代表者、社会的資本の自動的関係の代理人、言葉の完璧な意味におけるブルジョワジーの党」［154］に過ぎないことになる。それゆえネグリは、近代国家は、「それがいかなる形態をとるにせよ、本質的に資本家の機械であり、資本家たちの国家であり、観念上の総資本家である」［Engels 1953 (1878): 345］というマルクス主義の根本規定を、完全に承認するのである［Hardt & Negri 1994: 145］。

かくして、「総資本家としての国家は、搾取の管理者であり計画者」〔175〕にほかならない以上、「資本主義的権力の代表であり精髄としての国家の破壊」こそが「労働者の目的」〔171〕であると主張されるのは、マルクス主義の伝統に則すれば、全く不思議ではない。エンゲルスは次のように国家の死を宣言する。

国家がついに事実上、全社会の代表者となる時、そのことによって、国家は自分自身を余分なものにしてしまう。抑圧しておかなければならない社会階級がもはや存在しなくなるその瞬間から、そして、階級支配や、これまでのような生産の無政府状態に基づく個人間の生存競争がなくなり、そこから生じていた衝突や暴力沙汰も取り除かれたその瞬間から、特別な抑圧力としての国家を必要とするような抑圧すべき対象は、もはや何もなくなる。国家が本当に全社会の代表者として現れる際の最初の行為——すなわち社会の名において生産手段を掌握すること——は、同時に、国家が国家として行う最後の自主的行為でもある。社会関係への国家権力の干渉は、一つの領域から他の領域へと次々に余計なものとなっていき、やがてひとりでに眠り込んでいく。人に対する支配に代わって、物の管理と生産過程の指揮とが現れる。国家は「廃止される」のではない。それは徐々に死滅する（absterben）のである。[*4]〔Engels 1953 (1878): 347-348〔強調はエンゲルス〕〕

この有名なテーゼを受け取りつつ、ネグリは訴える。「「すべての革命は国家を破壊するのではなく、単に国家を完成させただけだった」と百五十年前にマルクスを嘆かせたのと同じことを、もはやこれ以上繰り返してはならない」、「国民国家は、自らの矛盾を包摂することも昇華させることもできない、ただ単に打倒すべき政治形態である」［Hardt & Negri 2000: 49; 349］、と。

こうした主張の是非はともかく、このような文脈に置かれた場合、もはやマルチチュードという概念が、スピノザの用法以上のものに変貌していってしまうのは避けられない。「マルチチュードとは階級概念」［Hardt & Negri, 2004: 103］であり、「階級は階級闘争によって規定される」［104］からには、次のような共産主義の基本原則が、国家の死滅という目標へ向けて、「マルチチュードによる闘争」として貫徹されなければならない、とネグリは言う。

> 階級闘争は国民国家をその死滅へと推し進め、それによって国家が設けた障壁を超えて進みつつ、〈帝国〉の構成を分析と抗争の場として提示する。もはやそうした障壁など消滅した現在、闘争の状況は完全に開かれたものになる。資本と労働とは直接的に敵対的な形態で対立していく――これこそ、共産主義のあらゆる政治理論における根本条件にほかならない。［Hardt & Negri 2000: 237］

このようにしてマルチチュードは、国家の死滅という目標に向けた「階級闘争の主体」と再規定されていくのである。

ところで、ネグリの描くような共産主義の目指す地点は、いわば「生産的協働の回路が、総体としての労働力を、統治の場で自己構成することができるようにする」〔350〕ことであり、それは、先に見たように「全員による全員の統治としての絶対的民主主義」にほかならないが、興味深いことにそこには――明白な語義矛盾になることを恐れずにあえて言うなら――「集団化されたニーチェ主義」とも言うべき思想が見てとれる。すなわち、人間は総体として、集団的に〈強者〉――ニーチェ的な意味での、自らの内在的な力のみに依拠した自己肯定・自己決定をなし得る能力を有する能動的存在――となることが可能なはずであるか、または、他者を頼みにしないそうした〈強者〉に変貌しなければならない、という発想である。

社会の上に単一の主権主体が君臨するという超越的モデルとは対照的に、生政治的な社会組織が絶対的内在として出現してくる。そこではすべての諸要素が、同一平面上で相互作用を行う。このような内在的モデルにおいては――言い換えれば、上から社会に対して秩序を押しつけてくる外的権威のないところでは――社会に存在する様々な諸要素は、協働し合って、自らの手で社会を組織していくことが可能となる。〔Hardt & Negri 2004: 337〕

諸々の主体が、外的命令を必要とせずに富、知、協働の自律的生産者となる時、それらが生産そのものや社会的再生産を組織する時、諸々の主体自身の力にとって外的な、すべてを包含する主権権力が存在すべき理由など何もない。諸々の主体の構築を妨げたり、新しい諸主体の構成的権力の意味を指示したりするものが存在すべき理由などないのだ。こうした状況においては、マルチチュードの生を組織する制度的過程は、マルチチュード自身の生に内在するものでしかあり得ない。［312］

つまりここで主体としてのマルチチュードは、一切の外的指令の必要なしに、自律的に自らを組織化する力能を持つことが、ほとんど楽観的なまでに期待されて――あるいは予期されて――いる。[*5] こうした強者としてのマルチチュードの力能は、ネグリによると、マルクスの「生きた労働」とも同一視されているが、それは「一切の法と規範を食い破る」ものとして把握されなければならない。

生きた労働は立憲主義に悲劇的なジレンマを突きつける。一方で生きた労働は、社会の構成的権力である。それは、創造的で活力に満ちた場、価値と規範のダイナミックな製造所として立ち現れてくる。しかしながら同時に、生きた労働は、いかなる構成された権力に対しても、いかなる固定された構成的秩序〔立憲秩序〕に対しても、批判の矢を放つ。生きた労働は、新たな規範の生産において、自らの進む道に立ちはだかるあらゆる既存の規範をむさぼりながら、社会の死せる構造を揺るがしていく。権利《ライト》＝正しさの源泉である限りにおいて、生きた労働とは、まさにその本質において、法に対する根底的な批判そのものなのである。［221］

さながら「権力への意志」の「群衆版」である。

グローバルな階層秩序のあらゆるレヴェルにおいて、権力の腐敗を示すあらゆる徴候や民主的代表制のあらゆる危機は、民主主義的な「権力への意志」の挑戦を受けている。憤怒と愛によるこの世界こそ、マルチチュードの構成的権力が依拠する現実的基盤にほかならない。［Hardt & Negri 2004: 353］

ここで、今までのことに加えて要請されているのは、マルチチュードの構成過程を導く重要な契機としての「愛」である。ネグリは、「私たちは、近代以前の様々な伝統に共通する、公共的・政治的な愛の概念を回復しなければならない」［351］と訴える。「ほかならぬ愛の概念こそ、私たちがマルチチュードの構成的権力を把握するために不可欠のもの」［ibid.］だからである。彼によれば、愛こそが、マルチチュードを生産的な政治的主体、構成的権力へと形作るのに不可欠の土台であり、「すべての他者たちを結びつける絆」である。

例えばキリスト教とユダヤ教はどちらも愛を、マルチチュードを作り上げる政治的行為とみなしている。ほかでもない、愛は、互いの出会いの拡大や絶え間ない協働が私たちに喜びをもたらすということを意味しているからである。実際のところ、キリスト教的、ユダヤ教的な意味での神の愛には、必然的に形而上学的であるようなものは何もない。人間に対する神の愛と、神への人間の愛とはどちらも、〈共《コモン》〉に基づくマルチチュードの物質的・政治的企てに表現され、具体化されている。私たちは、今日、この物質的・政治的な意味における愛、死と同じほど強烈な愛を復活させなければならない。〔…〕愛は、〈共〉に基づく私たちの政治的企てと新しい社会の構築の基盤となる。この愛がなければ、私たちは無に等しい。[351-352]

コリント書の有名な一節を想起させる句で締めくくりつつこの箇所で語られている、愛に基づく理想社会への訴え。しかしながら、このようなビジョンの提示は、ネグリが他の様々な著作において遂行している弁証法や観念論に対する容赦ない批判と矛盾はしないのか。というのも、次の文に見られるように、「歴史の終局」――世界創造の終了――の展望を示す点で、ネグリの思想は、ヘーゲルに対して回帰的な傾向を示すばかりか、オーソドックスなユダヤ‐キリスト教的あるいはユートピア的色彩を色濃く帯びているかのようにも見えるからである。

確かに〔マルチチュードによる〕再領有と自己組織化が一定の閾に達し、ある現実的な出来事を形成する瞬間が訪れるに違いない。それは、政治的なものが真に肯定される時――すなわち、世界創造が完了する時であり、自己価値化、諸主体の協働的な収斂、プロレタリアによる生産の運営が構成的権力に変貌する時にほかならない。近代的共和政は消滅し、ポストモダンのポッセ〔身体・精神の構成的力能と活動性〕が立ち現れる。この時こそ、いかなる神の国からも区別された強力な地の国の創設の時である。〔Hardt & Negri 2000: 411〕

このような記述からも了解できるように、ネグリはあたかも「絶対的民主主義」の実践の彼方に、「愛による人類の救済と世界史の終焉」の可能性を見ているかのようである。

しかし、ユダヤ‐キリスト教的世界観の底流に流れ続けてきた千年王国待望論とも同型性を持つこうしたビジョンは、果たして、スピノザの彫琢した政治思想、とりわけ彼の国家や民主主義の考え方の延長上にあるものなのだろうか。むしろ、そうした歴史の直線的な展望から限りなく離脱したところに、スピノザの政治思想の真価があるのではなかったか。

2　スピノザの民主主義——自生する共同社会《キウィタス》と法的秩序

率直に言って、スピノザのデモクラシーは、ネグリのそれと、いくつかの点で際立った違いを見せている。本節では、スピノザ最晩年の『政治論』の記述に注目して、その内容を確認していく。[*6]

まず、スピノザにとってデモクラシーとは、さしあたり民主化の運動としてではなく、民主制という統治様式として捉えられていた、という点を確認しておく必要がある。「完全に絶対的な統治権——これを我々は民主的統治権と名付ける（omnino absolutum imperium, quod democraticum appellamus）」[TP11:1]。[*7] スピノザにおいて民主主義《デモクラティア》とは、例えば、権利の平等を求める社会的な異議申し立てのようなものであるというより、「共同社会状態（status civilis）には、民主的・貴族的・君主的の三種がある」[TP3:1] と言われる通り、一つの統治形態ないし政体のあり方なのである。[*8] したがって、スピノザの考える「デモクラシー」は、「自由に向けた人類の進歩」といったような理念的な到達目標ではない。だからこそ、条件さえ変動すれば、「民主制政体は貴族制政体に、貴族制政体が君主制政体に変わってしまう」[TP8:12] 可能性があり得るし、この政体が、持続性や安定性の点で他の政体よりも優れているとも主張されてはいない。実際、「民主制政体ほど長続きのしなかったものもない。民主制政体においてほど反乱の多かったところもない」[TP6:4] というのがスピノザの認識——ルソーも同様の考えだったが——なのだから。

しかし彼は、非民主的な体制の積極的擁護者ではない。スピノザは、「一切の権力をたった一人の人間に移譲するということは、隷属には必要だが平和には必要ない」のであって、「仮に隷属・野蛮・荒廃を平和と名付けられるならば、人間にとって平和ほど惨めなものはない」[ibid.] と主張し、君主政や貴族制の政体より民主制政体を評価する側に、一貫して立っている [ref. TP6:4, 7:5; TTP16:8-11 etc.]。

ここで留意しておくべき点は、スピノザが、政治社会の領野において、隷属の反対の状態を「自由」とは考えていないということである。これはネグリの考えと大きく異なっている。自然状態から脱した人間にとって隷属に対立するものと考えられているのは、スピノザの場合、「平和」(pax)である[TP5:4]。「共同社会状態の目的は、生活の平和と安全とにほかならない」[TP5:2]という主張がそれにあたる。なぜなら、「統治権の諸原因とその自然的な諸基礎」は、共同社会成立以前の状態における他者からの圧迫と恐れの感情(情動)という「人間の共通の本性ないし状態」に求められるのであり[TP1:7]、そうしたネガティヴな条件を克服して人々が恐怖に慄《おの》かない条件を創り出すためには――すなわち「平和」を創り出すためには――、人が、「野蛮人であれ文明人であれ、至るところで互いに関係を結び、何らかの共同社会状態を形成する」[TP1:7]ことこそが、人間の必然的な衝動に基づく営みと言えるからである。

自然状態においては、いかなる人も自己を他者の圧迫から守ることができる間だけ自己の権利のもとにあるのであり、一人だけではすべての人々からの圧迫に対して身を守ることができない。したがって、人間の自然権は、それが単にめいめいの人々の力によって決定され、それらによって保持されている間は無に等しく、現実においてではなく空想の中にしか存在しない。なぜなら、人々はそれを保持するにあたって、何の確実性も持っていないからである。さらに確実なのは、各人は恐れるべき原因を持つことが多ければ多いほどなし得ることが一層少なくなり、その結果、権利を保有することが一層少なくなるということである。さらにつけ加えなければならないのは、人は相互の扶助なしには、生活を支え精神を涵養することがほとんどできない。以上のことから、我々は次のように結論する。人間に固有なものとしての自然権は、人間が共同の権利を持ち、住んだり耕したりできる土地を確保するために一緒になり、自己を守り、あらゆる暴力を退け、そしてすべての人々の判断に合致して生活する場合においてしか考えられない、と。［TP2:15］

このようにスピノザによれば、「権利」は、本性上、「共同的」なものである。したがって、以上のような過程を経て構成された共同社会においては、恣意的な「自由」が称揚されることはない。「各個の共同社会の成員は、自己の権利のもとにではなく共同社会の権利のもとにあり、共同社会のすべての命令を実行するよう義務づけられる。同時に彼は、何が正当で何が不当か、何が公正で何が不公正かを決定するいかなる権利も有しない」［TP3:5］のであり、したがってそこは、「自由な欲望の解放」が礼賛される場ではない。むしろスピノザは、「人間の自由とは、欲望のなすがままに従うことであり、隷属とは、理性に支配されることである」という考えを「誤り」であると断言している［TP2:20］。だが、それならばスピノザは、「非理性的な服従」をも正当化する論理を振りかざしていた強権的なリゴリストなのだろうか。彼はしかし、そうした懸念をきっぱりと退ける。

この点について次のような反論があるかもしれない。他者の判断に全く服することは理性の命令に反するのではないか、それゆえ共同社会状態は理性に矛盾しているのではないか、と。〔…〕

しかしながら、理性は自然に反する何事も教えない以上、諸々の人間が諸感情に従属している限りにおいて、適切な理性は、各々に自己の権利のもとに留まるよう命じることができない。すなわち理性は、そうしたことを不可能であると宣言する。その上、理性の教えは何にもまして平和を求めることを教える。だが平和は、共同社会における共同の法が犯されずに守られる場合にしか達成されない。それゆえ、人間は理性によって導かれれば導かれるほど――言い換えれば人間が自由であればあるほど――、一層確固とした形で共同社会における共同の法を守り、また自らがその成員でもある主権の諸命令を実行することになる。［TP3:6］

各人は――一見逆説的に見えるが――自己の権利のもとにある（sui juris esse）ことを求める限り、遵法的な行為を自発的に行うことを選択する、とスピノザは考えている。その上、一人だけでは決して実現できない利益を共同社会が提供し得る限りにおいて、彼によれば、法に従うことは合理的な選択ですらある。

共同社会状態は、一般的な恐怖を取り除き、一般的な苦悩を緩和するために自然発生的に打ち立てられる。したがって共同社会状態の主たる目的とは、たとえ理性に導かれる人間であっても自然状態のもとでは追求しようとしても無理なことを実現するところにある。それゆえ、もし理性に導かれる人間が理性に反すると知っていることを共同社会の命令によってなさなければならないことがあるとしても、その損害は共同社会状態そのものからもたらされる善より勝ることはない。というのも、二つの悪の中からより小さい悪を選ぶということも理性の一法則なのだから。かくして人間は共同社会の法がするように命じていることをなす限りにおいて、自らの理性が定めることに反して行動しているのではない、と結論づけることができる。［ibid.］

スピノザは、人間がより一層自由であるためには、人間が「必然的に自己自身の存在を維持し、自己の精神をコントロールしなければならない」［TP2:7］と考えていた。というのも「自由とは、徳あるいは完全性のこと」だからであり、自由であると言うことが可能なのは、「人間が人間本性の諸法則に従って活動し、存在する力を有する限りにおいてのみ」だからである［ibid.］。そうした条件下に置かれている以上、自らの活動力を保持する方途を示してくれる理性に服することは、人間にとって自由を獲得するのに不可欠の行為とみなされるのである。[*9]

「国家の法という古典的概念による支配の終焉」［Hardt & Negri 1994: 91］という認識を前提に、「法の至上権という諸条件は消失している」［ibid.］とみなすネグリが解釈するように、「スピノザは、いかなる超越的規範からも解放された絶対的統治、完全に内在的な統治として民主主義を捉えた」［284］と断言することが、スピノザの政治思想の核心を突いたものとは言えない一つの理由はこの点にある。スピノザは、共同社会を、「必要」というより、「必然的」ないし「自然的」に生起するものとして捉え、法的規制による安定性を伴った統治状態を共同社会の要諦とすら考えていたためである。「実に、法こそ共同社会の生命である」［TP10:9］という主張の根拠は、そこに由来する。*10

ではやはり、スピノザは、大衆あるいはマルチチュードとしてしか表現しようのない不定形の運動体に対して、ヘーゲルの言うように「獣のように常に支配され、手懐けられねばならない」ものとして、絶えざる馴致が必要な対象として捉えていたのだろうか［ref. Hardt & Negri 1994: 58; Hegel 1967 (1802-1803): 84-5］。

そうではない。そのことは、スピノザが繰り返し注目している一つの感情の存在によっても明らかである。それは、今までの引用でも繰り返し現れてきた——そして『政治論』の構成全体を特徴づける基調的情動とも言える——「恐れ」（metus）という感情である。この感情は、希望という反対の感情とペアになって、人間を共同社会の形成に向かわせる極めて本質的な契機になる。

人間は、先に述べたように、理性より感情によって導かれる。このことから、群衆-多数性《ムルチチュード》が一緒になってあたかも一つの精神によって導かれようと欲するのは、理性の導きによるものではなく、何らかの共通の感情——すなわち共通の希望や共通の恐怖、あるいは何らかの共通の損害に復讐しようとする欲望——によるものであると結論づけることができる。ところが、誰であれ孤立という状態では、自分を守る力を持たないばかりか生活に必要な物資を得ることもできない。そうである以上、孤立への恐怖という感情はすべての人々に内在している。したがって、次のように結論できる。人間は本性上共同社会状態を欲求し、人間が共同社会状態を完全に解消してし

まうことは断じて不可能である、と。［TP6:1］

人は孤立した状態では決して自己保存を貫徹できないがゆえに、そして先に引用した通り、「各人は恐れるべき原因を持つことが多ければ多いほどなし得ることが一層少なくなり、その結果、権利を保有することが一層少なくなる」がゆえに、強力な内在的な衝動に促されて相互に孤立的な状況を解消しようとする。そうした感情と欲求が、共同社会の形成を必然的に要請していく[*11]。スピノザにおいては、マルクス主義の伝統におけるように、共同社会と国家を同一視した上で、後者をいずれ遠い将来において解消したり廃絶したりすることが可能だとは考えないのである。

この理由は、スピノザが、「国家」ないし共同社会を、改廃可能な機械や装置のようにではなく[*12]、人間の相互的な情動という力学から産出される「効果」と見ているためである。まず、共同社会とマルチチュードとは、感情を伴った諸力によって相互規定の関係にある。何よりも、成員に対する共同社会の力は、道徳的信念や内面化された人倫の意識などではなく、恐怖と尊敬という成員の感情に依存している。「共同社会が自己の権利のもとにあるためには、恐怖と尊敬を抱く諸原因を保持しなければならない」［TP4:4］。それゆえ「成員は、共同社会の力や威嚇を恐れる限りにおいて、あるいは共同社会状態を堅く愛する限りにおいて、自己の権利のもとにはなく、共同社会の権利のもとにある」［TP3:8］ことになる。私たちは共同社会（あるいは「国家」）に、自らの感情によって拘束されているのである。

しかしながら一方で、共同社会のほうも同様に、私たちの「感情」によって拘束されている。「共同社会は自らのために、共同社会の法ではなく自然法に属する諸規則と恐怖と尊敬の念を保つように拘束される」［TP4:5］のである。

人間が、共通の恐怖という理由によって、あるいは共通の損害に復讐しようとする欲望によって共に結託しがちであることは疑いない。そして、共同社会の権利は群衆《ムルチチュード》-多数性の共同の力によって規定されるため、共同社会の力とその権利が、多くの人々を一つに結託させるような理由を与える限りにおいて減少することは明白である。確かに共同社会にも恐れるべきいくつかの事柄が存する。そしてあらゆる成員、あるいは自然状態における人間がそうであるのとまさしく同じように、共同社会も、恐れなければならない理由を持つことが多ければ多いほど、それだけ自己の権利のもとにあることが減少する。［TP3:9］

ここで注目したいのは、右の引用文中にある「共同社会の権利は群衆《ムルチチュード》-多数性の共同の力によって規定される」というスピノザの主張である。共同社会を構成する力はマルチチュードによって規定されており、その力は、先に見たように、一つの自然法則としても捉えることが可能な恐怖と希望という感情であった。そしてスピノザの場合、ホッブズと異なり、「各々の自然権は――事態を正確に考量するなら――共同社会状態の中においても終熄しない」［TP3:3］のであるから、共同社会の消滅と契約の破棄という事態は、法的にではなく、「戦争の権利」(jus belli) という自然権に基づく恐怖ないし憤激の感情によって引き起こされることになる。

しかし、もしこうした法が、同時に共同社会の力を弱めることなしには、すなわち、大多数の成員による共通の恐怖を憤激に変えることなしには破られることができない性質のものである場合には、共同社会は解消し、契約は終結する。かくしてこうした契約は、共同社会の権利によってではなく、戦争の権利によって保たれるのである。それゆえ、統治権の保持者は、自然状態における人間が自己の敵とならないためには自分自身を滅ぼすようなことをしないよう注意しなければならないのと全く同一の理由によって、こうした契約を守るよう拘束される。[TP4:6]

これは恐怖の念を操作して共同社会の運営をすべしということなどではない。「人々を恐れによって支配することしか考えていないような統治権は、悪徳ではないにせよ、徳を備えたものとは言えない」[TP10:8] だけでなく、人間は、「自分が支配されているのでなく、自分の意向や自らの自由意志に従って生きていると思えるような仕方で導かれなくてはならない」[ibid.] ためである。それゆえ、スピノザの考えに従えば、自由への愛や個人的な願い、栄達への希望といった情念を社会維持のメカニズムに組み込むことを通して、共同社会が一定程度の安定性を獲得する必要が生じてくる [ibid.]。したがって、こうした共同社会に対する見方は、共同社会ないし国家を、「人倫的共同体」として捉えるヘーゲル的な発想と異なるばかりではなく、先に指摘したように、一切の国家を廃絶（ないし消滅）すべき対象とみなすマルクス主義の考え方とも、当然ながら違った道筋からのアプローチとなっている。[*13]

このようなスピノザの着想の中心にあるのは、ニーチェ主義とは異なった、「人間の弱さ」に対する醒めた洞察である。[*14] スピノザの『政治論』の前提となっているのは、ここまで繰り返し指摘したように、「次のことは確実な事柄であり、かつ我々は『エティカ』でその真であることを証明している。すなわち、人間は必然的に諸感情に従属するということである」［TP1:5］という見解だが、その点について『エティカ』では、次のように述べられていたのだった――「人間が自然の一部分でないように存在することは不可能であり、自らの本性だけによって理解され得るような、また自分がその十全な原因であるような変化以外のいかなる変化も受けないということは不可能である」［E4P4］と。「人間は必然的に常に受動に隷属し、また自然の共通の秩序に従い、それに服従し、かつ自らをこれに対して自然が要求する限り適応させている」［E4P4C,E4P6 etc.］とも。スピノザは、人間たちが能動的な感情によって満たされることが「常態である」――あるいは未来においてはいずれ「常態になり得る」――とは少しも考えていなかった。したがって、しばしば彼に帰せられて誤解されるような「愛に基づく共同体」などは、スピノザによれば幻想以外の何ものでもない。

宗教が、各々は隣人を自分自身のように愛さなければならない、言い換えれば他人の権利を自己の権利と同じように守らなければならないと教えているのは、よく知られている。しかしこうした確信は、すでに示したように、諸感情に対してほとんど効果を持たない。もっともそれは、病気が感情を征服して人が無力に横たわっている死の床においてとか、人々が人と折衝する必要のない礼拝堂の中などなら、効果がないわけでもなかろう。しかし少なくとも、それが最も必要とされている宮廷とか法廷〔といった政治の現場〕においてはまるで役に立たないのである。我々がすでに示したように、理性は確かに感情を制御したり、調節したりするのに多くのことをなし得る。しかし同時に我々は、理性が教える道が実に峻厳なものであることも見てきた。したがって、普通の人々や公的実務に忙殺されている群衆‐多数者《ムルチチュード》が、ひたすら理性の命令だけに従って生活するよう説得され得ると信じる者は、詩人たちの歌った黄金時代か空想物語を夢見ているのである。〔TP1:5〕

観想された理念的状態や特殊な条件下ではなく、生身の人間が形作る現実の社会では、愛は人々を持続的に結びつける力としては脆弱すぎる。人間の「弱さ」とも「条件」とも言い得るこの事実に対して徹底的に自覚的であること――それを通してしか、理念的空間ではなく様々な政治的力学のせめぎ合う場の中で、人々の生きる力を肯定し、保持し、さらに展開させるような社会的結びつきを構築することはできない、というのがスピノザの変わらぬ確信だった。

それゆえ、その安寧が、ある人間の信義に依存しているような、またその政務が、それに携わる人々の信義ある行動なしには適切に運営され得ないような統治（権）（imperium）は、決して安定性を持たないだろう。それが永続し得るためには対照的に、公的実務は、それに携わる者がたとえ理性によって導かれていようと感情に導かれていようと、信用を裏切ったり、下劣な行為をしたりすることができないように組織されていなければならない。さらに統治（権）の安全にとっては、どんな動機によって人間が公的実務を適切に行うよう導かれるかということはたいして問題ではない。実際に、適切に運営が行われさえすればよいのである。［TP1:6］

スピノザはこのように人々の感情によっては簡単に揺るがない仕組み、すなわち一定のサンクションを伴った制度を構築することの必要性を訴えている。したがって、このすぐ後にスピノザが続ける言葉、「精神の自由や強さは個人としての徳であるが、これに対して統治における徳は安全の中に存する」［TP1:6］は重要である。確かに個人の倫理的な到達点は、『エティカ』において示されているように、人が最も能動的な身体と精神を形作り、「愛」に堅く基づいた生き方をすることであったかもしれない。

しかし、スピノザは、「多数としての人間」（ほかならぬマルチチュード）が織りなす政治の主題はそれとは別のところにあると考えていた。『エティカ』の末尾ではっきりと、「すべて高貴なものは稀であると共に困難である」と述べられていたことからも明らかな通り、スピノザは、集団としての人間の政治的な行動において、すべての人間がこの高貴さに到達し得るとか、ましてそれに到達した状態を前提に政体を構想することが可能であるとかいうような幻想は、一切持っていない。[*15] 別言すれば、現在の政治的・経済的な支配を打破し生産力が十分な水準にまで高まった段階においては、愛に満ちた共産主義的人間がなかば必然的に現れてくる——そして下部構造が変動しない限りその状態は永続する——、というような発想とも、無縁なのである。

一方で、『政治論』全体を通して明らかにされているように、スピノザは、能動的な諸力の展開を妨げない場が整備されればされるほど、人々の能動的な能力は高まっていくという発想も手放さない。ただ、そうした状態を、直線的な歴史軸の延長上にある目的論的なものとも、道徳的な意志や意欲の結果とも考えていないだけである。[*16] メシアニズムやユートピア主義を拒否しつつ、純粋に力学的、あるいは「唯物論的」な自然的必然性の結果として、人間の能動性を確保する政治社会の実現には何が必要か、その「条件」の探究を彼は淡々と行った。

3 「国家」による簒奪ではなく

ネグリによるスピノザの読みは、ある程度、記述に忠実な部分を持っていると同時に、常に挑戦的であるか、多義的な問題を孕んだものとなっている。

スピノザのタームに言い換えるならば、マルチチュードのポテンチア（力能）が、共同社会のポテスタス（権力）に対立させられる。〔Hardt & Negri 1994: 284〕

マルチチュードには、権力に対して原則的にいかなる義務もない。それどころか、マルチチュードおいては、不服従の権利と差異を求める権利のほうがはるかに根本的となる。マルチチュードの構成は、まさしく不服従をめぐる不断の正統的な可能性に基づいているのである。〔Hardt & Negri 2004: 340〕

例えばこうした主張がスピノザの語った文脈から全く離れているかというと、そんなことはないのだから。先にも検討したように、「契約」という概念が破棄される場面では、まさにマルチチュードのこのような力が噴出する事態がスピノザによって描写されているのは確かであり、その限りで、共同社会は確かに「消滅し得る」のである〔ref. TP2:12, 3:3, 4:6 etc.〕。

しかし一方で、スピノザが次のように主張している点も、踏まえておく必要がある。

統治権すなわち最高権力に属する権利は、個々の個人ではなく、あたかも一つの精神によって導かれる群衆《ムルチチュード》‐多数性の力によって規定される自然権そのもの以外の何ものでもない。すなわち、自然状態における個人が自らの所有する力と同じだけの権利を有するのとちょうど同じように、全統治権の身体と精神もまた、自らの所有する力と同じだけの権利を有する。したがって、個々の成員あるいは成員は、共同社会そのものが自分たちより強力であればあるほど、それだけ少なく権利を保持することになる。結果として、個々の成員は、共同社会の共同の決定によって守られること以外のいかなることも権利としてなすことも所有することもできない。[TP3:2]

繰り返し指摘してきたように、スピノザにとってデモクラシーとは、民衆の活動力の展開を永続的に保障する制度的仕組みの構築に関わる問題であって、欲することを欲するままに行うことができる状態を目指していく営みではないからである。ネグリが「権力」というタームを用いつつ最も排除したいと試みている「制限」や「服従」の問題がスピノザの政治学においては不可避のテーマとなるのも、そこに理由がある。

もし共同社会が誰かに対し、その人の意向のままに生活する権利を、したがって力を認めるとしたら、共同社会はそれによって自己の権利を放棄し、それをその力を与えたその人に委譲することになる。あるいはもし共同社会が二人あるいは数人に対してこの力を与え、その各々に自らの意向のままに生活することを許したとすれば、これによって共同社会は統治権を分割したのである。そして最後に、もし共同社会が成員の全員に対してこの力を与えたとすれば、共同社会はこれによって自己を滅ぼし、共同社会であることをやめ、一切は自然状態に戻る。これらすべては、先に述べたことから極めて明白に導き出せる。したがって、共同社会の規定によって成員の各々に自己の意向通り生活することを許すということは、どうしても考えることはできない。結果として、各人を自己の裁判官にさせるこの自然権は共同社会状態の中では必然的に終熄しなければならない。［TP3:3］

もちろんこうした言明の中には、本稿での指摘を超えてさらに追求しなければならない、「インペリウム――統治あるいは統治権――とは何か」という重大な問題が、ほとんど丸ごと残されている。したがってマルクス主義の立場に立つ人々の中には、この点を捉えて、「十七世紀のスピノザは、発達した資本主義社会において、国家が搾取の残酷な代理人として、民衆の力の抑圧者として、社会的葛藤の調停者として非条理に振る舞うことを予見していなかったのだから、その国家理論は使い物にならず、せいぜい古典としての価値しかない」という評価をする者もいるかもしれない。なるほど、そういう側面もあるに違いない。

しかし、スピノザが繰り返し指摘するように、人間が、いかなる状況に置かれようと、ホッブズとは全く異なる意味で、否応なく共同社会を要請してしまうという必然性を、そしてそこには法的契機が必ず伴うということを十分に理解しなければ、「国家」や「民主主義」という制度がはらむ極めて深刻な問題に対し批判的な思考を進める際にも、まして国家の消滅や廃絶を主張するようなケースではなおさら、議論の前提条件となるポイントを見落としてしまうことになりかねない。

例えば、次のような問いは立てられないのだろうか——共同社会《キウィタス》を本性上構成せざるを得ないという私たちの必然的な特性に寄生し、そこから養分を得つつ、「共同社会」とは似て非なる「国家」が、どの地点からその機能を簒奪し、それに対する過剰な統治性として「何をしてきた」のか、あるいは「何をしようとしている」のか（資本市場の調整役か、搾取や戦争の正当化を資本の保護者として行うことか、効果的な労働力の供出母体としての生産的役割か……）といった問い。[*17] あるいは、わたしたちの〈生〉の可能性を圧殺するファシズムや管理社会の方向に向けてひとつの社会が凝固したり、逆に、差異と非決定性が一定の閾値を超えて拡張するあまり、不安に駆られた人々がより専制的な制度の導入を求めてしまったりするといった事態を回避するために、既存の「国家形態」に代わる——しかし「愛」には依拠しない——新しい共同社会システムは構築し得ないのかという問い……等々。

もしこうした問いがまだ開かれたままのものであるならば、スピノザという多義的なテクストに対して行ったネグリの解釈の生産性を活かしていくためにも、スピノザの洞察していた地点を踏まえつつ、そこから、ネグリの構想とは異なった、あるいはそれをさらに強く豊かなものにするための展望を探り出していく努力も、様々な形で追求されていってよい。

それがおそらく、ネグリが今日の社会に放った「スピノザという爆雷」の衝撃に曝されつつ、思考を多様な形で触発させ、延べ広げていく営みの一つであることは、彼も否定しないはずである。

注

＊1　〔本書刊行時補筆〕本稿の発表後に、ネグリとハートによる〈帝国〉三部作の最終刊となる『コモンウェルス』（二〇〇九）、および『宣言』（二〇一二）〔邦訳は『叛逆』、版元は共にNHK出版〕、さらにAssembly (2019) が刊行されている。そこでは、本稿で提起した問題点に対して一定範囲で応答がなされていると考えることもできなくはない（例えば、『コモンウェルス』最終章における革命の「管理」や「ガバナンス」をめぐる議論や『宣言』におけるさ様々な具体的提案、あるいはAssemblyにおける新しいリーダーシップのアイディアなど）。仮にそれらの側面を積極的に捉えようとする立場をとるならば、本稿を少なくとも部分的には書き直す必要性も出てくるだろう。しかしながら一方で、彼らの思想とスピノザの思想との差異に関する部分に関しては、問題点の指摘としての意義はなくなっていないという見解や、それらの応答では不十分であるという立場もあるに違いない。それらの事情に鑑み、新たな文献を追加して加筆したりはしないという本書の編集方針に従って、ここでは当初の形で収録する。読む際には、以上のような制限を意識して頂ければ幸いである。

＊2　ハートの思想とネグリの思想は、本来は、峻別されなければならない性格を持っている。しかしながら本稿では、ハートと連名の著作に関してもネグリのみを指示して論を進める。

＊3　ネグリは、スピノザの『政治論』における「絶対的」という用語の意味を、「量的規定」（全群衆による統治）および「質的規定」（最も望ましい統治形態）のみならず、「政治的規定」が可能であるとし、この三番目の意味においては、民主制とは、「そこにおいて集団的な力能と徳が限界なく表現可能となる最高の統治形態」――というより、「運動」または「生成変化」――であるとの認識が込められているという［Negri 1994: 141-142, 150-151］。

＊4　エンゲルスのこの規定を仮にそのまま承認したとしても、少なくともここで彼が、国家死滅後の共産主義社会の段階において、人に対する支配に代わって「物の管理（Verwaltung）と生産過程に関する指揮〔支配・先導〕（Leitung）」が存在する点を明白に認識していたことは確認できる。そしてまさにそのプロセスが、ほかならぬ新たな「人に対

する人の統制」という事態を生み出してしまう可能性あるいは必然性について（ヴェーバーの言う、「官僚制」という合法的支配類型の肥大化の問題も含め）、彼やマルクスがどれほどの危機意識を持って思考し得ていたか、その点は、今日でも依然として問い直され続けなければならない問題であるはずである。

＊5　「国家が存在するあいだは、自由はない。自由がある時には、国家は存在しないだろう」という有名なテーゼを掲げたレーニンが『国家と革命』で述べているのも、基本的にこの事態である。

資本主義的奴隷制から解放された人間、資本主義的搾取の数限りない恐ろしさ、野蛮、不合理、醜さから解放された人間は、何世紀ものあいだよく知られ、何千年というもの幾多の格言の中で繰り返されてきた、共同生活の基礎的な規則を守る習慣を、暴力がなくても、強制がなくても、隷属関係がなくても、国家とよばれる特殊な強制機関がなくても、徐々に身につけてゆくことだろう。［Lenin 1953 (1917): 226］

ネグリと異なるのは、この記述の直前に述べられているように、こうした事態が、望ましい民主主義の達成の暁ではなく、「民主主義の死滅」［ibid.］の後にのみ実現されるとしている点である。それは、レーニンが、「民主主義とは、多数者への少数者の服従を認める国家、すなわち一階級が他の階級に対して、住民の一部が他の一部住民に対して系統的に暴力を行使する組織である」［220］と認識していたためである。レーニンによれば、プロレタリアート独裁の段階における「民主主義」は、そうであるがゆえに肯定され（搾取される者による搾取する者への抑圧として）、同じ理由により、やがて消滅という形で止揚される（抑圧すべき者がいずれ誰もいなくなるがゆえに）。

＊6　『神学・政治論』と『政治論』の民主主義や契約、国家ないし共同社会の扱いには、微妙だが大きな差異があることは、非常に多くの研究者が認めている。ここでは主題としては扱わないが、本稿でも、『政治論』においてスピノザが、『神学・政治論』の限界を乗り越えた新しい理論的展望を切り開いたという点を重視した立場から論を

進める［ref. Matheron1990; Lazzeri1998; Balibar1985 etc.］。

＊7　**imperium** は、その本義としては、絶対的な意味で分割され得ない至上の権利（すなわち主権）、包括的な命令権あるいはその権限全体を意味するが、本稿での訳語は、「統治権」または「統治（権）」とした。

＊8　**status naturalis**（自然状態）と対になって用いられる **status civilis** を本稿では「共同社会状態」とした。これは本稿でこのあと頻出する **civitas** の訳語と相関する暫定的な表現である。その理由を以下に記す。

「市民」や「文明」の語源でもある **civitas** は、一般に「都市」または「国家」と訳されることが多い。もちろん **civitas** を、古代ローマ国家そのものやその地方行政区、あるいは司教座所在地といった中世までの字義通りの意味で捉えるだけでは、この言葉に含まれている、今日に至るまで論議の続くスピノザの政治思想の射程を無視することになる。といって、多くの邦訳に従って「国家」としてしまうと、今度は近代以降の「国民国家」を連想する誘惑を避けられず、こちらの場合の弊害は、より深刻である。この語には、「人々が協力し合って集住している状態」という意味もあるので、「共同体」と訳すこともできる。しかし十分注意すべき点は、帝政ローマに起源を持つ **civitas** は、法および何らかのサンクションを大なり小なり強制する機構を備えた社会という含意を常に帯びているという点である。その意味では「法的共同体」とでもすれば意味内容をある程度伝えることが可能だが、今度は、「共同体」という訳語が、「外部」の他者と「内部」の者とを峻別するかのような排他的なニュアンスを喚起しやすく、これもスピノザの政治論のポテンシャルを捉え損なうことになってしまう。これらの諸点を考慮し、十分に適訳かどうかという問題は留保しつつ、本稿では暫定的に「共同社会」という訳語を採用する。

＊9　誤解してはならないが、こうした社会的領野におけるスピノザの理性を、ルソー的な一般意志や義務論的なものと同一視することはできない。「集合知性《コレクティヴ・インテリジェンス》」の合理性を驚くほど楽観視するネグリ［ref. Hardt & Negri 2000: 364-367, 2004: 91-93 etc.］とは異なり、D・アイルが述べるように、「スピノザは、集団的理性という考えを持っていない。彼にはせいぜい、理性に合致する社会的活動があるという考えしかない」［Den Uyl 1983: 166］というのが

適切な解釈であって、スピノザにとって「〈集団的〉決定とは、〈一般意志〉の産出では断じてなく、個的活動の複雑なネットワークの結果」に過ぎないし、『政治論』第一章一節にある通り、彼が「当為」に立脚しない政治の学を構想していた以上、「スピノザの政治学において、義務論的な意味での義務の存在する余地は全くない」[166-167]のである。

*10　ミュニエ=ポレも『スピノザの政治哲学』の中で、「理性は感情に対して無力である」というスピノザの根本テーゼ［E4P14］を踏まえつつ、「理性は人々を、直接的に共同社会の中で支配することはできない。むしろ合理的なものを表現しつつ、諸々の情念を緩和させることのできる法という媒介によって、もっぱら間接的に導くことができるのみである。〔スピノザにとって〕デモクラシーとは、元来、法の規定によって構成されるものなのである」［Mugnier-Pollet, 1976: 239］と述べている。この見解は、スピノザにおける民主主義の実現にとって、理性を補うものとして法が不可欠である点を指摘している点で、「法の消滅」の可能性をスピノザに読み込もうとするネグリとは対照的である。

*11　この社会的感情の力学をめぐり、『神学・政治論』から『政治論』に向けて、スピノザの力点が、前者では、自然状態において人々が「散漫な形」で希望と恐怖とを経験しているのに対し、『政治論』においては、それらの感情が、「互いに被る損害から生まれた共通の感情への応答を通して生成したマルチチュード」の「唯一の力」を対象としたものへと変化している点にマトゥロンは注意を促している［Matheron 1990: 265］。

*12　アルチュセールが、国家のイデオロギー装置について論じたことは広く知られているが、彼が国家を「装置」(appareil)と表現した時点で、それを操作・改廃可能な「もの」として、いわば国家を「物象化《フェアザッハリッヒュング》」して捉えていた可能性——彼の強調するのは、「国家とは、一つの抑圧《機械》である」(L'Etat est une «machine» de répression)［Althusser 1995: 101］という点である——が見てとれる点に、もっと注意が払われてよい(もっともこうした表現は、エンゲルスやレーニンの著作にも繰り返し現れるのであって、アルチュセールも言うように、「マ

ルクス主義の数々の古典が示してきた伝統的な見解」でもある)。こうしたマルクス主義的伝統の内部における「道具的な国家観」のもたらす実践上の諸問題については、ホロウェイの指摘［Holloway 2005: 11-18］等も参照。

＊13 アルチュセールの有力な弟子としてマルクス主義的な立場からスピノザを解釈しているといっても、バリバールの場合、ネグリと議論の仕方が異なっている。彼は、「スピノザの『政治論』の遺産とは〈民主主義の理論〉ではなく、あらゆる体制に当てはまる〈民主主義化〉(democratization) の理論である」［ibid.］として、一見ネグリの議論と重なるような論点も提示する。しかし彼は、ネグリ以降の多くの読者が、スピノザの言う「絶対的な統治権」を「最大限の自由と平等と最大限の安全との結合」と捉え、『神学・政治論』から『政治論』へのスピノザの歩みを、「自由の哲学から社会的身体の哲学へ」、「〈権利〉に基づく共同社会から〈力〉に基づく共同社会へ」という道筋で解釈してきたことを、「しかし、スピノザの観点からすると、こうした区別は馬鹿げている。これは正しい解釈ではあり得ない」［Balibar 1998: 117］と断ずる。バリバールによると、「スピノザのデモクラシー概念における最も本質的な要素は、コミュニケーションの自由である」という［121］。そこでは、マルチチュードが、より多様性に向かって開かれていくことによって、事実上、国家において統治の権利を保持する者の範囲が「拡張」していくことこそ「絶対統治」の内実となる［ibid.］。

諸々の制度は、実在するあらゆる観点の組み合わせを適切に考慮した決定を下すことができるよう、可能な限り大きな規模で意見を多様化する条件を整えていく必要がある。〔…〕マルチチュードは、自分自身を十全に知るようになればなるほど、すなわち自らを構成している多様な特異性を認識するようになればなるほど、自分自身を恐れなくなるだろう。逆もまた真である。［121-122］

マルチチュードと国家との関係性を、マルチチュード自身が他者と自らを理解する終わりなき過程に依存させるこの問題設定は、ネグリの方向性とは位相が違うものである。

＊14　確かにニーチェにとって「国家」とは人間の「弱さ」の産物である。彼の国家に関する考えは様々な断片から窺えるが、とりわけ『ツァラトゥストラ』の「新たな偶像について」と題された節［Nietzsche 1998: 1-11］の記述が印象深い。そこで彼は、「すべての人間たちの緩慢な自殺が〈生〉と呼ばれるところ、それが国家だ」とした上で、次のように記している。

国家が終わるところ、そこに初めて人間が始まる。断じて不必要ではない人間が。そこに、必然的なる者たちの旋律、ただ一回的な、かけがえのない旋律が始まるのだ。

国家が終わるところ、――さあ、そちらを見るがよい、わが兄弟たちよ！あなたがたにはあれが見えないか、虹が、超人への橋の数々が？［Nietzsche 1988 (1883-1885): 63-64］

ヘーゲル主義的な有機的な国家論への嫌悪もあらわに、「ひとりの人間が国家への奉仕としてなすことはすべて、人間の本性に反している。――同様に、ひとりの人間が国家での将来の奉仕に向けて修得するものはすべて人間の本性に反している」［Nietzsche 1999: 658］とも語っていたニーチェにとって、国家がいかなる意味でも正当化の対象とはならないのは当然としても、彼の主張には、やはり、そうした国家の消滅後に残るのは「超人」ないし「強者」のみで構成される人間たちであるという見通しが透け見える。

＊15　その意味で、ホロウェイが、ネグリの理論に否定や媒介を知らない純粋な強い主体性の復活の危うさを見ているのは［Holloway 2005: 155-175］、ある程度まで妥当と言える。しかし、ホロウェイがその主張を、かつてアドルノが『否定弁証法』において、「叡智的性格を、あらゆる衝動を理性的にコントロールする強い自我と考えた」思想家とし

てカントやスピノザらを一緒くたにして批判したこと［Adorno 1973 (1947): 289］を援用しつつ、補強しているのは［Holloway 2005: 255］、端的に、不的確であると言わざるを得ない。

というのもそうした主張は、これまで見てきたように、スピノザが、とりわけその政治学においては、理性的な主体（「強い自我」）の優位という〈神話〉を一貫して退けているという事実を無視しているからである（この点については、A・マトゥロンの一連のスピノザ研究を参照のこと）。ネグリのスピノザ解釈の弱点は、むしろスピノザのこの側面を考慮しない点にこそあり、それが、「法」に対する過小評価という彼の姿勢につながっている。

ちなみに、マルクスですらそこから自由ではなかったこうした「理性の優越」という解釈的伝統をホロウェイは無批判に継承している。その結果、彼は、否定の力と弁証法とを復権し、「叫び」を起点にした「疎外からの解放」を訴えるという、オーソドックスな実存主義的マルクス主義を彷彿とさせるテーゼを掲げてネグリの革命論を批判する際、その主張の根幹部において「自己決定」に最大の重きを置かざるを得ず、皮肉にも、自らが批判したネグリの立場と似たような袋小路に嵌ってしまう。

我々の強さ（社会的自己決定へと向かう我々の衝動の強さ）は、直接的に、資本の弱さ（我々の衝動に対する否定の弱さ）である。革命の問い、我々がいかにして反乱から革命へと前進するのかをめぐる問いとは、極めて単純なものである。すなわち、「社会的自己決定へと向かう我々の衝動を、いかにして強力にするか」ということである。［Holloway 2004: 221〔強調・括弧はホロウェイ〕］

言うまでもなくここで彼は、「強い主体（たち）」を社会的地平において再召喚している。ホロウェイが、「国家は自己決定と両立不能である。〔…〕国家とは代行の決定プロセスだからである」［232］と断定する時（同じ批判はネグリも行っているのだが）、彼やネグリらが「誤って」いるのではない。むしろ、絶えざる自己決定を強いる圧力を弱めること、あるいは、何らかの法や秩序に類するものを打ち立てることによって自己決定の不安定性を回避すること――こうしたベクトルに向かう傾向性が、唯物論的観点から見ても人間の所与の条件であると言えるのではないかという理論的可能性（私たちの衝動や感情は幻想ではなく物質的現実にほかならない）を考察する手前で分析が立ち止まってしまう点が、理論的に「不十分」なのである。

＊16　この点は、共同社会の状態に関するドゥルーズの議論と比較してみると一層明白である。ドゥルーズは、進化論的な時間の観点とも調和を先取りした目的論的な視点とも無縁の立場から――すなわちスピノザの立場にもっぱら忠実に――、「共同社会は理性的共同体では断じてない」のであり、共同社会は理性を「模倣」し「準備」するだけである、と指摘している［Deleuze 1968: 244-247］。この箇所で彼は、「理性的共同体」が将来的に設立され得る可能性を――スピノザと共に――いささかも自明視していない。これにもし補足すべき点があるとしたら、「共同社会の設立と営為が必然／必要ならば、現時点で私たちの属する「この国家」の存立と営為も必然／必要なのだ」という、何重もの誤謬を含んだ推論に陥る愚を私たちが犯さないことである。

＊17　例えばこの視点からすると、フーコーの、「結局のところ、国家はおそらく複合的な現実性に過ぎず、神秘化された抽象でしかなく、その重要性は私たちが信じているよりも、ずっと少ない」［Foucault 1994: 656］という論議を呼んだ定式が、国家権力の重大性を軽んじたものなどでは些かもないことが了解できる。その直後で彼が、「おそらく私たちの近代性にとって、つまり私たちの現在性にとって重要なのは、社会の国家化ではなく、私が国家の〈統治化〉(gouvernementalisation) と呼ぶものである」と述べていることからも明らかなように、フーコーは国家を、解きほぐし難く絡み合った権力関係から析出される効果として捉えようとしている。この観点は、国家の消滅を求める立場への批判にもなっていると同時に、共同性の産出構造の必然性とその簒奪メカニズムの分析――周知のようにフーコーにとって権力は、「支配」というより、至るところで「産出」されるものである――へと向けられている点で、スピノザの立脚していた所と地平を共有している。

文献

Adorno, Theodor W., 1973 (1947), *Negative Dialektik, Gesammelte Schriften*, Bd.6, Frankfurt a.M.: Suhrkamp.〔『否定弁証法』木田元・徳永恂・渡部祐邦・三島憲一・須田朗・宮武昭訳、作品社、一九九六年〕

Althusser, Louis., 1995, *Sur la reproduction*, Paris: Presses Universitaires de France.〔『再生産について――イデオロギーと国家のイデオロギー諸装置』西川長夫他訳、平凡社、二〇〇五年〕

Balibar, Étienne., 1985, *Spinoza et la politique*, Paris: Presses Universitaires de France.

――., 1998, *Spinoza and Politics*, London: Verso.〔tr. & aug. ch.5: "Politics and Communication"〕

Deleuze, Gilles., 1968, *Spinoza et le problème de l'expression*, Paris: Les Éditions de Minuit.〔『スピノザと表現の問題』工藤喜作・小柴康子・小谷晴勇訳、法政大学出版局、一九九一年〕

Den Uyl, Douglas J., 1983, *Power, State and Freedom: An Interpretation of Spinoza's Political Philosophy*, Assen: Van Gorcum.

Engels, Friedrich., 1953 (1878), *Herrn Eugen Dührings Umwälzung der Wissenschaft [Anti-Dühring]*, Berlin: Dietz.〔『反デューリング論――オイゲン・デューリング氏の科学の変革（上・下）』粟田賢三訳、岩波書店、一九五二・六六年〕

Foucault, Michel., 1994, "La «gouvernementalité»" in *Dits et écrits, III*, Paris: Gallimard.〔「統治性」石田英敬訳『ミシェル・フーコー思考集成Ⅶ』筑摩書房、二〇〇〇年〕

Hardt, Michael. & Negri, Antonio., 1994. *Labor of Dionysus: A Critique of the State-Form*, Minneapolis: University of Minnesota Press.〔『ディオニュソスの労働――国家形態批判』長原豊・崎山政毅・酒井隆史訳、人文書院、二〇〇八年〕

――., 2000, *Empire*, Massachusetts: Harvard University Press.〔『〈帝国〉――グローバル化の世界秩序とマルチチュードの可能性』水嶋一憲・酒井隆史・浜邦彦・吉田俊実訳、以文社、二〇〇三年〕

――., 2004, *Multitude: War and Democracy in the Age of Empire*, New York: The Penguin Press.〔『マルチチュード――〈帝国〉

時代の戦争と民主主義』幾島幸子訳、水嶋一憲・市田良彦監修、日本放送出版協会、二〇〇五年〕

Hegel, Georg.W.F.,1967 (1802-1803), *System der Sittlichkeit*, hrsg.von Georg Lasson, Philosophische Bibliothek, Hamburg: Felix Meiner.〔『人倫の体系』上妻精訳、以文社、一九九六年〕

Holloway, John., 2005, *Change the World without Taking Power*, 2nd.ed., London: Pluto Press.〔『権力を取らずに世界を変える』大窪一志・四茂野修訳、同時代社、二〇〇九年〕

Lazzeri, Christian., 1998, *Droit, pouvoir et liberté: Spinoza critique de Hobbes*, Paris: Presses Universitaires de France.

Lenin, Vladimir Ilyich., 1953 (1917), *Staat und Revolution, Ausgewählte Werke*, Bd.2, Berlin: Dietz［org. *Государство и революция*］〔『国家と革命』宇高基輔訳、岩波書店、一九五五年〕

Marx, Karl. & Engels, Friedrich., 1953 (1926), *Die deutsche Ideologie*, Berlin: Dietz.〔『ドイツ・イデオロギー』古在由重訳、岩波書店、二〇〇五年〕

Matheron, Alexandre., 1990, "Le problème de l'évolution de Spinoza du Traité théologico-politique au Traité politique" in *Spinoza issues and directions*, eds. E.Curley, P-F.Moreau, Leyden: E.J.Brill.

Mugnier-Pollet, Lucian., 1976, *La philosophie politique de Spinoza*, Paris, Vrin.

Negri, Antonio., 1985, "Reliquia Desiderantur: Congettura per una definizione del concetto di democrazia nell'ultimo Spinoza" in *Studia Spinozana* Vol.1, Hannover: Walther&Walther.〔「以下ヲ欠ク――スピノザ最晩年の民主制政体概念の定義を推察する」小林満・丹生谷貴志訳『現代思想』一五巻一〇号、青土社、一九八七年〕

――., 1994, "*Démocratie et éternité*" in *Spinoza: puissance et ontologie*, Paris: Éditions KIMÉ.〔「民主制と永遠性」水嶋一憲訳、『現代思想・総特集スピノザ』二五巻一四号、青土社、一九九六年〕

――., 1997, *Le pouvoir constituant. Essai sur les alternatives de la modernité*, Paris: Presses Universitaires de France.〔『構成的権力――近代のオルタナティブ』杉村昌昭・斉藤悦則訳、松籟社、一九九九年〕

——, 1998a (1979), *Marx outre Marx*, Rome: Manifestolibli.〔『マルクスを超えるマルクス』小倉利丸・清水和巳他訳、作品社、二〇〇三年〕

——, 1998b, *Exil*, Paris: Éditions Mille et une nuits.〔『未来への帰還——ポスト資本主義への道』杉村昌昭訳、インパクト出版会、一九九九年〕

——, 1998c (1981), *L'anomalia selvaggia: Saggio su potere e potenza in Baruch Spinoza*, Milano: Feltrinelli. (compiled in Spinoza, Roma, Derive Approdi, 1998.)〔『野生のアノマリ——スピノザにおける力能と権力』杉村昌昭・信友健志訳、作品社、二〇〇八年〕

——, 2006, *Fabrique de porcelaine: Pour une nouvelle grammaire du politique*, Paris: Éditions Stock.〔『さらば、〝近代民主主義〟——政治概念のポスト近代革命』杉村昌昭訳、作品社、二〇〇八年〕

Nietzsche, Friedrich., 1988 (1883-1885), *Also Sprach Zarathustra*, kritische studienausgabe 4, München: Gruyter.〔『ツァラトゥストラはこう言った（上・下）』『ニーチェ全集12・13』氷上英廣訳、岩波書店、一九六七年〕

——, 1999, "Aus dem Nachlaß der Achtzigerjahre" in *Werke*, Bd.3, hrsg. von Karl Schlechta, München: Hanser.〔『権力への意志（上・下）』原佑訳、筑摩書房、一九九三年〕

Rousseau, Jean-Jacques., 1964 (1762), *Du Contrat social*, Paris: Gallimard.〔『社会契約論』桑原武夫・前川貞次郎訳、岩波書店、一九五四年〕

Thucydides, 1962, *History of the Peloponnesian War*, Cambridge, Massachusetts: Harvard University Press.〔『戦史（上・中・下）』久保正彰訳、岩波書店、一九六六・六七年〕

第5章　〈バーリン〉

「二つの自由」の彼方

「何かが付け加えられるか、さもなければ変更されなければならない」――最晩年のバーリンは、スピノザの哲学についてこう述べた。あまり知られていない論考、「デイヴィッド・ウエストへの返答」の末尾である［Berlin 1993: 298］。

何をめぐってそう言われているかは後に見るが、著名なイギリスの政治哲学者、政治思想史家であるバーリンは、周知のように「積極的自由」（positive liberty）と「消極的自由」（negative liberty）の区別を主張し、後者の価値を断固として擁護した。この議論は後の政治思想研究に一方ならぬ影響を与えたが、そのバーリンにとってスピノザは、彼が批判する積極的自由——次節で検討するが、簡約すると自律的ないし合理的自由——の基盤となる啓蒙および合理主義の礎を築いた存在である。

> 音楽や数学に当てはまることは、原則的には、自由な自己展開を妨げる多くの外的要素として出現するあらゆる他の障害物にも当てはまるに違いない——これがスピノザからヘーゲルに至る最新の（時として無自覚な）弟子たちが戴く啓蒙的合理主義の綱領である。［Berlin 2002: 188］

なるほど通説的な思想史を踏まえれば、バーリンが言うようにスピノザを啓蒙的合理主義の創始とみなすという解釈は誤りとは言えない。したがって、もしバーリンが、積極的自由の論拠となる啓蒙や合理主義の立場を批判しようとするならば、彼がスピノザを槍玉に挙げる構図はさほど不自然なものではないことになる。[*1] しかし、ここで賭けられている問題は、そのような図式的解釈に収まるほど単純なのだろうか。

　本稿でも検討するように、そもそもバーリンの主張には、自由に関する広範な問題を、独自の二項対立的な軸に還元し、概念の豊かさを増すというよりはその単純化へと向かう傾向が少なからずあった。もちろん彼自身が、政治学の中心テーマである「服従と強制の問題」について、抽象的な哲学的議論としてではなく、現実に立脚する政治学的視座から焦点を当てようとしていたことは疑いない。しかしながら子細に検討してみると、バーリンの枠組みそれ自体が、皮肉なことに彼が批判するところの「哲学的思弁」の一つと化している観があるのもまた事実である。したがって、この対立軸そのものを疑い、図式を一度リセットした上で、「自由とは何か」という問いを改めて提起してみる価値は大いにあるだろう。

そしてまた、そのことと平行して検討すべき課題は、バーリンが解したようにスピノザが単なる合理主義者であり、積極的自由の体現者である――それゆえバーリン的な枠組みの内部では否定されるべき立場である――という議論の妥当性である。実のところ、バーリンの見解を糸口にスピノザの思想を改めて辿り直してみるならば、そこには、バーリンが唱える二つの自由論とはいくぶん位相の異なる自由概念が展開されていることが見えてくる。バーリン的な二項図式を逸脱するような自由の概念をスピノザが提供しているとしたら、それはどのようなものか。

このような問いかけ自体には先行者がおり、それが先述した政治学者のウエストである。彼は **Political Studies** 誌に「スピノザの積極的自由」という論文を寄せ、バーリンの攻撃するような積極的自由論の唱道者にスピノザを含めることに異を唱えた。その中で彼は、バーリンのスピノザ解釈を批判しつつ、スピノザをリベラリズムの伝統に位置づけ直そうとする主張をしたが、それに対してバーリンが同誌上で自説を弁護する返答をする。冒頭に挙げたのは、その一節である。

彼らの論戦は、果たしてスピノザの思想的意義を適切に評価し、スピノザにおける自由の意味内容を十分に捉えたものと言えるだろうか。本稿ではバーリンの論文を入り口に、以上のような問いの探究を進め、スピノザの自由に対する考えの革新性をめぐって、あるいは権力や支配と自由との関係性の問題について、ささやかな再検討を行ってみたい。

1　バーリンの自由論

まず議論の前提として、主にバーリンの『自由に関する四つの試論』に収められている論文「二つの自由概念」、およびそれへのコメンタリーでもある「序文」をもとに彼の自由観をごく簡単に概観してみる［Berlin 2002: 3-54, 166-217］。

彼はこの論文の冒頭で、「人を強制するということは、その人から自由を奪うことである。だが、そこで奪われるのは何からの自由なのか」［168］と問いかけ、少なくとも自由には二つの意味があると主張する。一つは消極的自由（negative liberty）であり、その意味は、「主体――個人ないし個人の集団――が、他人からの干渉を受けずに自分のなし得ることを行ったり、自分のあり得ることを放任されたりする範囲、あるいは放任されるべき範囲とはどのようなものか」［169］という問いに対する解答の中に含まれているという。この自由を彼は、「～からの自由」（liberty from; freedom from）であるとし、[*2]あまたある自由概念の中で最もこれを重視する。「自由の基本的な意味は、鎖からの、投獄からの、他人への隷属からの自由である。それ以外の意味は、この意味の拡張か比喩である」［48］。

この自由は、換言すれば、強制からの自由を意味する。強制といっても、バーリンの考えでは自分が十フィート以上には飛び上がれないとか、盲目だから字が読めないというinabilityの領域はその範疇に入らない。彼の言う強制とは、明白に「他者」に起因する活動の阻害である。「強制は、私が行為しようとする範囲内における他の人間からの故意の干渉という意味を含んでいる。あなたが政治的自由を欠いていると言えるのは、あなたが自分の目標を他の人間によって妨げられる時のみである」〔169〕、あるいは「自由になるために闘うとは、妨害を取り除こうとすることである。個人的な自由のために闘うとは、その人の目的ではなく他人の目的のために、干渉され、搾取され、隷属されるのを阻止しようとすることである」〔46〕という主張は、そこに由来する。

バーリンによると、権力の制限に関わるこのような自由は、程度は異なるにせよ、ロック、ベンサム、J・S・ミル、コンスタン、トクヴィルらが提唱した自由観に含意されている。

一方、もう一つの自由は、積極的自由（positive liberty）であり、バーリンによればその含意は、「ある人があれよりもこれをすること、あれよりもこれであることを決定できる統制ないし干渉の根拠は何か、また誰か」〔169〕という問いに対する答えの中にある。そこで意味されているのは、「私は他人のではなく、自分自身の意志行為の道具でありたい。私は客体ではなく、主体でありたい。いわば外から私に影響を与える原因によってではなく、自分自身に基づく理由によって、自覚的な目的によって動かされたい」〔178〕という願望に基礎を置いた自由である。このような自由は、いわば自己支配（self-mastery）ないし自己決定の自由と言える。自己支配とは自律（autonomy）のことであり、このプロセスで要請されるのは、「支配する自我」である〔179-181〕。

バーリンによれば、この自我は、しばしば、理性と等置されたり、「より高次の本性」、計算する自我、「真実」の自我、「理想的」自我、最善の自我などと同一視されたりする傾向を持つ［ibid.］。そしてこの支配する自我は、非合理な衝動や制御できない欲望、「低次」の本性、直接的な快楽の追求と対置され、それらを厳しい訓練のもとで馴致・抑圧する任務を帯びている。この自由は、目的指向的という意味で「〜への自由」（freedom to）［178］とみなすことができ、プラトン、スピノザ、ルソー、カントおよびヘーゲル、マルクスらの思想に含意されているというのが、彼の主張の基本ラインである。以上のような議論を踏まえた上でバーリンは、積極的自由ではなく消極的自由を強く擁護する。その理由は彼によれば、高次の自我が低次の自我を支配することのうちに自由を見いだす積極的自由は、種族、民族、教会、国家といった「社会全体」の目標に個人の自我を従属させることすら、「自由」の名のもとに正当化してしまう危険性を孕んでいるためである。

〔積極的自由が求める〕その目標は、もし彼ら〔被支配者階層〕がさらに啓蒙されたなら彼ら自身が追求するはずの目標であり、そうされていないのは、彼らが盲目であるか、無知であるか、堕落しているためである。〔…〕いわば、「私は、彼らが真に必要としているものを、彼らよりも知っている」と主張しているのである。［179］

いったん自由に関してこのような見方がとられてしまうと、民衆の「真実」の自我の実現を名目に、脅しや抑圧、拷問すらも正当化されてしまうというのがバーリンの主張の眼目である。「自由とは、少なくとも政治的な意味では〔…〕抑圧ないし支配の不在と同一のことである」［48］と述べていたバーリンにとって、これは容認できることではない。まさにこのメカニズム――彼の言葉で言えば「偽装」(impersonation)――こそ、「政治上のあらゆる自己実現説の核心にあるもの」［180］である。バーリンによると、自己実現を求める学説は、「特定の原理ないし理想との完全な自己同一化」に帰結し、具体的で経験的な自我を抑圧するメカニズムに簡単に転化してしまう。

この魔術的な変換ないし奇術（ウィリアム・ジェームズがヘーゲル主義者らを見事に嘲弄して投げかけた言葉）が、自由の「消極的」概念についても容易に行われ得ることは明らかである。その際には、干渉されるべきでない自我は、普通に考えられるような現実の願望と要求を持った個人ではなく、経験的自我の夢想すらしない何らかの理想的目的の追求と一体化した「真」の人間である。そして「積極的」な意味での自由な自我の場合と同じく、この実体は何らかの超個人的な実体――国家、階級、国民、歴史の進行そのもの――にまで拡張され、経験的自我よりも、様々な属性のより一層「真」の主体とみなされる。［181〔括弧内はバーリン〕］

バーリンがこの論文を発表した際、彼が念頭においていたのが、大戦中の全体主義やナショナリズムの台頭だけではないことに疑念の余地はない。[*3] 彼の主張の背景にあるのは、歴史の進歩と真の自由の実現を掲げつつ、現実には途方もない規模の弾圧を正当化してきたマルクス主義ないしマルクス・レーニン主義を奉じる国家群と資本主義陣営との冷戦状況、および西側知識人たちの中に――のちに「収容所群島」として明らかにされることになるような――ソ連およびその影響下にある東欧諸国の人権状況に沈黙を決め込んだまま、「歴史の必然性」の名の下に「党の支配」を正当化する言説を繰り出す人々が少なからず存在したという事態である。[*4] すなわち、民衆の前衛である我々「党」は、誰よりも自由の何たるか、歴史の進むべき方向の如何、したがってあなたが今何をなすべきかを「知っている」、しかしあなたが「党」の方針に服従することはいささかも「強制」とは呼べない、なぜなら、あなたが「真」に望む自由と目的が何であるかを我々「党」は知っているのだから、それゆえ我々に従うことはあなたの「真」の自分に従うことと同じなのである――このような言説が当時は（そして今も一定の領域で）影響力を持ち得る状況があった。

バーリンは、この「自由の名による自由の剝奪」とも形容すべき思想状況に対抗する必要を感じ、様々な欲求と指向性を持った「具体的な個人」の多元性を擁護するために、消極的自由を擁護する論陣を張っている。したがって彼によれば、現実の極めて具体的な個人に着目するなら、抽象的ないし理念的個人に基礎を置くイデオロギーが想定するような、個人間の対立が調和するという事態などはまやかしである。

もし私が信じているように、人々の目標が多数であり、原理的にはそのすべてが両立できるわけではないとするならば、個人的にも社会的にも、衝突の可能性——悲劇の可能性——が人間生活から完全に除去されるということはあり得ない。[214]

この現実認識をバーリンは決して手放さない。彼は、人間の目標の共約不可能性と競合性を唱える多元論（pluralism）の立場をあくまで擁護し続けるのである。*5

確かにこのようなバーリンの所説は、無批判に受容されてきたそれまでの自由学説の知られざる欠陥を見事に指摘したものとも言え、その後の自由論の大きな方向性を決するほどの影響力を持ったことも、首肯できる。

2　ウエストとバーリンの論争

しかし、このバーリンの所説に対し、先に挙げたウエストは、特に彼のスピノザ批判の部分に注目しつつ、それへの反論を試みる。ウエストによると、まず「専制主義的なパターナリズムの危険性は、積極的自由の概念そのものに由来するのではなく、自我が合理主義と結びついて具体的な形態をとるところにある」[West 1993: 284]。しかしながらウエストの指摘によると、スピノザには個別的なコナトゥスの考えがあるため、それが合理主義的自我の具象化を回避させている。コナトゥスとは、すべての個体が有する自己保存の努力のことだが（次節参照）、ウエストは、「潜在的な意味で、コナトゥスの成し遂げるものは、すべての個人にとって異なる。さらに〔理性による自己や世界の〕理解は、すべての人々が自らの力で遂行しなければならない。それゆえ、〔スピノザの立場においては〕いかなる人間も、徳や良き生活に関する自らの解釈を、当然のように他者に課すなどということは不可能である」［296］と述べ、スピノザの積極的自由の概念はバーリンの懸念する専制を導くことはないと主張する。

また彼は、消極的自由は伝統的に、「我々の意志が決定したことならどんなことでもなす自由がある以上、意志の〈原因〉は重要ではないと考える」［295］傾向を持つが、そのような自由概念は、広告やプロパガンダなどによって、人が一見自由に決定しているようでも、実は操作されているに過ぎないという状況下では、無力である。それに対しスピノザの積極的自由は、自らを行動に駆り立てている諸原因への洞察を通して自由を実現するという形をとっている。ウエストは、「自由の消極的な説明は、様々な形の文化的、イデオロギー的、心理学的な操作に対しほんのわずかにしか抗えない。これらの操作にしぶとく抵抗できるのは、積極的自由概念のさらなる展開である」［296］と述べ、スピノザの自由概念がその一つの示唆を与えると論じている。*6

さて、このようなウエストからの批判に対し、バーリンはどのように応答しているだろうか。まず彼は、「私が考えていた専制のイデオロギーとは、主としてヘーゲルとマルクスの教説によって鼓舞されたイデオロギーのことであって、スピノザの教説によるそれを指しているのではない」

［Berlin 1993: 297］とウエストの批判をかわしつつ、反スピノザの立場から反論を展開している。

バーリンによれば、そもそも自分は内的自由と政治的自由を区別しようと最大限の努力を払ってきたのであり、「後者だけが私の関心事」であって、この政治的自由は、「確固たる理性の生活〔内的自由〕との関係がたとえどのようなものであれ、直接、強制と関係している」［ibid.］。翻ってスピノザの思想は、内的自由というストア派の系譜に連なるものでしかなく、ウエストがスピノザと共に述べるようなリベラリズムは、「真理の合理的追究に必要とされる自由に制限されているように見える」［ibid.］、つまり内的および精神的自由に過ぎないものであるという。

その上でバーリンは次のように続ける。

> 理性に抵抗しそれを曇らせる、あらゆる非合理性、異質性、情念は、合理的推論の一致によって除かれなければならない、ないしは合理的な自己理解、教育、立法を通して、最小の水準に統御されなければならない――この考えは、そう言ってよければ、力の是認、強制的行為の是認である。これこそが十八世紀のフランス啓蒙主義思想家らの教説であり、そのうち何人かはスピノザに啓発されたと主張している。この立場から、（たとえそれがリベラルなフィロゾーフらの考えからはかけ離れたものであろうとも）人々を誤りから救い出すためとか、普遍的に妥当する真理を理解させるためといった名目による思想統制――そして他の形態の強制的支配――に至るまでは、ほんのワンステップである。[*7]［298］

そしてその一例としてバーリンは、ビスマルクの文化闘争（Kulturkampf）を例に挙げる。彼によるとビスマルクによって仕掛けられたカトリック勢力に対するこの弾圧政策は、スピノザの賞賛者でもあったビスマルクが聖職者らの考えを「非合理」とみなした結果であり、「スピノザの見解も、積極的自由による支配の擁護者らの見解と同じように、簡単にこの方向にねじ曲げられ、あるいは誤解され得る」［ibid.］と言うのである。

冒頭に挙げた「何かが付け加えられるか、さもなければその内部で変更されなければならない」という一節は、もし私たちがこの路線に陥らないように望むなら、という形でこの箇所のあとに続いている。スピノザの教説が、世俗的な強権支配の正当化に用いられないようにするには、スピノザの倫理的教説それ自体に、「何か」別のものが必要だというのである。

さて私たちは、二人のこの議論をどう評価すべきだろうか。まずウエストが議論において、スピノザの自由概念を検討する際に、コナトゥスの視点を前面に打ち出している点は、適切な着目とみなすことができる。後に見るように、まさにその点が、スピノザの学説が他の多くの合理主義哲学と袂を分かつポイントだからである。しかし彼の議論は、後述するように、コナトゥスの共同性にまで踏み込んでいない点、そして能力＝力能との関係を明らかにしていない点で必ずしも説得的とは言えない。

何より、バーリン自身の二元的な枠組みにとらわれたまま、スピノザをバーリン的な批判を免れた積極的自由論者として位置づけようとするあまり、ウエストの所説自体がバーリンの設定した問題系から抜け出すに至っていない感がある。

一方のバーリンについてはどうか。「いったいスピノザが意志について何か語ったろうか。私には思いつかない」[ibid.]と〝皮肉〟を述べるなど(思想史家のバーリンが当然踏まえている通り、スピノザは非常に本質的な箇所で意志をめぐって多くを語っている。ただしおそらくバーリンとは相容れない意味において)、若き政治学者からの反論を軽くあしらっている感もなきにしもあらずだが、やはり自説弁護的な姿勢が強い。

例えばビスマルクは、ヘーゲルの影響も、またプロテスタントの神学者でありながら辛辣な聖書批判でも知られるダーフィト・シュトラウスの影響も大きく受けていたのであり、彼のカトリック弾圧という「文化闘争」は、国内ではバチカンの支援も受けた中央党の動向、国外的にはフランス、オーストリアによる干渉の排除をも企図した政治的行為だったことが知られている。スピノザの思想だけを取り出してその行為の背景を説明する仕方、ましてそれを思想統制にまで結びつけるやり方は、行き過ぎとの印象を受ける。

しかしより一層重要なのは、バーリンが、ウエストの議論の主眼点であったスピノザのコナトゥスに関して一言も触れていない点である。彼はその概念の重要性をほとんど解していない可能性がある。またスピノザの『神学・政治論』や『政治論』といった政治的文献への言及も一切なく、スピノザの思想をトータルに捉える姿勢に欠けている。実際、『神学政治論』においてスピノザが「国家は自由のために存在する」[TTP20:6]と述べ、社会的な地平で自由概念を捉えようとしていた点を無視して、スピノザの自由が内的・精神的自由にとどまっていると規定するバーリンの理解は、不十分の誹りを免れないだろう。バーリンのスピノザ理解は、従来の一般的な思想史家が、もっぱら『エティカ』に焦点を絞ってスピノザを捉えてきた古典的なスタイルの枠を出ていない。[*8]

以上の点を踏まえると、バーリンが言うように、スピノザの体系には、「何かが付け加わる必要」があり、「何かが修正される必要がある」のは確かなのである。というのも、従来型のスピノザ解釈が辿ってきた『エティカ』中心の解釈をとると、バーリンのような解釈にほぼ必ず陥ってしまうためであり、それを避けるには、新たに文献が追加され、解釈が変更されること――すなわち、『エティカ』のみならず『神学・政治論』や『政治論』等も含めてスピノザの著作をひとつの体系的業績と捉えた上で、『エティカ』の社会性を再確認する作業――がどうしても必要だからである。またそれと並んで、スピノザの合理主義を、単なる理性の教説としてではなく、コナトゥスの概念を中心軸に読み直すという再構成の作業も必要になる。これは、スピノザの学説を、形而上学な学的体系としてよりは、情動や身体に関わる自然の学――すなわち自然的であると同時に社会的でもある物質的過程を扱う一つの研究――として捉え直す試みでもある。

したがって、付け加えられ、修正されなければならない点の多くは、スピノザというよりバーリンの側――および彼も含む伝統的解釈者らの側――にあるのではないか。これが本稿の立場である。

次節では、このような観点からスピノザの自由論について考察していくが、その際、スピノザの『エティカ』からの引用と『神学・政治論』および『政治論』（あるいは『書簡集』）などからの引用を、あえて区別しない。バーリンの思想とスピノザの思想との差異を認識し、各々の思想的独自性を際立たせるには、スピノザの倫理学と政治学に関する著作間の断層ではなく、共通性の地平を前面に出したほうが有益と考えるためである。[*9]

3　スピノザにおける自由

スピノザの自由論を検討するにあたってはじめに考慮しなければならないのは、『エティカ』第一部冒頭における自由の定義である。

自己の本性の必然性のみによって存在し、自己自身のみによって活動へと決定されるものは自由であると言われる。ある一定の決定された仕方において、存在し活動するよう他から決定されるものは必然的である、あるいはむしろ強制されると言われる［E1D7］。

スピノザの体系において決定的な重要性を持つ、自己自身によって決定されるか、他から決定されるかという区分の問題がこの箇所を理解するポイントとなる。他からの決定が強制（coactus）と言い換えられている点に注目すると、一見、自由の剝奪を強制と同義に見たバーリンの思想――とりわけ消極的自由の考え――とスピノザの考えは類似しているようにも見える。

ところがこの定義でスピノザは、自由の対立概念と一般には考えられている「必然性」（necessitas）というタームを二度にわたって用い、区分すべき二つの状態、すなわち自己の本性によって存在する場合も、他から決定される場合も、共に必然的であるという。

この点を理解するには、彼が人間を含むあらゆる個物に、恣意的な自己決定という意味での自由の余地を認めていないことを確認しておく必要がある。スピノザによれば、真の意味で自由なのは実体――神あるいはこの世界を成立させている力能そのもの――のみであり、人間を含むすべての個物は、様態という形で、その実体の力に依存しつつ自らの存在を維持している。スピノザにとって必然的とは原因と結果の一貫した論理的結びつきを示すものであり、原因のない結果は存在しない以上、実体もあらゆる様態も、一定の因果連関のもとで常に必然的な仕方で存在している。

したがってこの定義は、さしあたり実体の無限の力能の有する性格と、その力に依存するとともに、他の存在との相互依存によってその生成・消長が規定される様態との比較を示したものである。一般に意志と言われているものも様態の一つであり、その限りにおいて意志の発動の原因となる理由――それが欲望であれ感情であれ理性であれ――が必ず存在し、それらが先行する限りにおいて、意志は自由と言えない［E1P32, E2P35Sc, EP3P2Sc etc.］[*10]。

もしそうであるならば、人間に自由を認めていない以上、スピノザは積極的自由論者ではない――あるいはむしろ、いかなる意味においても「自由」論者ではない――ということにもなるだろう。『エティカ』の第五部を念頭に、一切を必然の相のもとに解するという立場がスピノザ思想の頂点であると解するならば、考察はここで止まってしまう。

しかし、自由意志の否定は自由の否定ではない。第一、仮にスピノザが自由を否定したとするなら、なぜ彼が、『エティカ』の執筆を中断してまで書き上げ公表した『神学・政治論』で、あれほど真摯に人間の判断の自由と言論の自由を訴えたのか、[*11] また、なぜ『エティカ』の後半で「自由人」(homo liber)の豊かな記述がなされるのだろうか〔E4P66Sc, E4P67-72〕。これらの意味も理解できなくなってしまう。[*12]

ところで、その点の理解を進めるにあたって興味深い問いかけをスピノザ自身が行っている。彼は人間には自由意志はないとする彼の立場への反論の一つとして、有名な「ビュリダンのロバ」の喩え――同質・同量の二つのまぐさの中間に置かれたロバは、どちらを採るべきか決定できずに餓死するだろう――を示し、次のように述べている。

人間が自由意志によって活動するのでないなら、彼がビュリダンのロバのように平衡状態にある場合にはどんなことになるだろうか。もしこのこと〔飢えて死ぬこと〕を私が容認する場合、私は人間を考えるのではなくロバ、もしくは人間の影像を考えているように見えるだろう。しかし、もし私がこのことを否定するならば、彼は自分自身を決定することになり、したがって彼は行きたいところに行く能力を、そして自分の欲することをなす能力を持つことになる、と。〔…〕この反対論に対して、私は、このような平衡状態に置かれた人間——すなわち渇きと飢え、および自分から等距離にあるそうした食物と飲み物以外の何ものも知覚しない人間——は餓えと渇きのために死ぬだろうということを、絶対的に容認する。もし反対者たちが、そのような人間は人間というよりもむしろロバとみなされるべきではないかと問うなら、子どもや愚者、狂人などをどうみなすべきかを知らないように、自ら縊死する人間をどうみなすべきかについて、私は知らないと答える。［E2P49Sc］

ここでスピノザは、人間に自由意志はないという自らの原則に固執して、もし全く差異のない二つの選択肢が与えられれば人間は自己決定できないという——日常的な見方からすればいささか奇異な——主張をしているようにも見えるが、この箇所で彼が留意を促しているのは、その点ではない。スピノザが批判しているのは、自由の問いを抽象的な理論上の決定の問題へと移行させてしまう姿勢のほうである。つまり、人間には自由意志がないとするならば、全く同一の二つ（あるいはそれ以上）の選択肢の中で一つを選ぶことは、理論上は不可能である（積極的選択の根拠が不在なのだから）。にもかかわらず、現実には必ず選択を行うだろう、なぜなら、後述するように人間の本性を自己保存の能力とみなすならば、選択の自由がないから餓死するというような愚者はいない——「それをもはや人間とは呼べない」——ためである。

「各々のものが自己の存在に固執しようと努める努力は、そのものの現実的本質にほかならない」

[E3P7]、「自己保存の原理より先に他のいかなる原理も考えられ得ない」[E4P22C] とするスピノザにとって、コナトゥス、すなわち自己保存の努力は、人間も含めたあらゆる個物の本質である。[*13] この努力は人間の場合、衝動ないし欲望と等置される [E3P9Sc]。したがってビュリダンのロバの喩えを用いてこの箇所でスピノザが示そうとしているのは、自由意志には、それに先行する衝動ないし欲望があり、これが常に／すでに発動されている状態こそが現実の事態であるということである。[*14]

では、私たちは自由意志もなく、盲目的にこれらの衝動ないし欲望に翻弄されるがままの受動的存在に過ぎないと彼は主張したいのかというと、全くそうではない。この点を理解するには、スピノザが私たちの存在を、一つの「能力」(potentia) として捉えている点を踏まえる必要がある。

「存在することができないことは無能力であり、これに反し存在することができることは能力である」[E1P11Dem2] と規定されているように、スピノザによれば様態としてのあらゆる個物は、この世界に存在する限り、それぞれの強度において一定の能力《ポテンチア》を有している。そして、この世界のすべての存在は、実体の無限の能力、とりわけ存在し、活動する能力を一定の仕方で表現した様態にほかならない [E1P36Dem]。

諸々の様態は、実体の能力の一部分であるばかりではなく、互いに他の様態がなければ存在し得ない存在でもある以上、ある一つの様態——例えば人間——が、その存在にとって都合のよい変化のみを外から受けるということも、あるいはまたその様態のみの力で、全能の状態に至るということもあり得ない。「自然の中には、それより有力でより強力な他のものがないようないかなる個物も存在しない、むしろ、いかなるものであれ、それを破壊することができるさらに有力な他のものが存在する」〔E4Ax〕のであり、当然、「人間が存在に固執する力は制限されており、外部の諸原因の能力によって無限に凌駕される」〔E4P3〕ためである。

このような否定的な条件に囲繞されているにもかかわらず、スピノザは様態としての人間に関して自由というタームを適用している。「人間が、人間本性の諸法則に従って存在し、活動する能力を保持する限りにおいてのみ、それを自由であると言うことができる」〔TP2:7〕。その理由は、この箇所でまさに示されている通り、スピノザが自由を「能力」と等置しているためである。能力である以上、それは伸張し、展開し、増大させることができる。しかもそれを、孤立した自我の優越に基づく権力の行使という表象で捉えることは妥当ではない。

というのも、「各々のものが単独で、それ自身によって、あるいは他のものと一緒にある事をし、あるいはなそうと努める能力ないし努力、すなわち各々のものが自らの存在に固執しようと努める能力ないし努力は、ものの与えられた本質または現実的本質にほかならない」〔E3P7Dem〔強調は引用者〕〕というスピノザの見解には、能力を共同性の相のもとで把握すべきことがはっきり示されているためである。能力としての自己保存の努力は、孤立した単体で引き起こされるというよりは、はじめから「他のもの」と共同して発動される。

スピノザは、人間の本性を活動する能力（活動力〔potentia agendi〕）とみなしているが〔E4Pr〕、スピノザが次のように述べる時、彼は、孤立的な自己のみでは本性としてのこの能力を展開するのに十分でないことを明確にしている。

実際、人間の身体は異なった本性を持つ多くの部分から構成されており、これらの部分は、全身がそれ自身の本性から導かれるすべてのことをなすのに等しく有能であるためには、したがってまた精神が多くの事柄を把握するのに等しく有能であるためには、絶えず様々な養分を必要とする。しかしこれらを調達するには、人間が相互に助け合わない限り、個々人の力だけでは全く不十分である。〔E4ApC.27-28〕

能力すなわち自由は、共同性のもとで拡張される。そして自由であるためには、先述したような条件に基づいて、すなわち自己の本性の必然性によって存在し、自己自身に基づく力によって行動へと決定されるという形に沿って、自らの本性としての能力を用い、他者あるいは他のものと共同でその能力を展開させていくことが必要となる。その際の導き手となるのが理性である。

私は、理性に導かれる人間を自由と呼ぶ。このような人間は、諸原因によって必然的に活動へ決定されるとはいえ、自己の本性からのみ十全に理解され得るような諸原因によって活動へ決定されるためである。なぜなら、自由は活動の必然性を排除せず、むしろこれを前提とするからである。〔TP2:11〕

諸様態の展開する世界においては、様々な外からの力が、ある様態の存在する能力を、増大するようにも、減少するようにも働きかけている。そのような錯綜する諸力のただ中で、自らの本性に基づく力を行使すること、言い換えれば、自己保存の努力を最も十全に展開できる状態を形作ろうとする精神の能力が、ここで言われている理性にほかならない。

したがって、スピノザが、「私は自由を、自由な決意に存するとは考えず、自由な必然性に存すると考えている」［Ep.58］と述べる時、そこでは、実体のように完全な自由が与えられていない様態の地平においても自由が成立する条件が示されていると考えることができる。それは、初期の論文においてすでに言われていたように、「自己の本性と完全に一致するような形で、自らの内には諸観念、自らの外には諸結果を生み出し得る状態」［KV26:120］として自由を規定することによって実現するものであり、様態が、自らの本質の展開——自らの存在の維持と発展、自らの能力の伸長と展開——に資するような形で、様々な欲望や感情に対処し、自らの外にある様々な諸力を用いることができている限りにおいて表現される自由である。

確かにスピノザが、「人間の自由は、人間が理性によって導かれ、欲望を抑制し得ることが多ければ多いだけ大きい」［TP2:20］と述べている点は、バーリンが積極的自由の特徴の一つとして挙げた自己支配と通ずるところがあるようにも見える。

しかしスピノザの理性は、あたかも設計図を描く建築家におけるように、合理的な構築と統制を行うポジションを前もって確保しておくような性格のものではない。

『政治論』で彼は、「各人が自己の本性の諸法則に従って行動することは、すべて最高の自然権に従って行動しているのであり、各人は、その力＝能力（potentia）のなし得るのに相当するだけの権利を自然に対して有している」［TP2:4］と述べ、能力は権利と同じ外延を持っていると考えたが[*15]、同じ箇所でスピノザは次のように述べている。

もし人間がただ理性の命令だけに従って生活し、それ以外のことは試みないというように人間本性ができているとしたら、人間に固有なものとみなされる限りにおいての自然権は、理性の力のみによって決定されただろう。しかし人間は、理性によるよりも盲目的な欲望によって導かれるのであり、したがって人間の自然力ないし自然権は、理性によってではなく、人間を活動へ駆りたて、自己保存へ努力させる各々の衝動によって規定されなければならない。［TP2:5］

「常に理性を用いて人間の自由の最高地点に立つことは各人の力のうちにはない」［TP2:8］という認識がベースになっている以上、スピノザにおける理性は、統制的な単一の原理に基づくものというより、各々が個別的に行使するものであり、単独的かつ一回的な営みでしかあり得ない。それは喩えれば、様々な欲望と感情、無数の諸力の渦巻く荒海の中で、目的地を目指して無事に船を航行させるべく船団の指揮を執る船乗りに要求されるような、メーティス的な能力としての理性である。このことは別言すれば、理性を支配の起点とみなすという考えではなく、それの有する統御的な側面において理性を捉えるという考えをスピノザが持っていたことを意味している。

制御や統御、統制という概念が、一元的・超越的支配を意味するとは限らない。例えば、生命体の恒常性《ホメオスタシス》を維持するメカニズムは一つの生体内の無数の分散的なコントロールの集合にほかならないし、フーコーが様々な仕事で明らかにしているように、社会生活のあらゆる領域でサイバネティクス的な変容が深化し、多様なアルゴリズムやコードによる組織化が進行している現代のような時代においてはなおさら、中央集権的な支配という概念に代わる制御の概念を用いずに現実の事象を理解することは困難である。

スピノザを『エティカ』中心でしか捉えないバーリンの誤りは先に指摘したが、現実には集権以外の様々な支配や統制・統御の形態があるにもかかわらず、自由に対する侵害を、人間を介した中央管理型の権力――あるいは「顔の見える権力」――の位相に還元して考えようとする点でも、彼の議論は十分とは言えないのである。

しかしバーリンとスピノザの違いは、以上の点にとどまらない。次節ではそれを、バーリンのパターナリズム批判の文脈から検討する。

4　バーリンによるパターナリズム批判

バーリンは、「二つの自由」論の中で、積極的自由論に伴うパターナリズム（温情的干渉主義）を批判する文脈でもスピノザに言及している。「スピノザは、子どもは強制されるとはいえ奴隷ではない、なぜなら彼らは彼ら自身の利益のために与えられる命令に服従するのだから、と言う」［Berlin 2002: 193］。そして次のように続ける。

> 同様にまたロックも言う、「法律のないところには自由もない」、なぜなら理性的な法律とはその人「固有の利益」ないし「一般善」に向けられた指示なのだから、と。そしてさらに付け加え、このような法律は「我々を沼地や絶壁から未然に守ってくれる」ものであるから、「制限という名を与えるのは不当」であり、そのような法律を逃れようとするのは非理性的なこと、一種の「放埒」、「野卑」と言えることである、と。［ibid.］

バーリンは、「いかなる法律も自由の侵犯である」と述べたベンサムを引きつつ、個人に課される強制、とりわけパターナリズムをあくまでも退ける立場をとる。彼にとっては、「たとえパターナリズムが一定の悪を抑制するために不可欠なものであるとしても、専制主義の反対者にとってそれは、大きな権力の蓄積それ自体が必要悪であるのと同様、せいぜいのところ必要悪でしかない」[53]のである。

では、「子どもは親の指図にすべて従わなければならないが、だからといって子どもは奴隷ではない」[TTP16:10]というスピノザの考えは、彼自身の文脈に即した場合、どのように理解すべきだろうか。まず、スピノザのこの言葉には、「子どもにも一定の範囲で自由はある」という含意がある。彼によれば、「すべての人間は自由のうちに生まれ落ちる」[TTP16:19]のであり、子どもにおいても実現されている自由、一定の強制のもとにあるにもかかわらず存在する自由がある。それが何かは、スピノザの能力に関する考えからやはり導かれなければならない。

スピノザは、「存在し・作用する人間の能力は、他の個物によってのみ決定される」とし、その理由を次のように述べている。

あらゆる個物、または有限で定まった存在を有するあらゆるものは、同じように有限で定まった存在を有する他の原因から存在または活動に決定されるのでなくては、存在することも活動に決定されることもできない。そしてこの原因もまた、同じように有限で定まった存在を有する他の原因から存在または活動に決定されるのでなくては、存在することも活動に決定されることもできない。このようにして無限に進む。[E1P28]

この箇所は、「二つの、全く同じ本性の個体が相互に結合するなら、どちらの個体よりも二倍だけより強力な能力を有する一つの個体が構成される」［E4P18Sc］という記述と共に理解する必要がある。すなわちこの説明は、確かに人間の能力の有限性を示すが、それと同時に、その能力が他の個物との間で結びつくこと——合成・構成（compositio）——を通して、拡大していく可能性をも示している。

先述したようにスピノザは能力＝権利と考えていたが、その合成をめぐる考えは、『政治論』の次のような一節を見ると、より具体的である。

> 市民は一層大きなそして一層よく防備された都市を持つにしたがって、一層強い能力を持ち、したがって一層多く自己の権利のもとにあることは疑いがない。彼らの住む場所が安全であればあるだけ彼らは自らの自由を一層よく守ることができ、内であれ外であれ、敵を恐れる必要が一層少なくなるからであり、また人間は本性上、富において豊かであればあるだけ一層多く自己の安全のために計るものであることは確かだからである。［TP7:16］

つまりスピノザは、ある基盤の能力が確立し保証されれば、次第に、それとは異なる次の能力が発展する機会が増すと考えている。したがって、先に述べたような自由と能力が等置されるというスピノザの立場を踏まえると、ある自由を行使するための前提となる一定の能力の確保が実現されれば、次の水準において、あるいは新たな別の次元において——、より一層多くの自由が獲得できるということになる。[*16]

このことを踏まえれば、「理性に導かれる人間は、自己自身にのみ従う孤独の中においてよりも、共同の決定に従って生活する共同体の中において、一層自由である」［E4P73］という主張も、理解しやすくなる。スピノザは、ある種の強制力を伴って自由の基盤が整備されている地平においては、より多くの自由が実現する可能性があると考えているのである。彼は、共同社会の構成に伴って生じる一定範囲の自由の制限や強制、ないし「法の支配」が、自由を減じることになるとは必ずしも考えていない。むしろそのような状態のもとでは、人間がさらに能力を有した、一層能動的な――すなわち一層自由な――存在になり得る可能性があることを展望している。

それゆえバーリンが、パターナリズムを擁護するものとして批判したスピノザの「子どもは強制されはするけれども、奴隷ではない。彼らは彼ら自身のために与えられる命令に服従するのだから」という主張に対しては、より多くの能力を獲得するために与えられる外からの指示は正当化される、なぜならその結果もたらされるものは、判断の停止でも専制でもなく、一層多くの自由――より多くの能力、より能動的な力――だからである、という説明が成り立つ。

第一言語の習得は、ある視点から見れば暴力でもあり拘束でもあるが、その能力を得ることによって、思考やコミュニケーションなど高次の能力を展開する基盤が整えられる。この例からも明らかなように、人間の能力は、環境との様々な相互作用の緊密化や組織化を通して次第に累加されていく。法や教育など、何らかの強制ないし制約によってある点で自由が奪われても、それが、より複雑でより能動的な能力を展開する基盤の働きをする限りにおいて正当化されるという視点をスピノザは保持しているのである。その意味でスピノザは、能力の掛け合わせ、すなわち「自由の累乗」の相を見ていると言うことができる。あるいは、スピノザにおいては、「自由」という観点よりも「解放」という観点——自らを縛り付けている知的・物理的制約や桎梏からひとつの個体が解き放たれていくプロセス——が重視されていると見ることもできる。これらの点は、バーリンとスピノザの一つの大きな違いである。[*17]

ではスピノザは、バーリンが言うように、人間が到達すべき単一の類型を提示し、人間の多元性を否定していると言えるだろうか。「人々の自由な判断は極めて様々であり、人はそれぞれ自分が何でも知っていると考えている以上、誰もが考えを等しくし、一つの声で語ることなどあり得ない」[TTP20:7]というようなスピノザの主張を見る限り、そのような断定は不可能である。むしろ、彼によれば、人間はほとんど一致し得ないほど、互いに受け入れ難い存在である。

怒り・妬み・あるいは何らかの憎しみの感情に捉われる限り、人間は、様々な違った方向に引きずられ、互いに対立する。かくして人間は、他の諸動物よりも力が強く、狡猾でずる賢い度合いが高まるだけ、一層恐るべきである。しかも人間は、かなりの程度このような諸感情に従属しているから、そのゆえに人間は、本性上互いに敵である。[TP2:14]

しかしスピノザは、バーリンのようにこれらの対立を共約不能とは考えていない。それは彼が、人間のこの対立を形作っている要素が衝動ないし欲望と感情であると考えているからであり、人間相互の対立の縮減に向かう契機もまたそれらの内にある——あるいは、衝動ないし欲望と感情という動因によって駆動した理性にある——とみなしているからである。

各人は、恐るべき原因を持つことが一層多ければ多いほど、なし得ることが一層少なくなり、それゆえまた権利を持つことが一層少なくなる。これに加え、人間は相互扶助なしには、生活を支え精神を涵養することがほとんどできない。以上のことから私たちはこう結論する。人間に固有なものとしての自然権は、人間が共同の権利を持ち、住んだり耕したりする土地を守るために結びつき、自分たちを守り、あらゆる暴力を退け、そしてすべての人々の共同の判断に従って生活する場合においてしか考えることができない、と。というのも、一層多くの人々がこうして一緒に結びつくにつれて、ますます多くの権利を彼らは共々に持つようになるためである。［TP2:15］

人間が共同の決定を受け入れる契機となるのは、自らの能力を増大させようとする自己保存の衝動が、この恐れの感情を上回る地点である。したがって、人間は、たとえ明示的に理性を発動する条件が揃っていなくても、ひとつの社会を構成する。

人間である以上、野蛮人であろうと文明人であろうと、至るところで慣習を作り、何らかの共同社会状態を形成する。ゆえに支配の諸原因とその自然的な諸基礎は、理性の教説の中に求められるべきではなく、人間の共通の本性ないし状態から導き出されなければならない。［TP1:7］

このようにスピノザによると、社会的規範への服従は、契約や自覚的な理性的判断以前に生じる事実的な力の関係からの帰結である。いかなる社会も、多かれ少なかれ、各自の自己保存の本性に基づいた形で構成されている。社会の中で服従が成立することが人間の共約可能性を示す一つの重要な証左であるとするならば、ひとつの社会秩序が革命などの変動によって転覆される場合も、新たな社会体が一から生成する場合も、各々のコナトゥスの機能から導かれた人間の共同性の地平――完全な共約が実現する見込みはないにもかかわらず、その原理的可能性の次元に人間が開かれてあること――は、存在の根本的な諸欲求の帰結として常に現在している。しかもそのことは、すべての人間の欲求や意向を平準化するのとは全く異なる。これがスピノザの考えなのである。[*18]

5　消極的自由を超えて

以上、概観してきたように、バーリンの主張とスピノザの主張には多くの差異がある。それと同時に、「能力としての自由」というスピノザの思想は、バーリンの地平を離脱して、自由の別の次元を構成しているようでもある。

その理由の一つは、スピノザが、バーリンがそれを問題の外に置くと宣言したinability——無力、無能力、できないこと——の領域（二二七頁参照）を、まさに問題領域にしている点に求められる。

確かにバーリンが言うように、人が十フィート以上はジャンプできないとか、盲目ゆえに字が読めないという事態まで自由・不自由の概念に含めれば、彼が焦点を当てたい人為的な介入を通した強制の問題を前面に浮かび上がらせることが困難になる。したがって、inabilityの領域をオミットすることは、彼が望む問題設定の厳密化には必要な作業だった。しかし一方で、そのことが自由の問題系そのものの縮減、すなわち「人為を介さない介入」や「強制とは限らない支配」の地平を可視化することの支障ともなっていることを、おそらくバーリン自身、あまり自覚していない。

スピノザは、自然的な限界によるものも人為的な介入によるものも含め、能力の拡張を妨げる一切の外からの力を、必然性に基づく力の展開——自らの能力それ自体に根拠を置いた、内的力能の解放——に対する障害とみなしている。「強制」ではなく「支配」を問題化しようとしているのである。この観点の利点は、実効性がある形で、具体的に何が実現されているかという実質的自由の問題を扱うことが可能となるところにある。

個人的自由はブルジョワ社会の基礎を構成するものでしかなかったというマルクスの古典的な批判にもあるように、たとえ法的に自由な権利が謳われていても、事実上、ある事柄をなし得る能力が、ある任意の個人において実現されていなければ、実質的自由の観点からは、件の個人にとってその自由が実現できる状態にあるとは言えない。[*19]「政治的自由は、ある行為者に対して開かれているドアの数と性格によって測定されなければならない」［Berlin 1993: 297］と主張するバーリンの視角からだけでは、支配の構造それ自体を問題視できないためである。

例えば、それぞれのドアには様々な展望が開かれていたとしても、そもそも選択できるドアの数が誰かによって、または何らかの力によって制限されている場合にも——その制限は可視的な場合も不可視の場合もあり得る——我々は自由であると言えるのか。経済的な格差と貧困ゆえに、自らの進みたい道を当初から想像できないでいる子どもたちは自由を奪われていないのか。[*20]自分が目にしたいニュースや刺激だけの溢れる閉じた空間に引きこもる人々、あるいは本人には全く無自覚な形で、巧妙にパーソナライズされた情報によって自らの見解を形成され、それに基づいて「自由に」政治的行動をしている人々は、人為的な強制がない以上、自由だと言えるのか。さらには、拘禁や拷問を受けることもなく有り余る選択肢が目の前に開かれているにもかかわらず、人々があえて自分たちの自由を束縛する途に開かれた一つのドアに殺到する場合にも、それを自由と呼ぶのだろうか。

この最後の例について述べるなら、バーリンによる消極的自由を擁護する議論は、彼に先立ってフロムが提起した問題について、十分に答え得るものになっていない点も再確認しておくべきだろう。よく知られているように、フロムは、封建的束縛を離れ、消極的自由、すなわち「〜からの自由」を獲得した近代人が、新たな不安、すなわち孤独の不安のあまり、そこから逃避しようとする傾向を持ってしまう点を問題視する。

> 人は生きるために、自由、消極的自由から逃れようとする。彼は新しい束縛へと駆り立てられる。〔…〕彼はその個人的自我の統合を犠牲にして、新しく儚い安定を見いだす。彼は孤独に耐えられないので、自らの自我を失うことを選ぶ。このようにして、自由――～からの自由――は、新しい束縛へと導かれる。〔Fromm 1994 (1941): 255-256〕

フロムは、この傾向が一九二〇～三〇年代のドイツではファシズムという形で結晶したことを示した上で、『自由からの逃走』だけでなくそれに続く多くの作業を通して、消極的自由からの逃避への誘惑が、近代社会全般が陥っている心理学的傾向性であることを精神分析的な観点から明らかにしている。

彼のアプローチが十分な妥当性を持つか否かは別途検討される必要があるが、少なくとも前述のウエストも指摘したように、様々な操作《マニピュレーション》の結果として私たちが「自由という幻想」を持たされている可能性があることを否定できない以上、フロムの指摘には一定の説得力があると認めざるを得ない。[*21] バーリンは、積極的自由は一つの幻想であり、実態は強制にほかならないという方向で論を進めたが、では消極的自由なら幻想から免れているかというと、必ずしもそうは言えないのである。

強制から支配への視点の転換は、バーリンが多元主義の擁護を通して目指していた「最小限に品位のある社会」(minimally decent society)［Berlin & Jahanbegloo 1992: 18］を仮に実現していく際にも重要性を持つ。彼は、「絶望的な状況の発生を防ぎ、耐え難いような選択は避けられるような均衡状態を、たとえ不安定なものであっても維持していくこと」［Berlin 2013b: 17-18］を、そのような社会の必要条件として挙げていた。しかし、多くの論者が指摘する通り、統治の機能が一層洗練されるに従って、様々な形での管理社会化が進展する現代では、恐怖や絶望的な状況の発生が未然に防止され、耐え難く残酷な選択肢はあらかじめ排除された形で人々の生活が秩序づけられる方向性が強化されるなど、不可視の支配が私たちの生を多様な形態で包囲する事態が徐々に、しかし確実に進行しつつある。強制ではなく支配ないし統御《コントロール》が人々の自由に及ぼす影響の位相を問題化し得なければ、自由の問題を再び賦活化することが困難な状況に私たちは直面している。

自由を能力として、すなわち力の実効的な実現の度合いとして捉えるスピノザの見方は、特定の人々の行為に起因するものとは必ずしも規定し得ない、様々な支配の構造を炙り出すことに役立つだけではない。この見解は、自由の主観的捉え方に結びつく「孤立した個人」という近代自由主義の前提を外して問題を捉える点で、様々な領域で遂行されてきた抵抗と解放の系譜を、相対的に客観的な仕方で捉え直すことをも可能にする。つまり、人々が、必ずしも「人による強制」とは限らない支配の壁を乗り越え、多様な形の自由を獲得するため――自分たちの能力を拡張するため――に、連携し、抵抗し、集合的に力能を合成し、力の新たな創造を図ってきたという事実への再評価である。

もちろん、この新しい次元から捉えられた自由によって、バーリンの消極的自由が否定されるわけではない。人による強制も、能力を能動的に展開する際の明らかな障害の一つにほかならないからである。消極的自由をめぐる議論は、能力としての自由の議論の一角として包摂され、さらに広く、豊かな自由の領域のもとに、再定位されていくことが可能である。その一つの方途をスピノザの思想が提供している。

イメージするならば、一方には、自由の内包する問題を、明確化すると同時に単純化もした結果、現実的な自由の位相の変化に追従することが困難になり、出口が判然としない状態になっている思想的袋小路がある。しかし他方には、そのような地平など意に介さず、息のできる空間を求め、まるでモグラやヘビのように縦横に動き回り、離合集散し、新しい集合の組み合わせを試す無数の存在がある。様々な支配を掻い潜り、自らの感性や想像力、思考や欲望の限界を押し広げつつ、自己を通して表現される様々な能力の拡張と解放に余念のない人々。あるいは、網の目のように張り巡らされたネットワークを目も眩む速度で移動しながら、誰も想像したことのない事を試みたり、まだ見ぬ次元を作り出す実験を行ったりしながら、物質的とも精神的とも規定し難い新たな経験の領野を切り開くことを止めない夥しい数の人々や集団も。

そのような存在は、どのような意味で自由なのか、そして自由でないのか。おそらく、そのような問いの傍らに、スピノザによる能力としての自由論がある。

注

＊1　もっともバーリン自身は、啓蒙と合理主義の価値を全面否定しているわけではなく、その延長上に自らを位置づけている［ref. Berlin & Jahanbegloo 1992］。

＊2　freedom と liberty は、ゲルマン語系・ラテン語系といった語源の違いやニュアンスの差異が指摘される場合があるが、バーリン自身は特に二つを区別していない［Berlin 2002 (1958): 169］。

＊3　この論文は、一九五八年十月にオックスフォード大学で行われた講演をもとにしている。バーリンの思想に、ロシア革命からの亡命一家だった彼の生い立ちが深く影響していることは明白だが、この講演当時の世界情勢、例えば、一九五六年のフルシチョフによるスターリン批判と、それを受けてハンガリーで起きたいわゆる「プラハの春」、そしてソ連を中心としたワルシャワ条約機構軍によるその弾圧という事件を踏まえずにこの「二つの自由」を解釈することは難しい。

＊4　イギリスでは歴史的な決定論を擁護するE・ホブズボームはもちろんのことE・H・カーらもバーリンに対立する陣営だったが、フランスでは、大戦後の思想界に大きな影響力を持ったサルトルやメルロ＝ポンティらの知識人が、ソ連の人権状況について曖昧な態度をとり続けてきたことがよく知られている。この点も含め、六〇年代後半にレヴィ＝ストロースやアルチュセールらによる構造主義革命が起こる前後に焦点を当てたフランス知識人らとフランス共産党の動向についてはマトンティの説得力ある分析を参照［Matonti 2005: 7-91］。

＊5　バーリンの多元論にはマキァヴェッリやモンテスキューの影響ばかりでなく、ヴィーコ、ヘルダー、ハーマンらのロマン主義の思想家らの影響がある［ref. Berlin 2013a］。

＊6　このウエストによるバーリン批判に先立って、パーキンソンもバーリンの自由論におけるスピノザの思想と積極的自由の概念について検討を行っている［Parkinson 1984: 39-56］。スピノザが積極的自由の概念を有するにもかかわらず専制政治ではなく思想と表現の自由主義的理想を支持していると主張する点で、彼はウエストの議論と方向

性を共有している。

＊7　確かにバーリンが触れているように、革命を主導した急進的な思想家ら――コンドルセやディドロ、ドルバックらの百科全書派だけでなく、エルヴェシウスのような思想家、ミラボーのような政治家に至るまで――にスピノザの思想の影響が多大にあったことは明らかになっている。パンフレットやビラを含む膨大な資料的裏付けを行いつつ、スピノザの思想に、フランス革命を主導する思想の中核的役割を見ようとする試みの一つとして、思想史家のイスラエルによる諸業績を参照［Israel 2001; 2006; 2011 等］。しかし、このような見方には批判もある［ref. Bell 2016: 122-138］。

＊8　この点に関しては、バリバールの指摘を参照［Balibar 1998: 101-105］。彼によると、これまで哲学者たちは『エティカ』を中心にプラトンからヘーゲルに至る一連の存在論と認識論の中にスピノザを組み込もうとし、政治学者たちはもっぱら『神学・政治論』と『政治論』に関心を寄せながら、それらを自然権と国家に関するロック、ホッブズ、グロティウス、ルソーらの古典的理論の中に組み入れようとしてきたが、「その結果、『エティカ』のまさに核心にあたる部分が社会性の分析であるという事実が、そこからすべての諸帰結が引き出されることのないまま、放置されてしまった」。バーリンは生粋の政治学者であるにもかかわらず、ここでバリバールの指摘する「哲学者たち」側と同様の狭視野に陥っている感がある。

＊9　『エティカ』とその他の政治論文の不可分性を説き、それらを一体のものとして捉えた上で、それらの政治性の分析を扱ったほぼ最初の成功した試みが前出バリバールの業績である［Balibar 1985］。

＊10　ニーチェは数多くの箇所で、スピノザと同様、自由意志の存在は幻想であるという議論をしており、例えば『善悪の彼岸』でも、民衆の先入見に影響されずに事態を正確に把握するならば、意志には、それに先行するものとしての情念、思惟、感情といった要素を考慮する必要があり、一つの意志というものも単一体としてではなく、先行するそれらの要素の「複合体」として捉えなければならないと主張している［Nietzsche 1988 (1887): 31-34］。

＊11　例えば、『神学・政治論』の「自由に思考し、それがどんなものであれ、ある事柄に対し自分自身の判断を下すのは人間の自然な権利であり、いくら強制されようと、誰も自らの自然権ないし能力を他人に譲り渡すことはできない」[TTP20:1] という一節を参照。

＊12　ある意味でバーリンの想定に反してだが、スピノザの自由をめぐっては多くの研究がなされている。近年の比較的包括的なものとして、主として哲学的側面に焦点を当てたものとしては、ルビュフェ [LeBuffe 2010]、キスナー [Kisner 2011]、フィロネンコ [Philonenko 2017] 等の研究、政治思想的側面に関するものとしては、ラヅェリ [Lazzeri 1998]、カザユス [Cazayus 2000] の研究等を参照。アトキンスの研究 [Adkins 2009] は、喜びの情動と触発を受ける力の評価を通し、スピノザの思想を、環境や世界との間に自由な関係性を構築しようとする経験論的な「実験主義」の試みとして捉えようとしたもので、本稿の議論とも内容面で重なる部分がある。

＊13　コナトゥスの概念は、存在者に内在してそのものを動かす原動力や傾向・衝動を表すストア派の *ὁρμή* に由来するが、それがデカルトやホッブズにも継承され、スピノザ以降も、ライプニッツ、ヴィーコ、ニーチェ、フロイトらがその体系の中心的な概念として取り上げていく。現代では、一般システム理論、中でもオートポイエーシス理論における「創発」(emergence) の概念的起源とされている。このスピノザにおけるコナトゥスの本質的に社会的な役割と人間の様々な「抵抗」との関連をめぐっては、ボヴの議論を参照 [Bove 1998]。

＊14　ここにスピノザの、いわゆる観念論的傾向から唯物論的傾向――物質的過程に関する自然学――への移行の一つの特徴がある。スピノザにおいては、それら二つの傾向が別個に存在するのではなく、あくまでも同一の物質的プロセスの二つの側面として表現されている [E2P13]。この点に関しては、スピノザの自由論の可能性を、必然性に基づく決定論を放棄するのでも、自由意志の錯覚に陥るのでもない方向性で模索するロブレドの議論も参照 [Robredo 2015]。

＊15　力＝能力と権利を等価と見るスピノザの政治思想の意義については、D・アイルの分析 [Den Uyl 1983] を参照。

彼も能力と権利の関係性に言及している。「権利＝力を完全に等式で結ぶことの意味する最も根本的な点は、スピノザにおける自然権の理論が規範的内容を有していないということである。彼以前の自然権に関する目的論的な考えとは対照的に、スピノザの自然権の考えは、所与の活動そのそれ自体、および活動の示す能力の度合いに対してのみ向けられている」[7]。

＊16　いわば「能力の合成」とも言うべきこの点に関しては、スピノザの表現上の変化を見ると興味深い。彼は先述の通り『エティカ』で、二つの個体の相互結合について述べる際、「どちらの個体よりも二倍だけより強力な能力を有する一つの個体が構成される」［E4P18Sc］と述べていた。ところが、より晩年に著したと推定される『政治論』では、同様のことを、「もし二人の人間が一緒になって力を合わせるなら、二人は両方とも、単独でいる場合よりも一層多くのことをなし得ることができ、したがってまたより一層多くの権利を自然に対して持つ。そしてますます多くの人々がこのように緊密な関係を結ぶに従って、すべての人々はますます多くの権利を集団的に持つようになる」［TP2:13］と、上限のない比較級（plus..., plus...）の形で述べている。前者の場合は、物体論の文脈の中で物理的法則の地平で語られているのに対し、後者の場合、同じ個物でもとりわけ人間の場合には、創発的な関係性、すなわち単なる算術的和以上の力能が人々の間で共有され、蓄積されるようになっていく事態を表現しようとしていることがわかる。

＊17　グレイは、「バーリンとスピノザの自由観ほどかけ離れているものはほとんど見当たらない」とした上で、次のように続けている。

　　それでもバーリンの立場からすれば、個々人の必然性の認識というスピノザの自由観でさえも、後の例えばヘーゲルの積極的自由観よりもよい点がある。それは、スピノザの場合、積極的自由を、集団的な自己支配としてではなく、個々人の自己決定と見ているからである。［Gray 1996: 55］

この解釈は、ここで検討したように、スピノザの自由が、単なる自己決定という水準のみならず、集団的な身体を形作り、集合的な能力を増大させることを通しても実現される——それでいながら、それは一元的統制を導かない——ことをも含意していることを考慮すると、必ずしも十分妥当ではない。

＊18　この共約可能性は、ルソーにおけるように、権利の移譲およびその結果としての構成員による自己支配の貫徹という形をとって現れるものではない。ルソーの場合、人が「自由になることを強制される」[Rousseau 1964 (1762): 186] という一見逆説的事態が生じるのは、個人が共同体の中に隙なく包摂されるためだが、スピノザの場合、一つの社会体の中に個人が完全に包摂されるということはあり得ない。むしろ、共同社会の生成にあたって、自然権は一切放棄されず、各人にそっくり残されたままである（「〔ホッブズと異なり〕私は、〔社会状態においても〕自然権を常にそっくりそのまま保持させているのです」[Ep.50; ref. TP3:3]）。ルソーが社会契約における同情の価値を重視したことよりもはるかに強い意味で、スピノザは構成員の感情（情動）と表象の力を重視しており、それらの諸感情は、社会秩序を一定の範囲で維持する働きを有すると同時に、秩序の外延よりも常に大きな広がりをもって、それを脅かす潜在的機能も有している。

　したがって、スピノザにおける人間の共約可能性というものがあるとしても、決して共約の「実現可能性」を意味するものではない（もしそうであるならスピノザは、「ユートピア主義者」になってしまう）。共約性の特質はあくまで潜勢的なものであるとともに、常に部分において実現されるものであって、多元論と矛盾はしない。

＊19　この観点は、厚生経済学におけるセンの「潜在能力（capability）アプローチ」とも比較することができる。彼は、選択の自由を、「ある個人が選択可能な機能の一切の組み合わせ」としての潜在能力と捉える [Sen 1992: 37-40, 50]。ここでの潜在能力とは、人々が達成したり享受したりすることのできる状態や行動の可能集合を表す概念であり、実効的自由（effective freedom）を指す。彼によれば、自由や正義は、「価値ある生き方を選択する自由が

どのくらい享受されているか」という「現実的自由」ないし「実質的自由」（actual freedom）の観点で評価されなければならない［81］。これは、自由＝能力＝権利というスピノザの等式とも連接し得る部分がある考えである。

＊20　バーリンの消極的自由が、選択肢の「質」の問題を等閑視していることを指摘したテイラーの批判も参照［Taylor 1991: 211-229］。

＊21　ちなみにフロムは、人々が幻想による操作や全体主義の誘惑から脱するには、「人間のパーソナリティ全体の実現、彼の持つ諸々の感情的・知的能力の積極的な表現」［Fromm 1994 (1941): 257］が必要であると訴えるが、彼によると、このような意味での積極的自由は、「能動的・自発的に生きる能力を含めた個々人の諸能力の十全な実現」［268］であるという。フロムもまた、スピノザ同様、自由を定義する際に「能力」という概念を用いている。しかもここでフロムも、スピノザ同様、積極的自由を、一つの理念型への合致というフェーズで捉えるのではなく、個別的な形で行使される諸能力の十全な展開と考えている（とはいえ、フロムの思想は、スピノザと比べると、アリストテレス的な卓越主義（perfectionism）に傾く傾向が勝っているだけでなく、依然としてヘーゲル主義の影響の下にあることは否めない）。

文献

Adkins, Brent., 2009, *True Freedom: Spinoza's practical philosophy*, Lanham: Lexington Books.

Balibar, Étienne., 1985, *Spinoza et la politique*, Paris: Presses Universitaires de France.〔『スピノザと政治』水嶋一憲訳、水声社、二〇一一年〕

――., 1998., "Politics and Communication" in *Spinoza and Politics*, tr. Peter Snowdon, London: Verso.〔「政治とコミュニケーション」『スピノザと政治』水嶋一憲訳、水声社、二〇一一年〕

Bell, David A., 2016, *Shadows of Revolution: Reflections on France, Past and Present*, Oxford: Oxford University Press.
Berlin, Isaiah., 1993, "A Reply to David West" in *Political Studies,* XLI, Political Studies Association, Oxford: Blackwell.
——., 2002 (1958), *Liberty*, Second Edition, ed. Henry Hardy, Oxford: Oxford University Press.〔『自由論』小川晃一・小池銈・福田歓一・生松敬三共訳、みすず書房、二〇〇〇年〕
——., 2013a, *Three Critics of the Enlightenment: Vico, Hamann, Herder*, Second Edition, ed. Henry Hardy, Princeton: Princeton University Press.〔『ヴィーコとヘルダー —— 理念の歴史・二つの試論』小池銈訳、みすず書房、一九八一年、『北方の博士J・G・ハーマン —— 近代合理主義批判の先駆』奥波一秀訳、みすず書房、一九九六年〕
——., 2013b, *The Crooked Timber of Humanity: Chapters in the History of Ideas*, Second Edition, Princeton: Princeton University Press.〔『理想の追求』『バーリン選集4』福田歓一・河合秀和・田中治男・松本礼二訳、岩波書店、一九九二年〕
Berlin, Isaiah. & Jahanbegloo, Ramin., 1992, *Conversations with Isaiah Berlin*, New York: Scribner.〔『ある思想史家の回想 —— アイザイア・バーリンとの対話』河合秀和訳、みすず書房、一九九三年〕
Bove, Laurent., 1996, *La stratégie du conatus: Affirmation et résistance chez Spinoza*, Paris: Vrin.
Cazayus, Paul., 2000, *Pouvoir et liberté en politique: Actualité de Spinoza*, Sprimont: Mardaga.
Den Uyl, Douglas J., 1983, *Power, State, and Freedom: An Interpretation of Spinoza's Political Philosophy*, Assen: Van Gorcum.
Fromm, Erich., 1994 (1941), *Escape from Freedom*, New York: Owl Books.〔『自由からの逃走』日高六郎訳、東京創元社、一九五三年〕
Gray, John., 1996, *Isaiah Berlin*, Princeton: Princeton University Press.〔『バーリンの政治哲学入門』河合秀和訳、岩波書店、二〇〇九年〕
Israel, Jonathan., 2001, *Radical Enlightenment: Philosophy and the Making of Modernity 1650-1750*, Oxford: Oxford University Press.
——., 2006, *Enlightenment Contested: Philosophy, Modernity, and the Emancipation of Man 1670-1752*, Oxford: Oxford

University Press.

——., 2011, *A Revolution of the Mind: Radical Enlightenment and the Intellectual Origins of Modern Democracy*, Princeton: Princeton University Press.〔『精神の革命 —— 急進的啓蒙と近代民主主義の知的起源』森村敏己訳、みすず書房、二〇一七年〕

Kisner, Matthew J., 2011, *Spinoza on Human Freedom: Reason, Autonomy and the Good life*, Cambridge: Cambridge University Press.

Lazzeri, Christian., 1998, *Droit, pouvoir et liberté: Spinoza critique de Hobbes*, Paris: Presse Universitaires de France.

LeBuffe, Michael., 2010, *From Bondage to Freedom: Spinoza on Human Excellence*, New York: Oxford University Press.

Matonti, Frédérique., 2005., *Les intellectuels communistes: Essai sur l'obéissance politique*, Paris: La Découverte.

Nietzsche, Friedrich., 1988 (1887), *Zur Genealogie der Moral*, kritische studienausgabe 5, Berlin: Walther de Gruyter.〔『善悪の彼岸・道徳の系譜』『ニーチェ全集11』信太正三訳、筑摩書房、一九九三年〕

Parkinson, George., 1984, "Spinoza on the Freedom of Man and the Freedom of the Citizen" in *Conceptions of Liberty in Political Philosophy*, London: The Athlone Press.

Philonenko, Alexis., 2017, *Spinoza et la liberté*, Paris: Ovadia.

Robredo, Jean-François., 2015, *Suis-je libre ?: Désir, nécessité et liberté chez Spinoza*, Paris: Encre Marine.

Rousseau, Jean-Jacques., 1964 (1762), *Du Contrat social*, Paris: Gallimard.〔『社会契約論』桑原武夫・前川貞次郎訳、岩波書店、一九五四年〕

Sen, Amartya., 1992, *Inequality Reexamined*, Cambridge: Harvard University Press.〔『不平等の再検討 —— 潜在能力と自由』池本幸生・野上裕生・佐藤仁訳、岩波書店、一九九九年〕

Taylor, Charles M., 1991 "What's wrong with negative Liberty" in *Liberty*, ed. D. Miller, Oxford: Oxford University Press.

West, David., 1993, "Spinoza on Positive Freedom" in *Political Studies*, XLI, Political Studies Association, Oxford: Blackwell.

第6章　〈シュミット〉

不純なる決断

「ユダヤ的実存に由来する思考運動の小さな切り替えが、最も単純な一貫性でもって、わずか数年のうちにレヴィアタンの運命における決定的な転換をもたらした」――時にナチスの「桂冠法学者」と評されることもあるドイツの公法・政治学者C・シュミットは、一九三八年に発表された「レヴィアタン――その意義と挫折」と題するホッブズ論（以下「レヴィアタン」論）の中で、スピノザについてこう述べる［Schmitt 1982 (1938): 88-89］。後述するように、シュミットが指摘しているのは、ホッブズの体系に内包されていた「内面留保」(innerlicher Vorbehalt)――『レヴィアタン』第四十二章で示された、個人の内面的な信仰の問題には国家の強制は及ばないという考え——を梃子にして、スピノザが、超越的な主権権力の正当化を目論むホッブズ的国家論を内側から瓦解させてしまったという認識である。「このほとんど見えないほどの亀裂が、『レヴィアタン』刊行からちょうど数年後、最初の自由主義的なユダヤ人〔スピノザ〕の目にとまった。彼はすぐにこれが、ホッブズが樹立し望んだ内面と外面、公と私の関係性を逆転させる、近代自由主義の巨大な侵入地点となることを見てとった」[86]。「千丈の堤も螻蟻《ろうぎ》の穴を以て潰ゆ」と言うべきか、「可視の神」(deus mortalis) とも称された強大な主権権力の弁証を企図したホッブズ的な国家像が骨抜きにされる事態を、シュミットは慨嘆とも諦観ともとれる口調で記している。

確かに、いささか劇画的な描写ではある。しかし、ここに示された誇張表現は、単にホッブズの体系にとってと言うにとどまらず、シュミット自身にとって、スピノザの思想が与える衝撃の大きさを暗に物語っていると考えることもできる。「その概念の影響力という点で彼に並ぶ哲学者はいない」[131] というほどにホッブズを熱賛していたシュミット、ディドロに倣って『レヴィアタン』を「終生読みかつ注釈すべき書」[5] とし、終戦後獄中にあってもボダンとともにホッブズを「私の同室者」[Schmitt 2015e (1950): 63] とまで語っていた彼にとって、ホッブズに対する批判は、そのまま彼の思想、あるいは彼の姿勢への批判に直結する方向性をも有しているためである。

それゆえ、スピノザが、ホッブズの擁護した絶対王政にその頂点をみる国家主権を中心とする理論から近代自由主義の思想への転換点を形作ったという、シュミットが伝える表のストーリーにのみ注目するのでは、事の本質を見誤る可能性がある。後に見るようにスピノザは、自由主義の唱道者としてというより、極めて現実主義的な――唯物論的と言ってもよい――水準で主権を捉えている点でシュミットとは大きく立場が異なっており、リベラリズム的な立場よりも一歩深い地点から、彼の考えに異議申し立てをしている。

実際、シュミットのほうも注釈集の『グロッサリウム』の中で、「スピノザの学説は、共同体に対する感情や歴史といった結びつきに縛られていないアウトサイダーの教養（Lehre eines Abseitsstehenden）である」［Schmitt 2015f (1991): 265-266］と記し、自らの思想とスピノザの立場との違和の念を隠していない。所与の「共同体」への情緒的ないし想像的な紐帯の契機を強調する思考と「アウトサイダー」の思考――いみじくもここには、シュミットとスピノザを分かつ特性がはっきりと示されているが、その差異とはどのようなものか。

本稿では、「レヴィアタン」論を最初の例として、そこで表されている「ホッブズの体系に一撃を与えるスピノザ」という一見して了解できる構図ではなく、シュミットが意識的にせよ無意識的にせよ触れないでいる「シュミットの主権論体系を掘り崩すスピノザ」という背景的な構造に分け入り、両者の思想の対比、およびその捻れた関係性の軌跡を辿ってみたい。

1 シュミットの「レヴィアタン」論

まず、素材となる「レヴィアタン」論を簡単に振り返る。シュミットは、ヴァイマル期には、権力分立や大統領内閣の擁護等を通して、必ずしもナチス的な立場に賛同しない見解を表明していたにもかかわらず、ヒトラーによる政権奪取直後の一九三三年には国民社会主義ドイツ労働者党に入党している。ゲーリングの推挙でプロイセンの枢密顧問官の地位も得つつ、ナチスの体制を擁護する理論的活動を活発に行ったが、その過程では、「ユダヤ精神」からの浄化をスローガンに、ユダヤ人の著作物を図書館の書架から隔離し、それらを焚書することすら奨励した。それゆえ、一見して明らかなように、党員時代に書かれたこの著作にも「ユダヤ的なるもの」——その中に当然スピノザがいる——に対するあからさまな差別意識に基づいた記述が随所に見られるのは事実である。

しかし、この論考の趣旨を反ユダヤ的な思想の行き着く先としてのスピノザ批判というラインでのみ捉える解釈は妥当ではない。何よりこの書物は、一九三八年に、それまで国民社会主義ドイツ法律家連盟における大学教官部会の座長としてナチスの法学理論を支えていたシュミット——彼は「総統は法を護持する」［Schmitt 2014d (1934): 227-232］で、総統が「最高の裁判官」であり、反乱分子の裁判なしの処刑は法的に正当化できるとする議論も展開した——が、親衛隊の機関誌上で、過去の言動、すなわちその「政治的カトリシズム」や人種理論の不徹底、および民族より国家を重視する姿勢などが理由で日和見主義者などと批判されるようになった頃を経て発表されたものでもある。一時的に立場を悪くしたにもかかわらず、その後彼は以前から提唱していた「具体的秩序」思考をさらに発展させ、ヒトラーへの助言も随時行いながら、その生存圏《レーベンスラウム》の思想とも重なる、国家を越えた〈グロース・ラウム〉を主題化する構想に進んでいく。それ以降は、『陸と海――世界史的一考察』、および『ヨーロッパ公法という国際法における大地のノモス』、あるいは『パルチザンの理論――政治的なるものの概念についての中間所見』といった一連の著作にも反映されているように、ドメスティックな領域内に閉じた国家主権論から、それら主権国家の枠を超えた領域的権力の態様を探究する方向性を明確にしていく。したがって、この「レヴィアタン論」に関しては、シュミットのこのような思想的移行期の産物である点も踏まえて検討を加えていく必要がある。[*1]

論文の内容面を見てみよう。周知のようにホッブズは『レヴィアタン』で、国家を『聖書』で描かれた海獣レヴィアタンで象徴し、その英語版初版の扉では「地上の権力に是と並ぶものなし」というヨブ記の言葉とともに、レヴィアタンと民衆との関係を表す銅版画を掲げている。この版画における民衆は、主権者――自己以下の諸勢力を桁違いの力をもって圧服する地上の最強権力――の「身体」を形作るとともに、一人の例外もなくその主権者を仰ぎ見る存在でもある。[*2] ホッブズによれば国家は、民衆の上に立つ主権的権力の頂点であるだけでなく、地上における神の至高の代理者として捉える必要があるが、シュミットはこのレヴィアタンを、神話的存在であると同時に神・人間・獣・機械の統一体でもあるとし、「人間の考え得るあらゆる全体性の中で最も全体的な全体」[Schmitt 1982 (1938):

124］と述べて、その包括性・総体性を高く評価する。
シュミットも指摘するように、レヴィアタンの最大の役割、それは内戦の抑止である。「国内的和合が健康、叛乱は病気、内戦は死である」［Hobbes 2003 (1651): 9］としたホッブズにとって、国家とは強力な実力によって持続的に抑止された内乱状態に過ぎないのであり、国家と内戦ないし内乱――内戦とはシュミットによると、「革命」の別名である［34］――の停止は不可分の関係にある。「ホッブズの国家論の観点からすると、内乱権すなわち国家否認権を国家が承認するなど背理である。国家はひたすら内戦を終結させる。内戦を終結させない限り国家ではない。国家と内戦は和解不能な関係である」［72］。

ではこのようなレヴィアタンとして表象される国家は、いかにして形成されるのか。しばしばホッブズの国家論の成立を説明する際に語られる筋書きは、自然状態のままでは自己保存を果たせない原子的個人が恐怖のうちに集まり、最強の権力の下に斉一的に服従する合意が成立することによってコモンウェルスとしての国家が成立するというものである。だがシュミットによると、ホッブズにおいて生じているのは、「それ以上」のものと捉えなければならない。

すべての人々の間に合意が成立するとしても、それは国家契約ではなくアナーキーな社会契約に過ぎない。この社会契約を超えて出現しているのは、主権的・代表的人格という唯一の平和の保障者であって、それは合意によって生ずるのではなく、せいぜい合意を契機として生じるに過ぎ

ない。主権的・代表的人格は、個人的意志の合力の引き起こすものより、不釣り合いなほど大きなものである。［52］

シュミットはこのように、主権には単なる諸個人間の合意の総和以上のもの、すなわち「人格」(Persönlichkeit) があり、その人格の「決定」ないし「決断」(Entscheidung) の契機こそが主権の主権たる所以であると考える。別の論文で、「決断主義のタイプの最も偉大な代表者であるホッブズにとっては、主権的決定とは、国家以前かつ国家以下の自然状態という無政府的不安定の中において、かつそれを超えて、法・秩序を生み出す国家的独裁にほかならない」［Schmitt 2006 (1934): 24〔強調はシュミット〕］と述べられているのも、そのことを意味している。

「近代国家の驚くべき装置は、統一的意志および統一的精神を必要とする」［Schmitt 1982 (1938): 118］とするシュミットによると、このようなレヴィアタンの主権権力は、「自然的生命力と政治的統一性をめぐる復興の壮大な象徴」［122］と捉えるべきであり、「本源的な生の統一性の回復」［23］、すなわち異論・反論によって妨害されることのない深い政治的統一性 (politische Einheit) ――Einheit はシュミットの思想の最も基調をなす概念である――の表現と考えなければならない。

したがって、ホッブズの体系の中で「抵抗」を語ることは無意味である。

強力で、いかなる抵抗をも絶滅させ、技術的に完成された命令機構としてのレヴィアタンに対しては、抵抗の試みも実際上成功の見込みはない。そうした抵抗権を法的に構成することは、設問ないし問題としてすでに不可能である。［71］

ホッブズの絶対主義的国家観においては、抵抗権には「その萌芽の可能性」も「存立余地」もなく［ibid.］、個人であれ組織であれ、国家の決定に異論を差し挟む存在は無に等しい。シュミットの言によれば、「〈国家〉は、すべてのものをその〈法律〉に従わせる抵抗不能のレヴィアタンであり、それに対する拠点（Stand）もなければ、「反拠点＝抵抗」（Wider-Stand）もあり得ない」［71］のである。

ところが冒頭で触れたように、このようなレヴィアタンは、ホッブズが認めてしまったある一点を契機に、崩壊の道を辿ることになる。それが、宗教をめぐってホッブズが導入した内面と外面の区別である。「十八世紀の絶対主義国家においてレヴィアタンは外面上最も高度な実現をみたが、同時にこの時期に、外面と内面の区別によってその命運は尽きた。その悲運をもたらしたのが信仰と奇跡の問題だった」［79］。

ホッブズは『レヴィアタン』の中で、「主権者は神の代理人」であるがゆえに、奇跡とは国家主権が奇跡として信ぜよと命ずるものであり、逆に国家が禁ずればそれは奇跡ではなくなるという論を展開している［Hobbes 2003: 344-351］。信仰をも支配する絶対的権力を達成した権力は、ここで公的理性の圧倒的優位性を確立するのだが、シュミットによれば皮肉にもそのことが逆に、私的理性の領域に道を開く契機となってしまう。

ホッブズは奇跡を、私的理性ではなく公的理性の問題であるとしたが、一方で、一般的な思考の自由に基づいて――「万人の思考は自由であるがゆえに」(quia cogitatio omnis libera est) ――個々人が私的理性に従って〈内的に〉信不信を決定し、自らの「胸中」(intra pectus suum) の「管轄権」(judicium) を守ることを許した。ただそれが信仰の外的告白に至ると私的判断は終わり、主権者が、何が真で何が偽かを決定するのである。[Schmitt 1982 (1938): 85]

政治体系の中に、内的・私的な思想および信仰の自由という留保を導入するホッブズの姿勢が、レヴィアタンの強力な統一性に綻びを生じさせてしまう。この留保が、レヴィアタンを内から食い破る「死の萌芽」[86] となる。

先述の通り、この傷口を広げたのがスピノザである。シュミットは、スピノザの『神学・政治論』の副題がすでに「哲学する自由」(libertas philosophandi) であることに不満を述べつつ、ホッブズから大きな影響を受けつつもスピノザが、「内的確信、敬虔の情自体は、各個人の権利の領域に属する」として、個人の権利を出発点に国家を論じる点を問題視する。

確かにスピノザは『神学・政治論』の中で、「心の中で神を崇拝することも、内的な敬虔それ自体も、他人に譲り渡すことができない個人の権利である」[TTP19:3] とした上で、次のように述べていた。

以下のような場合ほど、国家にとって安全なことはない。すなわち、敬虔や宗教に関することは実際に人が隣人愛や正義の行動をしているか否かだけで判定し、宗教的なことであれ世俗のことであれ、最高権力の保有者が人々の行動についてのみ関与し、すべての人々が自分の望むことを考えたり、思うことを言ったりすることが許されている場合である。［TTP20:17］

このような考えに対しシュミットは、「ホッブズの場合、公的平和と主権権力の権利が前景にあった。個々人の思想の自由は、背景にあってわずかに捉えられる留保に過ぎなかった。それに対しスピノザにおいては、個人の思想の自由が構成上の第一原則となり、公的平和の必要性と主権的国家権力の権利は単なる留保に過ぎなくなっている」［Schmitt 1982 (1938): 88］と非難する。

シュミットが跡づける通り、内外・公私の区別は、トマジウスやカントだけでなく、スピノザから大きな影響を受けたゲーテ、メンデルスゾーンらの思想に端的に見られるように十八世紀にもなると広範に展開されるようになり、法的側面では、正当性より合法性の優位へ、そして実定法の優位へという思想的変遷の端緒となった。しかし、シュミットは、そのような推移を由々しき事態であると考えている。

公的権力がますます公的であらんとし、国家と公的宗教が内的信仰を私的領域に押しやると、一民族の魂は内面への〈秘めたる道〉を辿り始める。そして、沈黙と静寂という対抗勢力が力を増してくる。内面と外面の区別が認められる瞬間、それは内面が外面に対して優位を占める時であり、こうして私的なものの公的なものに対する優位は決定的になる。[94]

シュミットは、国家権力にとって不可視の私的領域が、国家の内部に、あたかも消えない染みが広がるかのように増殖していくことを恐れている。「内面と外面の対立をいったん承認する者は誰でも、外的なものに対する内的なものの、可視的なものに対する不可視のものの、喧噪に対する静寂の、現世に対する来世の究極的な優位を承認してしまっているのである」[94-95]。

個人的な信念や信仰、秘密事、静謐、すなわち内面にあって権力から見通せない事柄は、「外面」・「可視」・「行動」・「公然」・「喧噪」・「公共」[96]に重きを置くシュミットにとって、権力の統一性とその純粋な行使を脅かすものである。彼によれば、近代的な憲法体系も、個人的自由権の延長上に位置するものである限りにおいて、公的権力の観点からはネガティヴな側面を有している。「憲法の保障するいわゆる自由な私的領域は国家の手の届かないところに撤退してしまい、〈自由〉な、すなわち〈社会〉の統制のきかない不可視の諸勢力の手に委ねられてしまった」[117]。

それゆえ、主権の統一性の障害となる事例の一つは多元主義である。ラスキらの多元的国家論と自由主義を激しく批判するシュミットは、ヴァイマル期のドイツでは、政党や労働組合などの社会的諸勢力が、議会を通して立法や法律国家を「占拠した」と考えている。「多党制が、自由主義的な法律国家に属する国家破壊の手段を遂行した」[118]とすら形容し、それを主権権力の滞りない行使の妨害物とみなすシュミットにとって、近代において進行したこれらすべての出来事の淵源に位置するスピノザは、内面留保という「この萌芽を最大限にまで展開し、反対物に転化させ、レヴィアタンの魂を内面から抜いてしまった」[87] 張本人として、激しく貶下されるべき存在なのである。*3

2 シュミットの主権論——垂直性と空間的包摂

シュミットの思想を検証するにあたっては、彼の活動が同時代の政治的課題に対する応答という性格を持つ限りにおいて、その変遷する発言の一つ一つを個別的な状況と結びつけて解釈するという方法論が、一つの手法として考えられる。そのようなアプローチには一定の妥当性があろうし、確かに、いかに秩序と安定を求める根本的な性向に導かれたものだとはいえ、ヴァイマル憲法やその大統領制を一定の形で擁護する彼の発言と、ヒトラーによる全体主義体制を翼賛する発言とを全く同一線上で捉えることはできない。また、一九三三年当時、少なからぬドイツの知識人たちが雪崩を打ってナチスの賛美に回ったという歴史的事実を踏まえると[ref. Sherratt 2014; Arendt 2006 (1955): 723-724 etc.]、シュミットの行動のみを一面的に責め立てるのは、公平を欠く姿勢だろう。

しかしながら、ある思想家が全体主義の積極的な支持者に回ることは、全くの偶然として処理してよい問題ではない。しかもシュミットの場合、渋々の消極的協力者としてではなく、積極的な理論家としての関与である。そこには、そのような帰結を生み出す一定の内的論理があると考えるのが自然である。

したがってこの節では、主として主権の概念とその周辺をめぐって、初期から戦後にかけてシュミットの思想を導いている大きな傾向性やベクトル、あるいは全体主義の擁護に至る萌芽の要素を抽出することから見えてくるものの描写を試みたい。

「レヴィアタン」論からの記述からも窺えるように、シュミットの主権論では、まず超越的・理念的なものが政治に先行する。彼が『政治神学』で「近代国家理論のすべての簡潔な意味内容は、世俗化した神学概念である」〔Schmitt 2015c (1922): 43〕と述べる際、シュミットは単に抽象的なレヴェルで「すべての政治的なものの形而上学的な核心」〔55〕を述べようとしているのではない。彼自身が信徒の一人だったローマカトリック教会に典型的に見られるような、不可謬の教皇を頂点とし、人格的権威を基盤としたヒエラルヒッシュな体系、そのような権威主義的体系の政治への適用がまずは企図されていることを理解する必要がある。

「政治は権威なしには存在せず、権威は確信のエートスなしには存在しない」〔Schmitt 2008a (1923): 28〕以上、上からの権威的秩序化――それは民衆のエートス、混じり気のない賛意によって支えられる必要がある――の要請が一切に先行する。

代表（Repräsentation）の理念は人格的権威の観念に強く支配されているため、代表する者も代表される者も、一定の人格的尊厳を主張しなければならない。代表の観念は決して物質的概念ではない。すぐれた意味において代表とは人格（Person）でしかあり得ず、しかも単なる「代理」とは異なり、これは、権威ある人格であるか、あるいは、代表されるや否や直ちに自ら人格化されるところの理念であるか、そのいずれかである。〔35-36〕

シュミットによると、「代表する＝再現前する」（repräsentieren）とは、神と教皇との関係に見られるように、「不可視の存在を、公然と登場している存在によって可視化し、ありありと思い浮かべられる存在にすること」〔Schmitt 2017b (1928): 209〕である。それは代表である以上、複数ではあり得ず、単数の人間による、権威を有した存在でなければならない。それゆえ起点に置かれるべきは、そのような権威ある主権による「決定」（Entscheidung）である。「主権的決定が絶対的始源であり、始源は（アルケーの意味においても）主権的決定以外にない」〔Schmitt 2006 (1934): 23-24〕。

したがってシュミットにとって、個人があって法があるのではない。逆である。「法は意志ではなく規範であり、命令ではなく、戒律である。個々の人間は現実世界の対象として、それらよりも後に到来する」〔Schmitt 2015a (1914): 42〕。個人はあくまで秩序化作用を受ける受動的要素であって、その地位は影のようなものでしかない。「規範の客観的正当性を満たすということは、個人という観点からすれば、一人一人の主観的かつ経験的な現実を否定することを意味する」〔89〕のであり、具体的な個人それ自体に何か法的な価値があるわけではない。

国家におけるいかなる個人も自律的であることはない。〔…〕具体的で肉体を持った個人というものは、物質的な肉体性の範囲内で考察する限り、完全に偶然的な統一、原子が一緒に吹き上げられて集まった束に過ぎず、その形姿や個性や単独性は、風に巻き上げられて柱を作る塵以外の何ものでもない。［101］

以上のような意味に照らすと、自らの法的思想を展開する際、シュミットが民衆の「喝采」(acclamatio) に格別の地位を与えていることにも筋が通っている。彼によると、「喝采、すなわち集合した大衆の賛成または反対の呼び声」は、「国民の本来的な活動・能力・機能」であり、「国民のあらゆる意思表明の核心」［Schmitt 2014b (1927): 51-52］である。

民衆の直接的な意思表明の自然的形態は、集合した大衆の賛否の叫び、すなわち喝采である。近代の大国家においては、民衆の自然で必然的な生の表現としての喝采はその形態を変えた。喝采は「世論」(öffentlich Meinung) として表明される。［Schmitt 2017b (1928): 83-84］

シュミットによると、たとえ「一億の私人による一致した意見」があったとしても、それは、「国民意志でもなければ公的な意見〔世論〕でもない」［Schmitt 2014a (1926): 73］。自由主義の思想が依拠する議会制民主主義は、先の内面留保の思想を具現化した秘密投票という仕組みに基づいて組み立てられる「人工的機械」［74］に過ぎない。なるほどシュミットは、ソレルに託しながら、世界史を画する行為を生み出すのは、「生存本能の深みから湧き出る」ような「偉大なる熱狂、偉大なる道徳的決断、そして偉大なる神話」［Schmitt 2017a (1926): 80］だけであるとも語っており、民衆の革命的な力能を評価するかの姿勢も時折見せる。ところが実のところ、そこにおける民衆とは、上位の秩序から提示される政策・提案について、イエスかノーのみを熱狂のうちに表明することしか期待されない受動的存在に過ぎない。

いずれにせよ、民衆は一般に、「はい」か「いいえ」、許諾か拒否を表明できるのみであり、彼ら自身の全体的実存に関する根本的な決断が問題になればなるほど、民衆の諾否も、より単純かつ根本的なものとなる。［Schmitt 2017b (1928): 84］

シュミットによれば国民意志は、このような歓呼、喝采という「自明の反論できない存在」を通して、統計的な世論調査などより「一層民主主義的に表明されることができる」［Schmitt 2014a (1926): 73-74］のであり、一般意志は単一の主体、民衆に選ばれる一人の人物によってのみ具現化される。すなわち、皇帝であれ領主であれ人民であれ、主権者とは、「異論なしに国民と自己を同一化することを許された人物」［Schmitt 2015c (1922): 16］のことであり、その意味では、「独裁やカエサル主義の方法」ですら、

「民主主義的な実質と力の直接的な表現であり得る」［Schmitt 2017a (1926): 74］のである。[*4]

「真理ではなく権威が法を作る」(auctoritas, non veritas, facit legem)［2015c (1922): 39］というシュミットのモットー[*5]に即せば、秩序維持者の「決定」が第一に優先されるのであり、民衆が主体的にその決定のプロセスに関与する側面はほとんど顧慮されない。古代のスパルタにおけるように、問題の提示は常に、「場の設定、および適切な時期に適切な問いを行う権威を持った政府」が行うのであり、「問いは上から、回答は下からでしかあり得ない」［Schmitt 2012 (1932): 87］のである。もちろん多数決原理への疑義や、少数意見の尊重という契機は、シュミットの思想の中で中心的位置を占めることはない。秘密投票制を批判して公の場での意見表明を重視する際、シュミットは、公の場では、少数派の見解や華やかなメジャーの主張の縁から漏れ聞こえてくる呟きや意見が表明しづらい状況が形作られることを見越して議論を組み立てている。

このようにシュミットの思想においては、超越的権威による秩序化という上から下に向かう垂直的なベクトルだけでなく、その垂直軸の力の及ぶ範囲を、極めて抽象的かつ包括的に捉えるという方向性が顕著である。いわば円錐状をなす権力作用の底面――個々の民衆――は、常に上からの秩序化という力の作用を最終的に受容する客体であり、究極的には、起伏のない抽象的な平面として、空間的包摂――ないし「空間占拠」――されるべき対象として捉えられている。[*6]

この点は、シュミットの例外状態論においても顕著である。よく知られているように、シュミットは『政治神学』の冒頭で、「主権者とは例外状態に関して決定する者である」(Souverän ist, wer über den

Ausnahmezustand entscheidet）［Schmitt 2015c (1922): 13］という定義をした。例外状態とは、国家が極度の急迫状態となり、その事態の収拾が問題とされるような場面で、いかなる現行法規によっても権限の前提も内容も規定できない事態が現出していることを指す。シュミットが規定するここでの主権者は、極度の急迫状態か否かを決定すると同時にこれを除去するための方法をも決め得る存在であり、平時の現行法秩序の外に立ちながらも、現行法秩序の内にあって憲法が一括停止され得るか否かを決定する無制限の権限を持っている。*7 その際、「決定はいかなる規範的束縛からも解放され、本来的な意味において絶対化される」［18］という。シュミットにとって最重要の事柄は、決定の独占、とりわけ例外状態においてそれを独占する主体としての主権、すなわち国家主権の絶対的な確保である。

しかし、「事実」の問題として出発した場合には、主権のありかは例外状態といえども流動しており、そこにおいて発揮される主権権力も決してあらかじめ規定されたものではない。例えば、歴史を繙けば明らかなように、ある国家主権が、現行の法秩序では対応が不能な事態に陥った時、既存の国家が最終的な決定権を掌握するか、それとも別のファクター――民衆や革命勢力、ある特定の個人、何らかの政党、宗教団体、場合によっては外国の諸勢力など――が権力を手中にするかは、全く未確定の事柄である。したがって現実に大規模な社会変動が生起した際には、法律上の様々な権限は、事実的な力――それがいかなる勢力のものであれ――によって無視され、無効にされ得る。にもかかわらず、シュミットは、現行法の停止権限を持つのは既存の国家のみだから国家を主権者と呼ぶべきであるという議論の運びをし、事実の問題に規範的命題をすべり込ませる。そして、例外状態において法停止の権限を有する国家が、実は平時における主権者でもあるという論法をとろうとするのだが、これはすでに価値付与的な言明になっている。*8

その理由の一つは、しばしば指摘されるように、そもそもシュミットの言う例外状況が、革命的な事態が一層進行した場合については対象としておらず、実はその端緒の一時期について述べているに過ぎないという事情がある。しかしそれだけでなく、事実上は様々な政治的抗争に開かれている危機的な状況において、それが例外状態であると宣告をし法を停止できる主体にのみ権限を確保しようとするこうした思考は、厳密に政治学的な姿勢というより、ミクロな政治の領域を制圧することが可能な一定の権力——現勢権力——の優位性にスポットを当てる党派的な姿勢に基づくものと言い得る。このような例、すなわち一見事実的な記述をしているかに見える場面に規範的命題を織り交ぜる手法は、『独裁』や『憲法論』、『政治的なるものの概念』など多くの著作で見ることができる彼のレトリック上の特徴でもあるが、シュミットがそれを行うことができてしまう理由の一つは——「保守」を自任する思想家がしばしばそうであるように——彼が、「常識」（という名の選択された一定の価値体系）の正当化を、自らの思考を組み上げる際のモメントの一つとしているためである。

例えばシュミットにとって、国家が存続すること、すなわち国家権力が維持されることが最大の関心事である。「一切の政体は、それが確立されるならば、善である」（Tout gouvernement est bon lorsqu'il est établi）[61] というドゥ・メーストルの言葉を肯定的に紹介する彼は、ある決定がどのような手段でなされるかべきかという方法の議論、またどのような事柄が決定されるべきかという内容の議論に関してほとんど関心がない。シュミットによると、決定は常に上から国家の決定としてもたらされるのであり、「いかに決定されるかということよりも、決定されるということが重要」[ibid.] なのである。

ここでも確認できるのは、決定という政治的行為にとって本来は重要な要素となり得る、様々な成員の欲求・欲望とその組成のされ方に対するシュミットの関心のなさだが、その姿勢は、『政治的なものの概念』においても一貫している。その中で彼は、国家という概念は「政治的なもの」という概念を前提としており、かつそれに結びついていることを強調する。ここで言う「政治的なもの」とは、友・敵という区別を指し、「敵が誰であるか」——それが外敵であれ内敵であれ——を決定する営みを指す。彼はこの政治的なものの決定的単位を国家とした。

> その本質からして、政治的統一体とは、それが究極的な心理的動機をどのような力から得ているかに関係なく、決定的な統一体である。それは存在するか、それとも存在しないかである。もし存在するのであれば、それは最高の統一体、すなわち決定的事態において決定する統一体なのである [Schmitt 2015d (1932): 41]。

国家は、それが存在する限りは常に、決定的単位なのであり、例外事態を含め、決定的事態についての決定権を、概念上必然的に、そして常に握っている必要がある [36]。

しかし、このような国家が決定する「敵」とは一体誰のことか。シュミットはそれがあたかも自明であるかのように、明確な規定をしない。「政治的な敵とは、他者、よそ者にほかならず、その本質において、特別強烈な意味で、存在的に何か異なる者、馴染まない者であるというだけで十分である」[26]。すなわち、決定する主体が国家であることを考えると、国家が自らにとっての異者、自らの存在を脅かす存在と決定したものはすべからく敵なのである。[*9]「敵には公的な敵しかいない」[27] 以上、政治的な意味における敵は個人的に憎む必要すらなく、そこに規範性は介在しない。

そして、「友、敵、闘争という概念は、それらが特に物理的殺傷の現実的可能性を持ち、かつ持ち続けることにおいて、現実的な意味を与えられる」[31] と述べられていることからも了解できるように、シュミットの思想においては、究極的には殲滅にまで至る戦争との結びつきなしに「政治的なもの」を考察することはできない。人々は、国家間戦争のような状況において、国家という「人間の物理的生命を支配する権力」[45]、すなわち「レヴィアタンという巨大な命令機械」[Schmitt 1982 (1938): 78] のもとで、人間を殺し、自らも死を覚悟するように強いられる。シュミットには、ケルゼンの述べたような「国家は「生存」しなければならないという殊勝げな物言いの背後には、〈国家緊急権〉なるものを是認させ、これを行使しようとする者たちが正しいと思う仕方で国家を生存させようとする身勝手な意志が潜んでいる」[Kelsen 2013 (1925): 157] というような批判も、遠く届かない。[*10]

したがって彼は、「友とは、味方とは誰か」という根本的な問題についても、ほとんど全く言及しない。それは敵と同様、自明性の中に解消されている。[*11]「国民」ではなく、ある一人の人間が、「国家によって〈敵〉とされているものは、本当に私（たち）の〈敵〉なのか？」と問う余地はないのである。[*12]
このようにシュミットの考えには、国家の領域内にある一人一人の人々の意思や欲求の差異を認め、それらを可能な限り汲み上げるというような論理や回路はほとんどない。彼の思想に見られるのは、主権の及ぶ空間内における人々の個別的な差異や意思を、ある特定の時期・時代における一般的な意見のもとに塗りつぶし、上からの権力作用の対象物とする姿勢である。
このような考えに基づいた場合、人々が個別的な、場合によっては国家の意向と異なる意見や欲求を持つことは、排除すべき「ノイズ」のようなものとして捉えられるだろう。戦中には「政治的なものは全体的なものである」[Schmitt 2014d (1933): 213] と述べ、「国家に敵対したり、国家の行動を制限したり、国家を分裂させたりするようないかなる力の台頭も許さない〔…〕強く質的な全体国家」[ibid.] の確立を求めていたシュミット。彼にとって主権権力は、理念的には、上から、滑らかに行使されるべきものである。
しかしながら現実には、国民は兵士ではないのであって、上官の命令にイエスかノーしか言わず、命じられたことは速やかに実行する無機的な駒ではなく、多様な思考や欲求をもった不定形の存在である。「人類」という抽象性は口を極めて批判するのに [ref. Schmitt 2015d (1932): 51-54]、「国民の同質性」という抽象性を少しも疑わないのが、シュミットなのである。[*13]
以上のように彼の政治思想では、下からではなく上から、そして、具体的な差異——人々の欲求や様々な政治的布置——から出発するのではなく、同一性——権威的人格による単一的な決定とその円滑な行使――から出発するという発想が主軸をなしている。その思想は、諸力にとって超越的な権力が、主権国家という限定空間の内部を一様に塗りつぶすことを肯定するような表象形態に依拠しているのである。

3　シュミットとスピノザの接点と差異――主権の構成をめぐって

それでは、このようなシュミットが強く批判したスピノザの思想と彼の思想は、全く相容れないほど異質なものなのだろうか。

必ずしもそうではない。二人の間にはいくつかの接点がある。

その一例が、『独裁――近代主権論の始まりからプロレタリア階級闘争まで』の記述に見られる。例えばシュミットは、近代憲法理論における人民主権説の発端を、シエイエスの「構成された権力」(pouvoir constitué) と「構成する権力」(pouvoir constituant) の区別に見ている。構成する権力(構成的権力／憲法制定権力)とは、「それ自身は組織され得ない組織する力」[Schmitt 2015b (1921): 139] のことだが、シュミットはこれをコンドルセにおけるような合理主義的国家理論との対比のもとで把握される必要があると指摘し、次のように述べている。

〈構成する権力〉と〈構成された権力〉との関係の観念は、〔スピノザの〕〈能産的自然〉(natura naturans)と〈所産的自然〉(natura naturata)という表象の中に、完璧な、体系的・方法的類似性を有している。そしてこの表象が、スピノザの合理主義的体系に取り入れられているとするならば、それは、この体系が単なる合理主義ではないことを証明している。[139]

『憲法論』でもシュミットは、スピノザを引用しつつ同様の点を指摘し、構成する権力を「あらゆる形相の汲み尽くすことのできない原初的基底、いかなる形相においても自らは把握されることなく、それ自身から新たな形相を永遠に産出し、いかなる形も持たずにあらゆる形相を形成し続けるもの」[Schmitt 2017b (1928): 80]と表現する。かつて、「スピノザの体系は、デカルトとホッブズによって示された近代の抽象的合理主義、すなわち機械論的世界観に対する〔…〕最初の哲学的反動である」[Schmitt 1998 (1919): 64]と規定した地点にシュミットはここで再び立ち戻り、スピノザの体系と自らの主権概念の基底的構造との近似性を表明している。[*14]

それだけではない。先に見たように、支配の貫徹と主権の優越性の擁護がシュミットの基調をなす考えだとしたら、実のところスピノザの政治的著作には、彼がシュミットからそう遠くない地点で思考していることを窺わせる記述も随所にある。

例えばスピノザは、「一人一人の国民は自己の権利のもとにでなくて国家(civitas)[*15]の権利のもとにあり、国家のすべての命令を実行するよう義務づけられる。彼はまた何が公平であり何が不公平であるか、何が正義であり何が不正義であるかを決定する権利は何も有しない」〔TP3:5〕と述べている。法的規範に関する決定権者は国家、すなわち主権権力であって、個人ではないという考えがここには示されている。「主権権力の担い手は、市民法だけでなく宗教上の法の守り手であると同時に解釈者なのであり、彼らだけが、何が正義であり何が不正義であるかだけでなく、何が敬虔で何が不敬虔かを決定する権利を与えられている」〔TTPPr:14〕のであり、「国家が正または善と決定したことは、各人によってそう決定されたのと同様に考えられなければならない。それゆえ、たとえ国民が国家の決定を不当と考えても、それでも彼はそれらを実行するように義務づけられる」〔TP3:5〕というのである。

このような主権権力のもとでは、一人一人の国民に国家の様々な決定や法律の解釈権を委ねることも考えられ得ない。もしこのことが各人に許されるとしたら、それによって各人は、自分のあらゆる行為を正当化することを可能とする「自己の裁判官」(sui judex)〔TP3:3〕になってしまうからである。

またシュミットは自由主義と多党制批判の文脈から統治権の不可分性と絶対性を守ろうとしていたが、一方のスピノザも主権の分裂を望んではおらず、「統治権は不可分でなければならない」〔TP6:37〕とはっきり述べている。[*16]

それではシュミットとスピノザは、同一の主権概念を持っていたのだろうか。仮にスピノザが、シュミットと同じように主権を、超越的根拠に基づいた単一の人格による決定という表象で捉えていたのだとしたら、彼はシュミットと――あるいはホッブズと――同様に主権の絶対性を弁証する思想家として分類される可能性もなくはなかったろう。

しかし、シュミットとスピノザの主権の捉え方は、内容が大きく異なる。主権の形成のされ方と運用のされ方が違うのである。そのことについて、以下に三つの観点から検討していきたい。

一つ目の観点は、主権の物理的基礎に関するものである。確かにスピノザは、「法こそ国家の生命である」［TP10:9］と述べ、法的規範の本質的意義を認めている。しかし彼は、その規範性を形而上的な地位に位置づけることも、絶対的なものとして捉えることもしなかった。そうではなく彼は、人間の自然的・物質的基礎から国家を捉え直そうとしている。

人間は、野蛮人であろうと文明人であろうと、至るところで習慣を形作り、何らかの国家状態を形成する。それゆえ、支配の諸原因とその自然的な諸基礎は、理性の教えの中に求められるべきではなく、人間の一般的本性ないし状態から導き出されるべきである。［TP1:7］

スピノザは、国家の創設の根拠を、理性ではなく、人間の本性ないし感情に求めるべきだと考えている。彼によると、まず社会が人々の「感情の法則」によって形成されるが［E4P37Sc2］、それが国家にまで移行するには、法だけでは不十分であり、そこに自己保存の力（potestas sese conservandi）が伴う必要がある。「法および自己保存の力によって確立されたこの社会を国家と呼び、国家の権能によって保護される者を国民と名付ける」［E4P37Sc2］。国家は、権威から生じるのではなく、民衆の自己保存の感情ないし欲望の産物である。

したがって国家の維持のためには、人々の感情による支持が不可欠となる。「法が破られないのは、理性と人間の共通の感情によって支えられる場合のみである。そうではなく、もし法が理性の助けだけに支えられるなら、それは確かに弱く、簡単に破られてしまう」［TP10:9］。

このことからの必然として、主権の決定という部分に関してもスピノザとシュミットでは捉え方が大きく異なる。スピノザは、「最高の諸権力（summae potestates）の権利は、それらの力によって決定される」［TP4:1］と述べている。シュミットが決定という主権権力の能動的契機を重視したのに対し、スピノザは、主権すなわち最高権力の権利が最高権力の「力」（potentia）によって「決定される」（determinatur）という点、すなわち主権の「被規定性」ないし「受動性」を、主権の規定の冒頭から問題にしている。さらに記述からも明らかなように、最高の権力は、最初から単数ではなく複数性として現れるのである。主権を構成するのは、主権の成立に先立つ様々な内在的諸力であって、シュミットの言うような意味での超越的権威ではない。

スピノザにとって権利と力とはイコールである［TP2:3］。そのことを踏まえると、そのような最高権力の権利の源は何と考えるべきか。「国家すなわち最高権力の権利は、一人一人の個人からではなく、一つの精神によってであるかのように導かれる群衆‐多数者《ムルチチュード》の力によって規定される自然権そのものにほかならない」［TP3:2］。すなわち最高権力すなわち主権とは、民衆が作り出す「群衆‐多数性（multitudo）の力」（という表象）とイコールであり、民衆は自らが作り出したこの群衆‐多数性の力によって統治される。「群衆‐多数性《ムルチチュード》の力によって規定されるこの権利は、通常、統治権（imperium）

と呼ばれる」[TP2:17]。

この認識を基礎にスピノザは、国家の権力と諸個人の力とを、力の関係として、あるいは権力均衡の問題として捉えようとしている。「各人が自然状態においてそうであるように、全国家の身体と精神もまた、それの持つ力に応じた権利を有する。それゆえ一人一人の国民は、国家が彼らより力において勝るほど、より少なく権利を持つことになる」[TP3:2]。この比較級の逆もまた真であり、各国民が力において国家より勝るほど、国家の権能は減少する[TP3:9]。

このように国家は確かに主権者として振る舞うのだが、それはあくまで「それの持つ力に応じた権利を有する」限りにおいてである。なるほどホッブズも、民衆と主権者との関係を力という概念で規定することを試みてはいる。だがそれにもかかわらず彼の思想は、最小限の自己保存権のみを残し構成員の権利を全面的に単一の権威に移譲することを通して、民衆の有するほとんどの諸力を超越的秩序が捕獲する形態をとるため、主権権力であるコモンウェルスと民衆との間には、いったん権威が確立したあとは、原理的に言って主権の側からの——上から下への——一方向的な力の関係性しか現れない。というよりむしろ、その点にこそホッブズ的権力観の要諦がある。これはシュミットの場合も同じである。

それに対しスピノザは、権利という概念の持つ超越的・規範的な性格を剝奪し、それを力に還元することによって、国家の統治権とそれを構成する諸個人、その双方の力の相互作用のうちに政治的プロセスを見ようとしている。事実、よく知られている通り、ホッブズの場合と異なって、スピノザにおいては、各人の自然権が国家状態の中で消滅することはない。

一人一人の自然権は、事態を正しく考えるなら、国家状態の中においても終熄はしない。実際、人間は、自然状態においても国家状態においても、自己の本性の諸法則に従って行動し、自己の利益を計る。人間は——あえて言うが——そのどちらの状態においても、希望ないし恐怖によって、このことやあのことをなしたりなさなかったりするよう導かれる。両状態における主な違いは、国家状態においては、すべての人々が同じ恐怖の対象を持ち、すべての人々が同じ安全の基盤と同じ生活様式とを有するという点にあるが、このことは決して各人の判断能力を解消しない。［TP3:3］

スピノザの考えでは、人々の持つ感情の力、すなわち自らが形作る群衆《ムルチチュード》-多数性の力を恐れることによって国家状態——法的秩序の措定とそれに対する服従——は構成されるが、そのことは、判断能力や理性を国家に譲り渡すことには、いささかもならない。主権の源泉は民衆、すなわち群衆《ムルチチュー》-多数性《ド》の力であり、その力はホッブズのように移譲はされないので、主権の確立後も依然として民衆が保持したままである。民衆の力は、法と主権をおびやかす脅威として常に現前し、後述するようにある閾値を超えた時にはそれらを打ち崩し、新たな法と主権を確立する能力として残り続ける。スピノザにとって主権は、民衆の力にとって外的に、すなわち超越的に到来する不可抗の存在ではなく、民衆の力が生産したものであり——たとえそれが君主制や貴族制の形態をとったものであろうと——、力の場の中に浮かぶ暫定的な結節点である。
したがってスピノザは、政治社会において主権者による決断が存在しないと言っているのではない。主権的な性格を帯びた決断は存在する。しかしそれは、一人の主体によって行使される透明なものではなく、それを構成する様々な力によって徹頭徹尾規定された不定形のものであり、一定の政治的諸関係の産物である。それはいわば「不純なもの」なのであり、純粋な起点でも原因でもなく、一つの過程であり、結果に過ぎない。「真理ではなく権威が法を作る」のがシュミットだとしたら、スピノザの定式では「権威ではなく（諸）力が法を作る」のである。[*17]
第二の観点は、「自由」の功利主義的導入をめぐるものである。これは、スピノザによる自由主義の内容が、理念的というより、現実主義的な事柄に由来することに関わっている。
確かに、スピノザは、「国家の目的は、実のところ自由である」［TTP20:6］と主張し、国家の存在理由を「人間を理性的存在から野獣や自動人形にすることではなく、むしろ逆に人間の精神的、身体的な機能が完全に果たされ、自由に自らの理性を行使できるようにし、憎しみや怒りや裏切りのために争ったり、互いに悪意を募らせたりしないようにすること」［ibid.］のうちに見る考えを表明している。ただ、スピノザの記述を辿っていくと、国家のもとでの自由を擁護するにあたって彼が依拠しているのは、不可譲の個人の権利の擁護というリベラルな根拠よりも、はるかにプラグマティックな土台からであることがわかる。スピノザは、「思っていることを口にする自由を人から奪い取るのは不可能である」〔TTP20:16〕と述べ、人々の判断の自由を奪うことは事実上できないと規定したあと、次のようにその理由を述べている。

仮にこうした自由を抑圧でき、最高権力があらかじめ決めたこと以外何一つ言わないように支配できると想定してみる。そのような場合でも、人々が権力者たちの望むことだけを考えるようには決してならないはずであり、もしそうなった場合には、人々は絶えず本心と異なることを語ることになる。その結果、国家の体制において最も本質的なものである信頼が損なわれるだろう。忌まわしいへつらいと不誠実が助長され、陰謀が渦巻き、いかなる種類の誠実さも破壊されるようになる。〔TTP20:11〕

スピノザは法の遵守という営みには「信頼」(fides)が何より必要であり、それが国家の安定的な存立および契約の基軸をなすと考えていた〔TTP16:7-8〕。もちろん彼は、より大きな善への希望やより大きな悪への恐れという感情の支えなしで、そのような信頼がそのまま維持できるとは考えていないが、人々から自由を奪うことは、その信頼とそれを守ろうとする誠実さを奪うこととイコールであり、それは国家存立の基盤を脅かす行為となる。

他の人々と異なる考えを持っていて、それを隠すことができないからといって、正しい人々を無法者のように追放することほど、国家にとって大きな災いが考えられるだろうか。繰り返すが、何の悪事や悪行もなしていないのに、単に自由な精神の持ち主であることを理由に敵とみなされて処刑され、悪人たちにとっては恐怖でしかない死刑台が、忍耐と徳の最上の実例と主権者の侮辱を示す壮麗なステージになるとしたら、国家にとってこれより破滅的なことが考えられるだろうか。［TTP20:13］

実際、「誠実な人々が殉教する」［TTP20:16］ような国家では、人々の憐れみと怒りと復讐心に火がつき、よき慣習や信頼関係が破壊されるだけではなく、「自分たちは神に直接選ばれた人間であり、自分たちの取り決めは神聖である一方、主権者たちの取り決めは人間同士のものに過ぎない」［ibid.］などと主張する人々が支持を集めるようになる場合も大いにあり得る。これは権力の正統性に対する重大な疑念を人々に抱かせかねない出来事である。このようなことが積み重なり、「大多数の人々を憤激させるような事柄」があった場合には、「国家の権利はほとんど及ばない」事態が招き寄せられてしまう［TP3:9］。

人間は本性により、共通の恐怖によって、あるいは何らかの共通の損害に復讐しようとする欲望によって一つに結託するものであることは確実である。国家の権利は多数者の共同の力によって規定される以上、国家の力と権利は、国家が多くの人々を結託させるような理由を与えるにつれ、より少なくなることも明白である。確かに国家には恐れるべき若干の事柄が存する。そして一人一人の国民あるいは自然状態における人間がすべてそうであるように、国家もまた、恐れるべき理由を持つことが多いほど、それだけ自己の権利のもとにあることが減少する。［ibid.］

主権の力は増大もするが、減少もする。そして、自由を抑圧することが国家の力を逆に弱めることにつながるという認識がスピノザにある。したがって、彼に言わせれば、自由にものを話す人々ではなく、逆に「抑圧できない判断の自由を取り除こうとする人々」こそ、「実は秩序の攪乱者」［TTP20:15］なのである。

離婚を理由に破門されたとはいえ、原罪の思想をカトリックの立場と共有するシュミットは、「一切の真の政治理論は、人間性を〈悪〉と、すなわち人間は問題を孕まない存在ではなく、〈危険〉で動的な存在であると仮定している」［Schmitt 2015d (1932): 57］と述べ、マキァヴェッリ、ホッブズ、ボシュエ、フィヒテ、ドゥ・メーストル、ドノソ・コルテス、イポリット・テーヌ、ヘーゲルらに連なる「性悪説」の思想家の系譜に自らを位置づけている。自由主義やアナキズムといった性善説に基づく理想主義に対する彼の激しい敵意の一因はそこにもあるが、一方でシュミットの姿勢は、上からの一方向的、そして純粋な権威的決断が可能であり、それが成員に対して大きな抵抗なく行使される状態を想定する点で「理想主義的」とも規定し得る。自由主義は国家を「拘束」し「抑制」するものでしかない［ibid.］という彼の認識には、一種の理念状態――主権権力の提案を国民が喝采をもって一意的に受容する——へのこだわりのようなものすら窺える。

一方スピノザは、「架空論にしか見えない政治学、すなわちユートピアとか詩人たちが歌う黄金時代とかでのみ通用するような政治学」［TP1:1］を批判することから政治学を構想し、性善説をはっきり退けているだけでなく、[*18]上述のように個別的な諸力の動的な変動のうちに政治過程を見ようとしていた点で、ある意味でシュミットよりむしろ現実主義的な側面があったと推定することが可能である。

第三の観点は独裁についてである。「独裁は決して民主主義の決定的な対立物ではなく、民主主義も独裁への決定的な対立物ではない」［Schmitt 2017a (1926): 41］と述べ、ホッブズに託しつつ、内戦の抑止という使命を持つという意味において「国家とは〔…〕一つの独裁である」［Schmitt 2015b (1921): 22］と規定するシュミットにとって、独裁は、思想上の勘所に位置する問題である。

彼によると独裁は二つの類型、すなわち古代ローマにおいて典型的に見られる委任独裁——構成された権力（pouvoir constitué）によって規定され、主として時限が限定されている独裁——と、革命に成功した勢力が、構成する権力（pouvoir constituant）として新しい体制への移行期に行使する主権独裁——ジャコバン独裁やプロレタリアート独裁など——に分けることができるが、いずれの場合にせよ、「被支配者の多数の合意とは無関係な国家支配権の行使はすべて独裁と呼び得る」［XVI］。その場合、独裁の内容は「事態に応じて決まる」ものであるがゆえに、独裁は必然的に例外状態とイコールである［ibid.］。例外状態における独占的主体の特権性を思考するシュミットにとって、独裁は決して非本質的な概念ではない。

ところで興味深いことに、シュミットからは自由主義的とみなされているスピノザも、独裁について一切語っていないのではなく、『政治論』でこの問題に触れている。

まずスピノザは、条件付きながら独裁を容認するケースと、容認はしないが民衆が独裁に陥りやすいケースとを分けて論じる。

第一の独裁を容認するケースでは、マキァヴェッリの所見に従いつつ、国家の中には人間身体と同様、「時々取り除かなければならないものが日々溜まっていく」［TP10:1］のであり、それを清めることが、国家の崩壊を避け、「国家を、その建設の基礎台となった第一原理へ返らせる」［ibid.］ために必要だという。この方策が施されないところでたとえ国家が存続し得ても、それは単なる偶然によるものであると言えるほど、この作業は、「極めて重要であることを疑うことはできない」［ibid.］とスピノザは考えている。ここで彼が参照しているのはローマ帝国の独裁制であり、そこでは元老院議員ならびにすべての役人の行為について認定し、判断し、処分する権能を持つ独裁官（Dictator）が、五年ごとに一～二ヶ月の任期で選ばれることが決められていた。

これはシュミットの言う委任独裁に当てはまる形態だが、スピノザはシュミットと異なり、この独裁について言及するや否や、その決断の単独性に疑義を呈し、その力をいわば中和化する――様々な諸力の影響を受ける被規定的存在として把握する――ような方法をめぐる議論を付加していく。

すなわちまず、この独裁官たる者が、「国家の本性に調和し、国家の諸基礎から導き出され得るような対策を施す」ように行動するよう、相当の注意をしなければ、「一難を避けようとして他の一難に陥りかねない」ことが懸念点として指摘される［ibid.］。独裁官の権力は絶対的なものであるため、平時において最も傲慢な者がその地位に就こうと画策するし、場合によっては共和制政体が君主制政体に変貌してしまうきっかけにもなるからである。

そこでスピノザが提案するのは、独裁官の決定権を、護法官の会議体（concilium）に従属させることである。これは、年配の良識ある者たちだけが終身の身分で構成することに定められている、国家の諸法律が侵されることなく維持されるよう監督するための会議体である。この手段を講ずれば、「独裁官の永続的な剣が、ある自然人のもとにではなく市民的人格の支配下にあることになり、この市民的人格は多数の構成員からなるものなので権力を分割したり、何らかの悪事のために結託したりすることができない」［10:2］ように仕組んでおける。護法官らには、軍隊に俸給を支払ったり、国家の他の官職に就いたりすることを禁じておき、秘密投票による決議を保障しておけば、彼らが外部の権力に脅されたりすることなく、害悪を早くに取り締まることも可能になる。

このように独裁という極端な事態においても、まさにシュミット的な一者——「ある自然人」——に代えて、「市民的人格」（persona civilis）という多数の諸力の規定を受けた主権者を置こうとするスピノザの姿勢に、両者の対比が端的に示されている。[*19] スピノザにおいては、独裁官といえども、いったん措定されるや否や、その決定の権利は、より多くの人々の諸力によって規定されるものとされ、それらの力によって構成された力能を行使する存在となる。

これは決定権を分割することではない。そうではなく、ひとつの決定が「ある個人の決定」になってしまうことによる不安定性を回避するために、決定の中身を吟味する仕組みと決定権をセットで考慮する構想である。決定の「内容」や「方法」に無関心だったシュミットとの違いがここにも見られる。

このような第一のケース以外に二つ目のケースとしてスピノザは、王のような一人の人物に紛争の調停や戦争遂行などを委託する形をとって、事実上の独裁が生じる場合が存在することを挙げている。また国民のパニック時にも、誰か一人の人物に国事を任せてしまうことが起こり得る。スピノザによればローマ帝国の衰退もそれが原因だった。

しかし、前者の場合、「人々は、戦争をうまく遂行したいがために、平時において隷属状態に甘んずることになる」［TP7:5］ために、結果としては愚かしい選択になり得ると彼は言う。「国民があたかも獣のように導かれてただ隷属することしか知らない国家は、国家というよりは荒野と呼ばれて当然である」［TP5:4］と述べていたスピノザからすると、この独裁は悪手である。

後者の、国民がパニックに陥る場合はどうか。この場合も、スピノザは独裁を容認する方向ではなく、国家が適切に組織されているケースでは、このようなことは、正当な原因からでなくては生じないとして、独裁をいかに回避するかという方法論のほうに力点を置く。

例えばスピノザは、分権と競争が、国事の脆弱性を防ぐ防波堤となることを多くの箇所で論じている。中央主権的な国家より、各都市が「他の諸都市なしに単独で存立することはできないが、逆に他の諸都市からある都市が離脱すれば必然的に全国家の大損害に至るというように」組織された、地域分権に基づく国家のほうが強力であるという認識を彼は持っていた［TP9:1-2］。それは、分権化した国家のほうが、「国家の最高会議が不意の襲撃によって全的に壊滅されることを警戒する必要がない」［TP9:15］からであり、いわゆる単一障害点の問題を回避できるためである。

また同時に、多くの都市からなる国家は、それぞれの地域で力を得た有力者たちが都市の政治に携わるが、この有力者間の競争をスピノザは重視する。ずば抜けて名声をほしいままにする者には必然的にたくさんの競争者があり、この競争者たちにはそれぞれ多くの味方がつく。国家全体の支配を一人の人間が目論む際には、分権化がなされている国家の場合、他の多くの都市の有力者たちを味方につけなければならないという大きなハードルが立ちはだかる。このように国事が整えられていれば、パニックが起きても、独裁的な権力を握って根本的な法律を無視するような行為にブレーキがかかる。また特定の人のみを推そうとする行為には争いが生じがちだが、この争いを解決するためには、結局、一度定められかつすべての人々に承認された諸法に立ち戻って調停することが必要になるため、結果として法の支配の強化を促すことにもつながる。［TP10:10］

以上のようにスピノザは、たった一人の人物ではなく、平時から、多くの都市に自治権を認め、多くの人々が競い合う条件を整えている国家においては、独裁がもたらす危険性は限りなく小さくなると考えている。[*20]

このようにスピノザの場合、独裁を容認しているというより、それを単独の人間の決定権に帰さないためにどのような工夫をすべきかを検討することに主眼がおかれている。やはり、決定が行われるという事実だけでなく、決定のされ方と内容に関する吟味が主題という点で、スピノザの主権の考えは、シュミットと大きく異なっているのである。

4 戦後のシュミット——権力をめぐる問い

シュミットは『グロッサリウム』で、「神と人間に与えられた最も大胆な侮辱、そしてこれこそが〔スピノザに対する〕あらゆるシナゴーグの呪いを正当化するものなのだが、それは、『神すなわち自然』(Deus sive natura) という定式の『すなわち』(sive) の中にある」〔Schmitt 2015f (1991): 28〕と述べ、スピノザに対する苛立ちを顕わにしている。この定式に示されているスピノザの思想のポイントは、人間も含むあらゆる個物——そこには当然「主権」という現象も含まれる——が力の場という関係性のもとで互いに影響を及ぼし合っている暫定的な構成物にほかならず、その平面上では、超越的な起点を設定することも、あるいは純粋な決定の一義性を語る文脈も存在しないという事態の確認にほかならない。それに対し、超越性に基づく決定の契機を重んじるシュミットは、ある人物による上からの決定が同一性の原理によって統合された民衆からの喝采によって一意的に支持される状態を、理念上、求め続ける。その際、「法生活の現実において重要なのは、誰が決定するかである。内容の正しさの問題とは別に決定権の問題がある」〔2015c (1922): 48〕と主張する彼が一貫して追究してきたのは、これまで見てきたように決定主体の人格的所在をめぐる問いだった。

しかし、すでに終戦前から自らの主権概念の持つ一定の限界性を意識していたシュミットは、大戦後、そのことを再考するきっかけを持ったかにも見える。[*21] 例えば、戦犯容疑者の一人としてニュルンベルクで尋問された際、シュミットは、ヒトラーの個人的な権力のうち、全能という点については実効的だったとしても、全知という点では問題があった点を指摘したあとで次のように述べている。

第一の実際的問題は、全能の指導者に対して、彼が決定を行い決断をするための基礎となる素材を、誰が彼に与えるのか、誰が流入する大量の事項の中から選択を行い、誰が閲覧すべきものとそうでないものを決めるのかということだった。［Schmitt 2000: 94］

ここで見られるのは、「誰が」決定するかという問いではなく、「どのように」決定が行われるかという決定の方法・手段に対する問いへの変化である。彼はこの点に関し、「側近や控えの間に怒ってみても、それを完全に取り除くことはできない。この前室それ自体を迂回することはできない」［Schmitt 2008b (1954): 23］と述べ、決定に影響を与える外部の力に目を向ける。

政治権力が一つの地位、一人の人間の手に集中するほど、この立場と人間への通路（Zugang）が最重要の政治的、組織的、憲法的な問題になっていく。絶対君主への通路をめぐる闘争、彼への助言、情報提供、直接的な上奏などをめぐる闘争が、絶対主義の憲政史における最重要の内容で

ある。〔Schmitt 2000: 93〕

これは、彼が以前から問題にしてきた「間接権力」（potestas indirecta）の問題である。彼は、「レヴィアタン」論の末尾でも、レヴィアタン的な主権の構想が内面留保の承認をきっかけに崩壊したにもかかわらず、ホッブズが現代の私たちにもたらし得る洞察と寄与は何かと問いかけ、それこそは「あらゆる種類の間接権力に対する闘争」〔Schmitt 1982 (1938): 131〕であるとしていた。つまり彼は、主権権力の行使の前段階に間接権力という夾雑物があることは認めるが、それを取り除き、唯一の主権権力の純粋な行使を確保するために闘う必要性——不純なノイズに妨害されることのない国民意志の糾合ないし統一——を訴えてきたのである。

しかし、このように間接権力を批判し、一元的な権力にアクセスする経路が複数あることが問題なのだとするシュミットの認識は、ある種の袋小路に至るしかない。シュミット自身が確認したように、権力の一極への集中は、権力の前室ないし控えの間における間接権力の支配の問題を必然的に引き起こす。一方、権力が一個人に集中する事態を避けようとすれば、ある種の多元主義を認めることにつながるが、これは従前の立場を維持しようとするならば、彼が容認できないことである。

これはシュミットが、権力を一個人に集中させ、決定の一義性を維持することに固執することから来る必然的な矛盾である。換言すれば、権力を一個人に集中し得るという考えが——シュミット自身も気付いていたように——そもそも、権力の本質を捉え損なっているということにほかならない。権力の控えの間についても、それが純粋な決定にとっての雑音のごとき問題として処理されるとするならば、それは権力の発生の原因にまで遡った洞察には至らない。権力は、その行使においてはもちろんのこと、その成り立ちの側面においても、決して純粋な個人の意思などには還元できず、無数の不純物を含んだアマルガムである。

この点についてもスピノザは、考慮すべき指摘をしている。まず彼は、君主制政体においては権力が一人の王または君主に集中されているのではないかという疑念に答える形で、君主制政体においても、主権は国民との間の力の相互関係によって規定されているという点を強調する。

確実なことは、国家は常に敵よりも国民によってより多く危険だということである。良い国民というものは滅多にいないからである。それゆえ、国家の全支配権を委ねられた人間は常に、敵よりは国民を恐れ、したがって自分の安全に気を配り、また臣民の利益を顧慮するよりはこれを陥れるように努める。特に知恵をもって傑出する人々、富あるゆえに影響力がある人々に対してそうである。〔…〕これらすべてのことから、国家の権利が絶対的に王に委ねられれば委ねられるほど、王は自己の権利のもとにあることが少なくなり、またそれだけ国民の状態は不幸になるということが帰結される。［TP6:6-8］

君主制政体においても君主と民衆は、恐れを介した相互規定の関係性のもとにある。なぜなら、君主制政体の主権といえども、その力の源泉は民衆にあるためである。「王の剣すなわち王の権利は、事実上、群衆《ムルチチュード》-多数性自身の意志、あるいは群衆《ムルチチュード》-多数性の強力な部分の意志である」［TP7:25］。そしてそのことから帰結するように、「人々の福利が最高の法すなわち王の至高の権利である」［TP7:5］以上、君主制政体における王も、自己の権力が永続することを望むなら、民衆の諸欲望への対応を怠ることはできない。

ところが君主制政体は、この民衆の諸欲望を汲み取り、実現する過程で大きな制約を負っている。それは、まさに先のシュミットの認識と重なるところだが、「王一人では、何が国家にとって有益かを知ることができない」［ibid.］という限界である。

> というのも、どんな人間でも、絶えず警戒を怠らないように寸時も眠り込まないというわけにはいかず、またどれほど堅い意志を持った高潔な人間でも、とりわけ最も精神の力を要する際に、精神的に参ってしまったり、自分に負けてしまったりしたものだったからである。その上、いかなる人も、自分自身ですら満足に達成できないような事柄、例えば自己のためによりも他者の関心により多く気を配り、貪欲を避け、妬まず、野心にもとらわれないといったようなことを他人に要求するのは、確実に愚かしい。特に、その人間が日々あらゆる感情への強烈な刺激に曝されている場合にはなおさらである。［TP6:3］

このように単独の人間には、人間である以上もたらされる様々な制約が生じる。したがって、「王の統治権というものは、その年少、病気、老衰により、またはその他の理由により、しばしば当てにならない」[TP8:3]。王単独では主権を占有できず、それを十全な形で使いこなすことはできない、というのがスピノザの基本認識なのである。[*22]

実際のところ、一人の人間だけで国家の最高の権利を握ることができると信じている者は甚だしく間違っている。なぜなら、権利はもっぱら力によってのみ決定されるのだが、一人の人間の力でこうしたあまりに重い負担を背負うことは、ほとんど不可能だからである。[TP6:5]

したがって、これに続くスピノザの記述によれば、王はしばしば若干の執権者——顧問官なり腹心者なり——を求め、これらに統治を委ねざるを得なくなる。すると、まぎれもなく君主制政体と信じられている国家が、実際の運用においては貴族制政体、それも公明な貴族制政体ではなくて内密な貴族制政体、したがって「最悪の貴族制政体」に陥ることになる[ibid.]。

そのため、このような事態を避けようとするならば、法律を制定したり、それを解釈したり、廃止したり、都市を防備し、戦争と平和を決定したりするなど国家のなすべき事項への配慮を担う前出の「会議体」(concilium)の存在が必然的に要請される。この会議体の主要任務は、「国家の根本法を守り、諸政務について、公共の福利のために何をなすべきかがわかるように王に助言を与え、王がまずこの会議体の意見を聞くことなしにいかなる事柄をも決定しないようにすること」[TP6:17]にある。会議体を通して王は、民衆の欲望のありかを知る。「一般的に、王は国家の精神として、またこの会議体は精神の外的感覚あるいは国家の身体として考えられるべきであり、この身体を通して精神は国家の状態を知り、精神は自己のために最善としたことを実行する」[TP6:19]のである。

ここにシュミットとスピノザの権力観の相違がよく出ている。シュミットは、ホッブズがレヴィアタンの構想において、デカルトの主客二元論のモデルを政治的に応用したと考えていた[Schmitt: 1995 (1937): 141]。周知のようにデカルトにおいては、精神と身体とは全く別個の二実体であり、松果腺を介して作用し合うとはいえ、精神の能動は身体の受動であり、また逆も真である[Descartes 1986 (1649): 327-370]。シュミットが言うように、ホッブズの主権がデカルトの主体(精神)に相当し、ホッブズの民衆がデカルトの客体(身体)に相当するものであるなら、ホッブズおよびシュミット的な主権は、変動する民衆の欲望を掬い上げる回路を持ち得ない。それは一方向的——主体(精神)から客体(身体)へ、主権権力から民衆へ——である時のみ、最も「能動的」なのである。

デカルトと異なりスピノザの場合は、身体と精神は同一の変状の二側面に過ぎないので、精神の能動は身体の能動であり、身体の能動は精神の能動であるという関係性がある[E3P2Sc]。むしろ精神は、能動的であるためには、身体の様々な変容をキャッチし、自らの活動的な力能を高めていく必要がある[E2P13Sc, E2P14][*23]。

先の話に戻れば、王単独ではなく、多数の国民からなる会議体ないし顧問官を設置した場合、そこでの審議を通して、「非常に多くの数の人間が気付かないような議題を容易に想像することができない状態」[TP7:5]が現出する。すなわち、様々な問題とその問題を解決するための選択肢、そしてある選択肢を採った場合に引き起こされる諸々の問題、およびその問題を解決するための選択肢、そして……という形で、民衆の欲求を反映した無数の決定可能性が開かれ、様々な問いが検討に付される。先に見たように、王といえども、人民の福利を無視して統治を行うと自らの存立基盤を脅かすことになるので[TP6:8]、この結果として、王は会議体から提出された諸意見の中の一つを選ぶ権利は持っても、全会議の意向に反する決定をしたり意見を述べたりする権利はないという状態が形作られるのである。

このようにスピノザにおいては、たとえ君主制政体においても、それを存続させようとするならば、民衆と王との間にすでにあるコミュニケーション過程を充実させ、相互規定的な関係性を維持することが求められる。別言すれば、スピノザは、「決断を下す」(take a decision)ことと、「命令を下す」(give orders)——あるいは秩序を形作る——こととの違いに自覚的だったとも言える。スピノザが政治的論考で一貫して追求しているのは、支配する側と民衆との間を循環する欲望の流通経路を制度として構築することによって、最終的に民衆の力能が最も十全に展開される地点を探ることだった。

これらのことを踏まえると、スピノザの観点からは、少数者による支配より、人々が討議や協議を積極的に行う政治システムのほうが有効である。

少数者が自分の感情にのみ基づいて一切を決定する間に、自由と公共の福利が失われる。人間の自然の能力は、あらゆる物事を一挙に洞察するにはあまりに鈍い。しかしそれは、協議したり、耳を傾けたり、討議することによって次第に鋭くなる。そして人はあらゆる方法を模索していくうちに、自分が欲するとともにすべての人々が是認し、かつそれ以前には思いつかなかったような新たな方法を最終的に見いだすのである。［TP9:14］

ここには、コミュニケーション過程を通した創発性のありようが記されている。しかも、協議や討議というコミュニケーション手段は、主権の自己保存のためにこそ求められる。主権は固定的なものではなく、それを構成する民衆の欲求への対応を通して柔軟に変化するものであり、もしその対応に失敗すれば、直ちに主権者から奪われ、民衆に回帰する――そしてほとんど同時に、民衆は直ちに次の主権を打ち立てる――力動的な構成物だからである。[*24]

ところで、冒頭で触れたようにシュミットは、大戦末期から戦後にかけて、「上から下へ」という垂直的構造より、「空間」の重要性を強調するようになったかに見える。戦後の著作で言えば、十五世紀以降に起きた陸から海へという「空間革命」にいち早く目覚めたイギリスがヘゲモニーを握る過程を描いた『陸と海』、土地取得に基盤を置きながら具体的秩序と共同体の双方を包含する秩序構成行為を「ノモス」と規定してその意義を説き、主権国家群を超えた「ヨーロッパ公法秩序」の回顧的評価を行った『大地のノモス』などがそれにあたる。

この時期のシュミットの思想に関しては独立の分析が必要な領域なので、本稿で本格的に論じることはできない。しかし、戦中から戦後にかけてのシュミットは、ヘーゲルの思想の再評価――すでに戦中から「ヘーゲルの国家は、諸々の秩序の中でも最も根本的な具体的秩序、諸々の制度の中でも最も根本的な制度である」〔Schmitt 2006 (1934): 39〕とヘーゲルへの接近を行っている――が行われていることとも関連するが、以前展開した主権や国家の枠組みそれ自体を否定すること、すなわち垂直的なベクトルを放棄する方向に移行しているわけではない。彼が主権国家をその要素とする大きな秩序を問題にする際にも、その中の個々の要素である国家は、全体の秩序の中で止揚されて――すなわち、その本質を保持しつつ、より高次のレヴェルで統合されて――いる。

したがって、例えば『大地のノモス』においては、主権国家に代わって「ヨーロッパ公法秩序」という新たな全体が、あたかも国家のように、国家間戦争という「内戦」の抑止を行う主体となる。この新たな全体は、戦争を、均衡的なラウム秩序の内部における「正しい敵」を相手に仕掛けられる「決闘」(Duel)〔Schmitt 2011 (1950): 113〕に類する行為と位置づけつつ、ヨーロッパ以外の地域を、ヨーロッパ諸国が自由に占拠できる潜在的な国土ないし植民地として規定する。そしてこの全体は、そのことを通して――いわばヨーロッパの圏外を「自然状態」として遺棄することによって――外部と内部の境界線を引く主権的な権力でもある〔111-185〕。したがってこの書で描かれるのは、さながら軍事地図上で展開される地政学的議論のように、国家的ないし超国家的主権によって地球上の様々な地域が、塗り絵の空白を埋めるごとく塗りつぶされていく様子だが、そこに一人一人の「人」の姿――そのような主権権力によって、領土化され、植民地化される場所に住まう人々の生活、その抵抗、その苦悩と叫び――を見いだすことはほとんどできない。もっぱら雄弁に自己主張しているのは、敵と味方、内と外を隔てる境界線とその移動の軌跡ばかりである。

一見、主権国家と異なるメカニズムで動いている非正規の戦闘集団の政治的役割を分析した『パルチザンの理論』ですら、パルチザンの「土地的性格」(tellurischen Charakter)に注目して空間確定的な性格を強調する点ばかりでなく、「革命的党派に帰属することは、人格の全面的な把握を意味する。〔…〕今日、国家ではなく、革命的党派が、本来的な意味における実質的に唯一の全体主義的組織である」[Schmitt 2017c (1963): 21-22]と述べて、細分化された形とはいえそこに主権性のセグメントを見ようとしている点をとっても、後年においてもシュミットが、垂直軸と空間包摂の思考を決して捨て去っていないことが窺える。

このような様子を踏まえると、シュミットにおいて大戦前も大戦後も一貫して保持されているのは、「敵か味方か」の区分に基づく「政治的なるもの」の圏域であるということがわかる。その区分の上に、国家なり具体的秩序なり、グロース・ラウムなり、ノモスなりが去来するが、シュミットの思考から区分そのものはなくならない。先に触れたように彼はこの区分を、人間にとって根底的なものとみなしているためである[2015d (1932): 34]。

冒頭で記した通り、シュミットは、国家的な共同体に対する情緒的な思い入れや、国家の伝統や歴史を重んじる保守主義者としての立場から、スピノザの思想をアウトサイダー、すなわち局外者の思想と評した。ドイツという国家の中での局外者といえば、その筆頭に挙げられるのがユダヤ人であることを考えると、スピノザがそのように規定されることに驚きはない。

しかし、シュミットの思想の限界は、彼が依拠する自明性を根拠に、「敵」を境界の外部へ放逐可能な存在、「味方」を境界の内部へ包摂可能な存在と分けてしまうその二分性にある。

「アウトサイダー」であるスピノザは、そのようには考えない。一つの国家や共同体にも、主権の構成の局面や行使の局面にも、様々な力の分節と組み合わせがあり、刻々とその布置は変化している。シュミットに倣って「敵」を、「自分にとって異《い》なるもの」と仮定すると、一つの国家の中にも、一つの主権的決定の中にも、その決定を下す一人の人物の意識や欲望の中にも「敵」がいるのである。アウトサイダーの思考とは、このような「異《い》」性を決して手放さないことほかならない。そしておそらく、シュミットが一九二〇年代、中立的国家を嘆きつつ理論的活動をしていた頃からすでに世界は、大規模な技術的・経済的なイノベーションの進行とともに、領域性よりも非領域性が重要度を増す空間が徐々に広まり、そこではむしろ、このような「異」性に満ちた者同士がいかにして一定の共同性を構築することが可能かという問いに対する応答を無視しては、およそ統治という営みが成立し得ない方向へと動き始めていた。

したがってシュミットがさらに一歩進んで問題にすべきだったのは、敵と味方という政治的な区分が、あるいは主権という「表象」（注23参照）が、人々にとってあたかも自明なもの、質感と重みを伴った形象として生成される権力空間とはいかなるものであるか、という問いだろう。*25 自明性から出発する——『政治的なものの概念』におけるように——のではなく、自明性そのものの成立根拠を問う——「政治的なもの」(das Politische) それ自体の起成原因 (causa efficiens) を追究する——こと、これが政治学の本来の任務の一つであることは間違いない。そしてそれは権力の本性をめぐる問いに直結する。

実のところシュミットは、すでに初期にも、「事実上の権力組織は、いかなる主観性よりも上位に来るのであり、その総体において、あらゆる個人、さらには最も強力な独裁者をも道具として使用する」[**Schmitt 2015a (1914): 85-86**] との指摘をしていた。[*26] 権力、および支配は、決して一つの人格に還元できるような力ではない。「非個人的」であり「超個人的」である [86] と彼自身が形容するような、単独の人間のみならず人々の意志をも超える権力の働きとその特異な性格を、シュミットが認識していなかったはずはないのである。

もしシュミットが、あらゆる決定に先立つ——そして、決して人称には解消できない——この力を注視し、その成り立ちと機能をめぐって洞察を進めていたなら、あるいは「レヴィアタン」論の行論も、それ以後の歩みも異なったものになっていたかもしれない。

しかしこのような要求は、アレントにさえほとんどなかった生-権力《ビオ・プーヴワール》的な視点をシュミットに求めることでもあり、無い物ねだりに過ぎる。むしろ、それを決してなし得ないところに——肯定的に継受するにせよ、その逆であるにせよ——後世の人々を刺激して止まない、シュミットの譲り渡すことのできない特性がある。

注

＊1　実際、この論文は様々な両義性に満ちており、ナチスを擁護する法学的地位の中心から排除されたシュミットが、彼の期待していた全体国家への幻滅を語ったものととれなくもない側面を有している。しかし、彼の中軸をなす方向性、戦前から戦後に至るまで一貫する姿勢が、全体主義への「反抗」とはおよそ正反対のものである点は、本稿で順に確認していく。

＊2　『リヴァイアサン』の扉における図像に込められた「群れ」としての民衆、「人民 - 王」、「内戦」の循環的な関係性をめぐっては、アガンベンの考察［Agamben 2015: 33-77］を参照。

＊3　とはいえシュミットは、ホッブズの国家観の全体を肯定していたわけではない。ホッブズの国家は機械的国家論という点において、次節で検証するような、シュミットが求める強力で質的な意味における全体国家に必要とされる、大衆の情緒的な承認の基盤を持っていないためである［Schmitt 1995(1937): 139-149］。

＊4　したがって、シュミットは、映画やラジオのようなメディアの持つプロパガンダ的な影響力も無視しない。彼によると、鉄道や交通機関、郵便、電信、無線通信等の新しい技術には、「国家意志を形成する際の新しい方法と大衆の全般的な同意および自発性をもたらす新たな手法」が含まれており、国家は「検閲」と「監視」という方法を使ってそれらをコントロール下に置かなければならないが、特に映画の機能に対しては、ゲーテの「大衆の官能を縛り付け、魂を奴隷にするがゆえに」という言葉を借りて高い評価を与えている［Schmitt 2003 (1933): 367-369］。

＊5　多くの箇所でシュミットはこの言葉を提示しているが、出典として彼が参照を促しているのは『リヴァイアサン』第二十六章である。そこでホッブズは、「何が合理的か、何が廃棄されるべきかをめぐる判断は、法を作るもの、すなわち主権合議体ないし君主に属する」［Hobbes 2003: 211］、「コモンウェルスにおける自然の諸法の解釈は、道徳哲学の書物に依存しない。コモンウェルスの権威のないところでは、それらの書物の著作者たちの権威が、自分たちの意見を――たとえそれがどれほど真実であっても――法にすることはできない」［218］等の記述をしてい

る。

＊6　このことは、シュミットが、表現の自由等をはじめとする民衆の自由を認めなかったということを意味しているのではない。『憲法論』やヴァイマル期の様々な発言に照らしても、そのような解釈は正しくない。問題は多元主義を批判するシュミットの場合、決断の「あと」の民衆の意向の問題が、常に二次的な契機としてしか扱われないという点にある。例えばシュミットによれば、国民は根本的な決断、すなわちどのような種類の国家体制のもとで暮らしたいかという点での決断を下すことはできる［Schmitt 2017b (1928): 24-25］。しかし、彼の思考においては、いったん決断がなされたあとでは、国民は背景に退くのであって、民衆が生産的な意味で法的、政治的に異論を差し挟んでいくという契機が思想の中心部に構造化されることはない。一九一九年のヴァイマル憲法の選択と一九三三年のヒトラーによる政権掌握や全権委任法の成立、この双方の選択を彼が正当化できる根拠の一つは、ここにある。この点は、ベンダースキーが指摘するような、シュミットの「格率」とすら言える、何であれ「合法的に確立された権威に対する忠誠」［Bendersky 1983: 28］という理由に加えて検討される必要がある問題である。

＊7　このシュミットの例外と主権の関係をめぐる言説に対し、アガンベンはかなり特権的な地位を与え、法的保護の外に遺棄されたいわゆる「剝き出しの生」（la nuda vita）を政治の圏域に包摂するという、古来、主権権力の中核にあった生政治的意図を表明したものと考えている［ref. Agamben 1995: 17-76; Agamben 2003］。しかしながら本稿では——そうした一般化が十分な説得性を有するかという点について留保しておきたいため——そこまでの敷衍は行わず、あくまでシュミットという思想家に固有の主権理論として扱う立場を暫定的に採る。

＊8　なおこの例外状態論に関しては、暴力を法的に包摂しようとするシュミットと、法の外部に純粋暴力を措定しようとするベンヤミンとの対比をめぐるアガンベンの論考を参照［Agamben 2003: 68-83］。

＊9　彼によると、戦争状態における敵とは「何らかの本質的に異なる異者であり、他者的存在の極致」であるが、こうした敵対性を規定し、また排除することができるのは国家のみである［Schmitt 2017b (1928): 377-378］。もちろん

シュミットは、政治的なものの領域内にあって政治的なものとして存在することをその本質としているからには、「国民は、友と敵の区別を定めなければならない」[Schmitt 2015d (1932): 47] とも述べている。しかし、一連の議論の中でシュミットが究極的に論拠としているのは、「自明性」ないし「常識的合意」とも言うべきものである。例えば彼は、国民である以上、「自らの敵が誰か、誰に対して自分が戦ってよいのか」という問いに対して、「他者に問うことなく当然のごとく知っていなければならない」と述べ [ibid.]、国家の決定と国民の決定が一義的に同一であることを求める。

＊10 とはいえ、ケルゼンのように法治国家という概念のもとに国家と法秩序を同一視する純粋法学の立場は、法にとっての外部性を捨象してしまう点で、スピノザの立場と異なる。

＊11 シュミットにおける「政治的なもの」の次元の再評価を積極的に進めるムフのような理論家ですら、「シュミットの「我々」と「彼ら」との区別は、実際には政治的に構成されていない。それは既存の境界線の再認に過ぎない。[…] 国家の統一性は既定事実として提示され、その既定事実の明証性は、統一の産物としての政治的諸状況を無視することができるのである」[Mouffe 1999: 50] と指摘している。

＊12 戦後の『大地のノモス』における次のような記述も参照。「戦争遂行国家の国民が、自己の政府の正・不正について決断すべきなのか。もしそうならば、それは内戦およびアナーキーをもたらすに過ぎないだろう。あるいは、個々の兵士が、自己の政府の正・不正について決断すべきなのか。もしそうならば、暴動および謀反をもたらすに過ぎないだろう」[Schmitt 2011 (1950): 128]。

＊13 このようなシュミットの思想は、ポピュリズム――同質的で「真正なる」人民の「一般意志」の訴えと反多元主義等を特徴とする――に対して、一定の理論的基礎を提供するものとも言える [ref. Müller 2017 (2016): 27-28, 51-52; Mudde & Kaltwasser 2017: 18]。

＊14 もっともシュミットは、ここで注目した「構成する権力」、すなわち憲法に従属せず自ら憲法を作り出すがゆえ

に「原理的に無限定であり、万事をなし得る権力」〔Schmitt 2015b (1921): 137〕であったはずの無制限の力能を、「喝采」や「世論」という形で表現され、共通の観念によって結ばれる「同質性」(Gleichartigkeit ないし Homogenität) のもとに捕獲し、回収していく方向をとる〔ref. Schmitt 2017b: 234f〕。例えば彼は、民主制を「具体的に現前する人民の自己自身との同一性」〔2017b (1928): 223〕と規定した上で、「民主主義にとって本質的に重要なものと言えば、第一は同質性であり、第二は —— 必要な場合 —— 異質なものの排除ないし殲滅である」〔Schmitt 2014a (1926): 67〕と述べる。後に見るように、これはもはやスピノザの思想と類縁的なものではない。

＊15　スピノザが用いている civitas は、単一民族ないし同質的集団を暗黙に前提した近代以降の「国民国家」という意味に限定されるものではなく、広い意味での「法および何らかのサンクションを大なり小なり強制する機構を備えた社会」を意味している。本稿では、シュミットとの対比を明確にする目的で、暫定的に「国家」としておくが、スピノザの「国家」という概念には、常に国民国家よりも外延の広い「共同社会」とも言うべきニュアンスが含まれていることを念頭に置いておく必要がある。

＊16　スピノザの政治論を扱う際に無視できないこととして、『政治論』の未完」という問題がある。周知のように君主制、貴族制、民主制という三政体の分析がなされている『政治論』は、スピノザの突然の死によって、民主制政体の内容規定に入るところで中断されている。したがって、本稿がスピノザの政治的見解として取り上げる以下の記述の中には、彼が主として分析の対象とした君主制政体や貴族制政体に固有のものとして（のみ）語っているかもしれない概念も混じっている（例えば後述の独裁の規定など）。

しかし、ここまでの主権をめぐるスピノザの記述は、国家の一般原則を論じている箇所での議論であり、未完だった民主制政体の部分では主権という概念そのものが廃棄されているはずである、と仮定することは困難である。（もっとも、しばしば議論となる契約説の破棄という点に関しては、テクスト上でも裏付けられる通り、『神学政治論』とは異なり、『政治論』では「契約」という観点がほとんど消滅している。だからといって、スピノザが最終的に、契約説そのものを「破棄」していたのかどうかは別の問題であるにせよ）。

＊17　スピノザにおける主権の確立を必ずしも合理性の帰結とは捉えない本稿の立場とは異なるアプローチではあるが、シュミットとスピノザの相補的関係性を、秩序化という側面から強調するカルポカスの論考も参照［Kalpokas 2018; esp. 128-170］。

＊18　スピノザは、「人間が存在する限り過ちはなくならないことを経験によって教えられ」「何事であれ実用とかけ離れたことは説かない」政治家たちの認識を評価する［TP1:2］。政治家らは、「人間の邪悪さを様々な術策、すなわち長い間の経験から有効性が知られていて、人間がそれを理性の導きによってというより恐怖によって守るような術策によって防ごうとする」［ibid.］が、マキァヴェッリを高く評価していたスピノザの政治論はまさにこのような認識の上に展開されている。

＊19　ちなみにこの「市民的人格〔公共的人格〕」(persona civilis) はホッブズの用語でもあり、これを彼は『市民論』で国家と同一視する［Hobbes 1983 (1642): 5/10-12］。これは、ホッブズの場合においても、主権の形成過程における人間の意志の集合性という観点が依然意識されていたことを示している。一方スピノザは、この市民的人格というタームをこの箇所以外では用いず、もっぱら先述のように「一つの精神によってであるかのように導かれる群衆《ムルチチュード》‐多数者の力」［TP3:2］という定式で主権的権力を規定している。

＊20　もちろんこのようなスピノザの政治思想が、ファシズムの全面的な防波堤になり得ると考えるのは早計であり、ファシズムとその猛威に抵抗するには、次節で触れるような権力に対する分析がさらに伴わなければならない。民衆の欲望と感情が主権を必然的に生み出すというスピノザの考えは、民衆の欲望のファシスト的な凝固の可能性をも予期し、説明し得るというロジックを持っているだけに、なおさらそうである。

＊21　以下の分析の一部やシュミットの発言に関しては、大竹の研究［大竹 2009］から示唆を得た［esp. 397-410］。

＊22　いわば決定の不可能性とも言えるこの問題については、ベンヤミンの『ドイツ哀悼劇の根源』における主権の記

述を参照［Benjamin 1974 (1928): 47-50］。また同時に、S・ウェーバーの指摘を参照［Weber 1992］。

＊23　そもそもシュミットの場合、決定する主体となる主権者としての個人は、透明で確実な、かつ一義的な決定をなし得るものと想定されているが、それはいわばここで参照されているデカルト的主体である。一方、人間を原因としてではなく、情動や欲望も含めた様々な諸力によって構成される暫定的な結果として捉え、基体となるべき主体が存在するという考え自体を虚構として退けたのが、スピノザの基本認識だった［E2P40Sc1, E4P39Dem etc.］。

これと同様の抽象／一般化が、シュミットの友・敵理論のみならず国家観の特徴をなしている。例えばシュミットが望むような「主権の絶対性」なるものは実際には存在しない。たとえどれほど独裁的な国家においても、その領域は常に、支配の線分だけでなく、潜在的な形であれ顕在的な形であれ支配を打ち崩す線分——国家の主権を多様な形で浸食し脅かしている無数の諸力——によっても貫かれているのであり（その意味で国家（State）とは常に暫定的な均衡状態（state）の一表象に過ぎない）、主権の絶対性とは、表象《イマギナチオ》なのである。その点においては、力に着目して国家を規定したヴェーバーの有名な定式——「国家とは、ある一定の領域の内部で——この「領域」という点が特徴なのだが——自らのために正当な物理的暴力行使の独占を（実効的に）要求する人間共同体である」［Weber 1993 (1919): 8〔強調はヴェーバー〕］——のほうが、このような抽象化をまだしも免れている。

＊24　「自由な多数者」が主権をリセットし、新たな主権を打ち立てるスピノザの政治論における循環的なメカニズムに関してはズーラビクヴィリの説明を参照［Zourabichvili 2002: 245-262］。

＊25　この点について、ブライドッティは、政治理論を神学の世俗化したバージョンに帰すシュミットの姿勢とスピノザの姿勢を対比しつつ、次のように指摘している。

〔シュミットにおける〕この根本的に権威主義的な単純化は、無慈悲な二分法（「敵か味方か」）と、政治的関係における分極化した本性（「仲間かそうでないか」）を過度に重視する。このアプローチは、敵対的な次元を政治学の決定的な核心であると強調することによって、結局のところ否定性と暴力の必然性を是認してしまうのである。〔Braidotti 2016: 35-36〕

シュミットの思想は――その系譜上にあるシャンタル・ムフのそれも含め――決定という契機に固執することによって、一方の他方に対する有無を言わさぬ支配と服従という次元を活性化させ、政治学に、個別性の抹消につながる否定性の契機を導入するものであるとする彼女の主張には、本稿の立場からは首肯できる部分がある。

特に、既存の代表的システムが機能不全を起こしているという確信が広まるにつれ、あるいは、虚実入り交じった情報やイメージで私たちの知覚が許容度を超えて刺激され、制御不能の感覚に陥る機会が増加するにつれ、人々がポピュリズム（あるいはそれを伴ったナショナリズム）のような手っ取り早い「解決策」のごときものを提示してくれるかに見える思想やその唱道者、あるいは「象徴的な一者」に依存する事態も増加するに違いない。これらの思想は本性上、権威主義的であり反多元主義的でもあるため、シュミットの思想と親和性が高い。このような思想的傾向に対しては、本稿で繰り返し示してきたように、常にその「抽象性」を暴露し続ける必要がある。

＊26　同様の考えは、「権力ならびに権力者の道についての対話」でも述べられている〔Schmitt 2008b: 17-31〕。

文献

Agamben, Giorgio., 1995, *Homo sacer. Il potere sovrano e la nuda vita*, Torino: Einaudi.〔『ホモ・サケル――主権権力と剝き出しの生』高桑和巳訳、以文社、二〇〇七年〕

――., 2003, *Stato di Eccezione, Homo sacer, II, 1*, Torino: Bollati Boringhieri.〔『例外状態』上村忠男・中村勝己訳、未來社、二〇〇七年〕

——., 2015, *Stasis, La guerra civile come paradigma politico, Homo sacer, II, 2*, Torino: Bollati Boringhieri.〔『スタシス——政治的パラダイムとしての内戦』高桑和巳訳、青土社、二〇一六年〕

Arendt, Hannah., 2006 (1955), *Elemente und Ursprünge totaler Herrschaft, Antisemitismus, Imperialismus, totale Herrschaft*, 11 Auflage, München: Piper.〔『全体主義の起源（1〜3）』大久保和郎・大島かおり訳、みすず書房、一九七二・一九七四年〕

Bendersky, Joseph., 1983, *Carl Schmitt-Theorist for the Reich*, Princeton: Princeton University Press.〔『カール・シュミット論』宮本盛太郎・古賀敬太・川合全弘訳、お茶の水書房、一九八四年〕

Benjamin, Walter., 1974 (1928), *Ursprung des deutschen Trauerspiels*, 13. Aufl., hrsg. von Rolf Tiedemann, Berlin: Suhrkamp.〔『ドイツ悲劇の根源（上・下）』浅井健二郎訳、筑摩書房、一九九九年〕

Braidotti, Rosi., "Posthuman Affirmative Politics" in *Resisting Biopolitics: Philosophical, Political, and Performative Strategies*, ed. S.E. Wilmer and Audronė Žukauskaitė, New York: Routledge.

Descartes, René., 1986 (1649), *Les passions de l'âme*, in *Œuvres de Descartes*, XI, publiées par Charles Adam & Paul Tannery, Paris: Vrin.〔『情念論』花田圭介訳『デカルト著作集3』白水社、二〇〇一年〕

Hobbes, Thomas., 1983 (1642), *De Cive: The Latin Version*, The Clarendon Edition of the Works of Thomas Hobbes, Vol. 2, a critical edition by Howard Warrender, Oxford: Oxford University Press.〔『市民論』本田裕志訳、京都大学学術出版会、二〇〇八年〕

——., 2003 (1651), *Leviathan*, a critical Edition by G.A.J. Rogers and Karl Schuhmann, Thoemmes Continuum.〔『リヴァイアサン（1〜4）』水田洋訳、岩波書店、一九五四〜一九八五年〕

Kalpokas, Ignas., 2018, *Creativity and Limitation in Political Communities: Spinoza, Schmitt and Ordering*, Abingdon: Routledge.

Kelsen, Hans., 2013 (1925), *Allgemeine Staatslehre*, Michigan: Gale.〔『一般国家学』清宮四郎訳、岩波書店、二〇〇四年〕

Mouffe, Chantal., 1999, *The Challenge of Carl Schmitt*, London: Verso.〔『カール・シュミットの挑戦』古賀敬太・佐野誠編訳、

風行社、二〇〇六年〕

Mudde, Cas. & Cristobal, Rovira Kaltwasser., 2017, *Populism: A Very Short Introduction*, Oxford: Oxford University Press.〔『ポピュリズム――デモクラシーの友と敵』永井大輔・髙山裕二訳、白水社、二〇一八年〕

Müller, Jan-Werner., 2017 (2016), *What is Populism?*, London: Penguin Books.〔『ポピュリズムとは何か』板橋拓己訳、岩波書店、二〇一七年〕

大竹弘二、二〇〇九年『正戦と内戦――カール・シュミットの国際秩序思想』以文社

Schmitt, Carl., 1982 (1938), »Der Leviathan in der Staatslehre des Thomas Hobbes« in *Der Leviathan in der Staatslehre des Thomas Hobbes: Sinn und Fehlschlag eines politischen Symbols*, mit einem Anfang sowie einem Nachwort des Herausgebers, Hamburg: Klett-Cotta.〔『リヴァイアサン――近代国家の生成と挫折』長尾龍一訳、福村出版、一九七二年〕

――., 1995 (1937), »Der Staat als Mechanismus bei Hobbes und Descartes« in *Staat, Großraum, Nomos: Arbeiten aus den Jahren 1916-1969*, herausgegeben, mit einem Vorwort und mit Anmerkungen versehen von Günter Maschke, Berlin: Duncker & Humblot.

――., 1998 (1919), *Politische Romantik*, Berlin: Duncker & Humblot.〔『政治的ロマン主義』大久保和郎訳、みすず書房、二〇一二年〕

――., 2000, *Antworten in Nürnberg*, herausgegeben und kommentiert von Helmut Quaritsch, Berlin: Duncker & Humblot.

――., 2003 (1933), »Machtpositionen des modernen Staates« in *Verfassungsrechtliche Aufsätze aus den Jahren 1924-1954*, Berlin: Duncker & Humblot.〔「現代国家の権力状況」『政治思想論集』服部平治・宮本盛太郎訳、筑摩書房、二〇一三年〕

――., 2006 (1934), *Über die drei Arten des rechtswissenschaftlichen Denkens*, Dritte Auflage, Berlin: Duncker & Humblot.〔「法学的思惟の三種類」加藤新平・田中成明訳『カール・シュミット著作集I 1922-1934』長尾龍一編、慈学社出版、二〇〇七年〕

——, 2008a (1923), *Römischer Katholizismus und politische Form*, Stuttgart: Klett-Cotta.〔「ローマカトリック教会と政治形態」『カール・シュミット著作集Ⅰ 1922-1934』長尾龍一編、慈学社出版、二〇〇七年〕

——, 2008b (1954), *Gespräch über die Macht und den Zugang zum Machthaber*, Stuttgart: Klett-Cotta.〔「権力並びに権力者への道についての対話」『政治思想論集』服部平治・宮本盛太郎訳、筑摩書房、二〇一三年〕

——, 2011 (1950), *Der Nomos der Erde im Völkerrecht des Jus Publicum Europaeum*, Fünfte Auflage, Berlin: Duncker & Humblot.〔『大地のノモス――ヨーロッパ公法という国際法における』新田邦夫訳、慈学社出版、二〇〇七年〕

——, 2012 (1932), *Legalität und Legitimität*, Achte, korrigierte Auflage, Berlin: Duncker & Humblot.〔『合法性と正当性』田中浩・原田武雄訳、未來社、一九八三年〕

——, 2014a (1926), »Der Gegensatz von Parlamentarismus und moderner Massendemokratie« in *Positionen und Begriffe im Kampf mit Weimar-Genf-Versailles 1923-1939*, Vierte, korrigierte Auflage, Berlin: Duncker & Humblot.〔「議会主義と現代の大衆民主主義との対立」『現代議会主義の精神史的状況』樋口陽一訳、岩波書店、二〇一五年〕

——, 2014b (1927), *Volksentscheid und Volksbegehren: Ein Beitrag zur Auslegung der Weimarer Verfassung und zur Lehre von der unmittelbaren Demokratie*, Neuausgabe mit Korrekturen und editorischer Nachbemerkung, Berlin: Duncker & Humblot.〔『国民票決と国民発案――ワイマール憲法の解釈および直接民主制論に関する一考察』仲正昌樹監訳、作品社、二〇一八年〕

——, 2014c (1933), »Weiterentwicklung des totalen Staates in Deutschland« in *Positionen und Begriffe im Kampf mit Weimar-Genf-Versailles 1923-1939*, Vierte, korrigierte Auflage, Berlin: Duncker & Humblot.〔「ドイツにおける全体国家の発展」『政治思想論集』服部平治・宮本盛太郎訳、筑摩書房、二〇一三年〕

——, 2014d (1934), »Der Führer schützt das Recht« in *Positionen und Begriffe im Kampf mit Weimar-Genf-Versailles 1923-1939*, Vierte, korrigierte Auflage, Berlin: Duncker & Humblot.〔「総統は法を護持する――一九三四年七月一三日のアドルフ・

ヒトラーのライヒ議会演説」『カール・シュミット時事論文集——ヴァイマール・ナチズム期の憲法・政治論議』古賀敬太・佐野誠編、風行社、二〇〇〇年〕

——., 2015a (1914), *Der Wert Des Staates und Die Bedeutung Des Einzelnen*, Dritte, korrigierte Auflage, Berlin: Duncker & Humblot.

——., 2015b (1921), *Die Diktatur, von den Anfängen des modernen Souveränitätsgedankens bis zum proletarischen Klassenkampf*, Achte, korrigierte Auflage, Berlin: Duncker & Humblot.〔『独裁——近代主権論の起源からプロレタリア階級闘争まで』田中浩・原田武雄訳、未來社、一九九一年〕

——., 2015c (1922), *Politische Theologie: Vier Kapitel zur Lehre von der Souveränität*, Zehnte Auflage, Berlin: Duncker & Humblot.〔『政治神学』田中浩・原田武雄訳、未來社、一九七一年〕

——., 2015d (1932), *Der Begriff des Politischen*, Text von 1932 mit einem Vorwort und drei Korollarien, 9., korrigierte Auflage, Berlin: Duncker & Humblot.〔『政治的なものの概念』田中浩、原田武雄訳、未來社、一九七〇年〕

——., 2015e (1950), *Ex Captivitate Salus, Erfahrungen der Zeit 1945/47*, Vierte, erweiterte Auflage, Berlin: Duncker & Humblot.〔「獄中記」長尾龍一訳『カール・シュミット著作集Ⅱ 1936-1970』長尾龍一編、慈学社出版、二〇〇七年〕

——., 2015f (1991), *Glossarium, Aufzeichnungen aus den Jahren 1947 bis 1958*, Erweiterte, berichtigte und kommentierte Neuausgabe, hrsg. von Gerd Giesler und Martin Tielke, Berlin: Duncker & Humblot.

——., 2017a (1926), *Die geistesgeschichtliche Lage des heutigen Parlamentarismus*, Zehnte Auflage, Berlin: Duncker & Humblot.〔『現代議会主義の精神史的状況』樋口陽一訳、岩波書店、二〇一五年〕

——., 2017b (1928), *Verfassungslehre*, Elfte Auflage, Berlin: Duncker & Humblot.〔『憲法論』阿部照哉・村上義弘訳、みすず書房、一九七四年〕

——., 2017c (1963), *Theorie des Partisanen: Zwischenbemerkung zum Begriff des Politischen*, 8. Aufl., Berlin: Duncker &

Humblot.〔『パルチザンの理論――政治的なものの概念についての中間所見』新田邦夫訳、筑摩書房、一九九五年〕

Sherratt, Yvonne., 2014, *Hitler's Philosophers*, New Haven: Yale University Press.〔『ヒトラーと哲学者――哲学はナチズムとどう関わったか』三ッ木道夫・大久保友博訳、白水社、二〇一五年〕

Weber, Max., 1993 (1919), *Politik als Beruf*, Zehnte Aufgabe, Berlin: Duncker & Humblot.〔『職業としての政治』脇圭平訳、岩波書店、一九八〇年〕

Weber, Samuel., 1992, "Taking Exception to Decision: Walter Benjamin and Carl Schmitt" in *Diacritics* Vol. 22, No. 3/4, Commemorating Walter Benjamin, Baltimore: The Johns Hopkins University Press.〔「決定に異議を申し立てる――ヴァルター・ベンヤミンとカール・シュミットの演劇‐神学的政治学」大久保譲訳『批評空間』第Ⅱ期第2巻、一九九四年〕

Zourabichvili, François., 2002, *Le conservatisme paradoxal de Spinoza: Enfance et royauté*, Paris: Presses Universitaires de France.

第7章　〈三木清〉
ある「理想的公民」の軌跡

はじめに

三木清は、一九歳の時に西田幾多郎の『善の研究』を読んで「踊躍歓喜」し、彼のもとで学ぶことを決心する。「もしこれが哲学であるならば、そしてこれが本当の哲学であるべきであるならば、それは私が要求せざるにはいられない哲学であり、また情熱を高めこそすれ決して否定しないところの哲学であると私は信ぜざるを得なかった」[18:29]。しかし、その西田哲学への陶酔と時を同じくして、彼が心を動かされた思想家がスピノザだったことはあまり注目されていない。「それと前後して私が接する幸福な機会を持つことが出来たスピノザ哲学は、私の心に、自然が与えると同じような、けれどももっと純化され透明にされた安静を与えた」［ibid.］。

実際、その後の三木の思索において、スピノザとの縁は決して浅いとは言えない。スピノザとロックの生誕三〇〇年にあたる一九三二年、「二つの三百年祭」という記事を三木は新聞に寄せ、次のように語っている。曰く、一つの哲学・思想の偉大さは、「それが後の諸時代に対し、その時代のそれぞれの立場から解釈されてそれぞれの場合に栄養となり得る可能性をより多く含むものほど、より大である」と言えるが、「ちょうどスピノザがその例を示している」。また、哲学の偉大さには明晰さのほかに「深さ」という、その哲学の「創作性」を示す次元が存在し、「この二つの方面を兼ね備えた哲学にして初めて真に偉大と云われ得る」のであり、スピノザの『エティカ』には、この「不思議な深さがあった」、と［19:570-571］。

この記事の末尾で、スピノザを読むことは当時の日本の思想界にとって「義務」であるとすら記した三木は、その任を果たそうとするかのように、同年、「スピノザに於ける人間と国家」（以下「スピノザ論文」）を発表する。[*1] スピノザの最初期の論文や書簡集まで渉猟したこの包括的な論考には、三木が本格的にスピノザ哲学に取り組んだ痕跡を見いだせるだけでなく、一つの思想家の勘所を敏速かつ的確に把捉する「直感的な識別力」［18:46］と彼自身が自負するところのものを確認することができる。

例えばこの中で三木は、スピノザ哲学の特徴をなす実体の概念は「存在の純粋な肯定を意味する」

と述べたあと、次のように続けている。

> スピノザは non-esse〔非‐有〕をば defectus〔欠陥〕いな、「最大の不完全」と見做した。凡てこのような考え方が単に彼の存在論、思惟方法ばかりでなく、彼の倫理学的思想、人間学に至るまで支配している。この点に於いてスピノザはまことに驚嘆すべく徹底的であった。〔…〕否定の積極性、否定の媒介性の思想はスピノザには存しない。［1932:234-235］

当時、デボーリンなどがマルクス主義陣営内におけるスピノザ理解の浅さに注意を促し、スピノザの思想の見直しを訴えていた。*2 しかし彼は、ヘーゲルやマルクスをもある意味でスピノザの思考の「展開と深化」に過ぎないものと主張する際、やはりスピノザの体系に萌芽的な形ではあれ弁証法的否定の契機を見ていたのであり、ここで三木が示したような見解、すなわちスピノザの「肯定の哲学」という側面の捉え直しは行っていない。対照的に三木は、後述するように一九六〇年代以降にスピノザの再評価を推し進めた思想家らによるスピノザ解釈の論点を事実上「先取り」した洞察を、他にもこの論文の随所で見せている。

しかし奇妙なことに、一方でこの論文において彼は、そうした透察を示す度にある種の「揺り戻し」を見せ、分析をさらに広げる一歩手前でそれを中断してしまうかのような態度を何度もとっている。あたかも三木自身の中に、スピノザの帰結を辿ることを禁じるような別種の思考が「騎手」のように宿っていて、それが自分の見通した領野の彼方に向かおうとする奔馬の手綱を絶えず引き締めているような感である。仮にこの騎手がいるとしたら、それは何だろうか。

戦前、ハイデガーやレーヴィットからも直接指導を受け、『構想力の論理』あるいは『人生論ノート』などの著作で知られる三木は、西田幾多郎を継ぐべき稀な俊秀と目されていたにもかかわらず帝大教授の道を断たれ、その後マルクス主義の立場に立つ哲学者として、既成のアカデミズムにとらわれない執筆活動を積極的に行っていた。治安維持法違反で二度の検挙・拘留を受けた経験があり、二度目の収監中、終戦から一月も経った一九四五年九月に獄死したこともよく知られている。その印象があまりにも強烈なためか、三木を、戦前の果敢な「反体制知識人」、あるいは良心的「ヒューマニスト」とみなす人々も少なくない。

しかし彼が、国家総動員法を発令した近衛文麿内閣のブレーンとして、自発的に戦争に加担した事実も忘れるわけにはいかない。それは消極的協力ではない。むしろ戦争を擁護——というより積極的に唱道——する立場に三木はいた。確かに彼は、全体主義や国家の統制を批判する時事的な主張も折々に行っている。だが、それらから受ける印象は、激烈な反骨精神の表出というよりは、「ずるずる」と現状を追認しながら、どこか不徹底な形で、しかし執拗に意見表明をしている知識人の姿である。そうした一切を、時代のせいであり自主規制の結果に過ぎないと彼を擁護する立場も成立し得るだろう。しかしまず必要なのは、彼にそのような行動をとらしめた理由を、外的な状況に求めるより先に、彼の思想の内的論理のうちに探れないかを検討してみることではないか。そして、そういう視点から彼の思想を順に辿っていくと、どうもそこには、「転向」などという仰々しいものではなく、一本の「筋の通った思考」を見いだすことすらできそうなのである。

本稿では、先述した彼の「スピノザ論文」という小さな入り口から三木の思想に分け入り、そこにおける「揺れ」を確認しつつ、彼の生涯を貫く「一本の筋」をたぐり寄せる試みをしてみたい。なるほどそこから見えてくるものは、多面的な三木の思想活動のすべてを貫通するには不十分な補助線の如きものであるに違いない。しかし、三木ほどの才に恵まれた人物が本格的に取り組んだモノグラフが素材であるならば——スピノザのように西洋近代思想史の「臨界点」に属しているとも言われる思想家についてのものならば、なおさら——、その一篇からでも、逆に彼の抱える限界や問題を炙り出すことが一定範囲で可能なのではないか。そしておそらく、その作業から浮かび上がってくるのは、三木の思想だけにとどまらず、近代日本、特に大正から昭和初期にかけての知識階層と民衆が幅広く共有していた——そして私たちもそこから逃れているとは決して言えない——思考フレームの抱える構造的な問題でもあるように思われる。

1 スピノザ理解の先進性

三木は処女作『パスカルに於ける人間の研究』の頃から、「具体的なる人間の研究」である人間学《アントロポロジー》を一切の「学問の基礎」であるとしていた［1:4-7］。彼は、件の「スピノザ論文」の冒頭でも、「スピノザは人間学的基礎の上に国家論を樹てようとした最も模範的な場合を現す」［1932:197］と述べ、その点の意義を高く評価する。「人間的な諸活動を笑わず、嘆かず、また呪詛することなく、理解することに努めた」［TP1:4］という『政治論』冒頭におけるスピノザの有名な宣言を、三木は、「精神科学の自然的体系の最も偉大なるものの一つ」［199］とも評している。彼がここで強調するのは、精神の領域を自然から独立した特権的な区域とするのではなく――すなわち精神を自然界における「国家の中の国家」［TP2:6, E3Pr］のように扱うのではなく――、人間精神を、その成立に与る諸条件との相互交渉の産物として捉える姿勢の重要性である。[*3]

ともあれ三木の言によれば、両者は政治的探究の出発点を共有している。さしあたりここをスタート地点にして、彼のスピノザに関する洞察の優れた点がどこにあるかを確認してみる。

まず三木は、スピノザのコナトゥス概念の重要性に注目する。スピノザによれば、各人は能う限り自己の存在を維持しようと努力し、いかなる人もそれぞれが力を有する程度に応じて権利を有する。すなわち、各人は、賢愚を問わず、何を試みるにせよ、自然の十分な権利をもってそれを試み、なすのだから、「スピノザに於ける自然法の概念が先ず何等の当為をも意味しないのは明白」［205］である。そうなると問題になるのは、ホッブズとスピノザとの相違である。「動物にあっての一致は自然の業である、人間の間ではしかし一致は人為の業であり、諸契約の結果である」というホッブズの言を引きつつ、三木は、ホッブズが国家を法的・規範的に構成することを目指しているのに対し、スピノザが、人間を力において、あるいは力能において捉えるところから開始している点に注目する［301-302］。人間は、詭計や狡知という点で、すなわち純粋に力＝能力において他のすべての動物に勝っており、それゆえに動物らよりも一層多くの力を有し、一層多くの権利を有する［TP2:14］。しかしそのために、人間は、他の人間に対しては、互いにとって最高の程度において危険な存在になり得る。三木によれば、人間が相互に敵対的な状態に至るのは、人間の欠陥のせいでも利己心のせいでもなく、この「より高き程度の力」［207〔強調は三木〕］による。

ここで三木が問題にしているのが、自然状態と社会的・国家的状態との「質の差異」――契約という人為的な行為に基づく超越性の有無――ではなく、「度合いの差異」――力能の大小という内在性――でしかない点に着目する必要がある。自然状態において、人々は各個の自然権を当然のごとく行使するが、それらは、同様に自然権を有する他者の力に絶えず脅かされているがゆえに、現実的には「無に等しい」［208］。しかし私たちは、自分以外の何ものも必要とせず、外にある事物と交わることなしに自らの存在を保持することはできない。スピノザによれば、他のものの中でも、最高に有用なものは、我々の本性と一致する度合いが最も高い存在、すなわち人間である［E4P18Sc］。人間にとって、自らが欲している物事を、双方の厳密な意思確認を介さずとも、相互的にかつ持続的に提供し合える蓋然性が最も高いのは人間だからである。したがって、共同社会状態を構成することなしには、自らの権利、力、存在を何ら現実化できない以上、「人間の力は、ただ国家または社会の力としてのみ人間の力として存する」［209］。スピノザが「人間は法的共同体の外では生活し得ないように作られている」［TP1:3］と述べている通りである。

ここから導出されるのは、三木も指摘するように、国家というものが、自然に対して外的に存立するものではなく、「どこまでも自然的な全体である」［209］という認識である。この点を踏まえ三木は、今日のスピノザ解釈において、「後戻りできない試金石」（ネグリ）ともされている重要な洞察に至る。すなわちスピノザの『政治論』における、社会契約の不在ないし消滅という事態である［ref. Negri 1981, Ch.8 etc.］。契約の思想は「スピノザに於いてさほど重要な意味を持たなかった」、「スピノザに於いてもかの「契約」なる語は見いだされるにしても、それは彼にあって、ホッブズに於いてのように中心的位置に立っていたのではなくして、副次的意味のものであったと見られねばならぬ」［210］。それゆえ三木によれば、スピノザにおいて、「国家は力の社会的結合として成立する」［ibid.］。各人の自然権は、ホッブズにおけるように国家へ譲渡されるのではなく、そのもとへ「移行（übergehen）する」［211］のである。

このように三木は、「スピノザによれば国家と個人との関係は根本的には力の関係である」［ibid.］という点をはっきりと確認できている。さらに、二人の結合された力は各々の力よりも大きいから、「多数人の結合された力は、個々別々の多数人の力よりも大である。個人に対する国家の権利は個々別々の多数人に対する結合された多数人の力と同一である」［ibid.］。ここで三木は明らかに、スピノザから「社会的結合」ないし「結合した多数者」（いわゆる「マルチチュード」）の原理を取り出すという、二十世紀後半以降のスピノザ再評価における中心的な論点の一つに触れている。

ところでしばしば指摘されるように三木は、「パトス的意識とロゴス的意識との弁証法」〔5:76〕を、自らの思索の根底的な主題としていた。人間の情念の現実的な態様を考察対象とし、そこから社会生成のメカニズムを導き出そうとする点にスピノザによる『政治論』の意義を見いだしている彼は、スピノザの思想における情念と理性の位置づけについても、優れた解釈を提示している。仮にスピノザの思想において、情念が、理性によって義務を強いられる単なる対象でしかないなら、あるいは、個々の情念が、より高次の意識によって最終的に同一性の原理のもとに包摂されたり、止揚されたりするプロセスの通過点に位置するものに過ぎないならば、それは広く流布している他の哲学説と変わるところはない。ところがこの点について、三木は次のような指摘をする。すなわち、一般に理性のほうが情念よりもより「高次の」ものであると言われているが、スピノザにおいては、両者の差は質的な差異によるものではない、と〔218-219〕。

具体的に言えば、スピノザにおいては「如何なる物も能う限り自己の存在を維持しようと努力する」という「根本法則」が働いており、それは、情念のうちにも理性のうちにも、個人においても国家においても貫徹されている。ところでスピノザは、「我々は受動という情動によって決定されるすべての活動へ、その情動がなくても、理性によって決定されることができる」〔E4P59〕とした上で、「それによって人間が働きをなす〔能動〕と言われ、そして働きかけられる〔受動〕と言われるものは、一つの同一の欲求であるということである点に何よりも注意しなければならない」〔E5P4Sc〕と述べていた。三木によると、これらの主張を踏まえるなら、スピノザにおいて「理性と情念において現われるのは一つの同一の自己保存の欲求」であることは明らかであり、この「自己保存の欲求は、理性においては純粋にそして完全に、情念においては単に不純にそして弱められて発現し発展する」と考えなければならない［219］。

要するにここで三木は、スピノザの思想において、先に自然状態と社会状態の差において見たのと同様、情念と理性との間には、質の差があるのではなく、「度合いの差」しかないことを正確に見抜いている。どれほどこれら二つが異なる形で現象するとしても、実際には、同じ一つの力能の発現形態と強度の差異に過ぎない。今日、モローらも強調するこの視点をそのまま展開させていったならば、そこを拠り所に、精神と身体をめぐる不毛な二元論や啓蒙主義的な企てとは異なる意味での新しい共同性の構築指針すら見いだしていくことも可能な地点に、三木は立ち得ていた。

またこの論文の中で彼が、スピノザに対する「無世界論」という非難に対して論駁を加えている点にも注目しておく必要がある。

例えばスピノザにとって各々の個体は、他の個体との関係のもとで「ある一定の仕方で存在するように決定される」が、その各々が自らの存在状態を維持し固執しようとする力は、無限である神の本性の必然性からもたらされる［E2P45Sc］。ここでスピノザが行っている様態の説明について、三木は、現実的存在の存立根拠を示す前半の説明と、存在そのものの存立根拠を示す後半の説明には、還元不能な二重の因果性が前提されているという立場をとる。スピノザの体系に「無限の因果」と「有限の因果」という二つの因果性が存在することを主張するカメラーによる二重因果説の採用である。この説自体は問題含みの、しかし一時期流布した解釈だが、ともあれ三木は、仮にこの二重因果説に立った場合でも、スピノザの思想が、ヘーゲルらが非難したような「無世界論」などではないことを説明していく。

スピノザが、「現実に存在する個物の観念は、神が無限である限りにおいてではなく、神が現実に存在する他の個物の観念に変状したと考えられる限りにおいて神を原因に有し、後者の観念もまた神が他の第三の観念に変状した限りにおいて神を原因とする。このようにして無限に進む」［E2P9］と言う時、彼は自然界を、能産的で自由な原因のうちにあり、かつそれがなければ存在することも理解されることもできない「限りにおける様態」であるとみなしている。三木によれば、この「限りにおける」（quatenus）という部分を無視して、所産的自然を単に「神のうちに在る」（in Deo esse）ものとして捉えてしまえば、たちまち無世界論という解釈が導かれてしまう。しかし、そのような自然は、スピノザが『短論文』で示しているように、いまだ一般的所産的自然（natura naturata generalis）であり、神に直接依存する様態の一般的な性状に過ぎない。ところがスピノザの主張を丁寧に辿れば、我々の経験する所産的自然としてのこの世界は、「一般的様態によって制約された凡ての特殊なる個物」によって成立する特殊的所産的自然（natura naturata particularis）にほかならないことがわかる。

以上の点から三木は、「個物にとっての直接の原因は寧ろ他の個物である。このようにして現実的に存在する個物の世界は、神に対して、相対的独立性を有しなければならない」［328］と結論づける。もしそうでなければ、外的因果としての有限の因果性という思想が成立し得ないからである。

彼はスピノザの思想における「世界」を、ヘーゲルが批判するような、神の観念のもとに個物が溶解・消滅し、虚無に至る傾向を有したものとしてではなく、むしろかえって、個物相互の交渉的な関係性のただ中で、その存立と展開を賭けた闘いや協同作用がミクロにあるいはマクロに行われる場として、正確に捉え直している。だからこそ三木は、「スピノザは実体を無限として規定したが、このとき無限という語はその否定的な前綴にもかかわらず全く肯定的な概念であった。それは「完全」ということと同じである。実体の概念は存在の純粋な肯定を意味する」［234］と主張できるのである。

このように、三木のスピノザ理解は、存在の絶対的な肯定性の確認という点だけでなく、認識作用におけるカテゴリー化に先立ってそれを規定する「力」に対する着目と、一見超越的な審級も含め一切を内在的な強度のグラデーションとして捉える視点を把握していた点で、ドゥルーズやネグリのスピノザをめぐる議論の核心ともつながり、「ヘーゲル批判を基調的なモチーフにしながら出発した現代思想」（フーコー）の立場と接続することすら可能な先進性を持っていた。

2　「対自《フュア・ジッヒ》」以前のスピノザ

しかしその一方で、三木の考察は、そうした視点を微妙に軌道修正していくベクトルも有している。論述の後半になるほど彼は、スピノザの力の思想を超越性や媒介に従属させる立場を前面に打ち出していくのである。

例えば、解釈上疑問を呈すべき点として、三木が、スピノザの政治学を「倫理学《エティカ》との結びつきの下で捉えるべき」という立場をとっていることが挙げられる［201-203］。スピノザが、あるがままの人間を把握せずに理想論を語る哲学者らを非難し、政治家を「経験を教師に持ち、実際からかけ離れたような何事も教えなかった」者たちとして評価していたことに示されているように［TP1:2］、一般に『政治論』は、スピノザの現実主義的な傾向を表すものと考えられている。ところが三木は、スピノザの『政治論』は単なる経験的立場でもなければ現実主義的立場でもない、と主張する［200-203］。その背景には、スピノザの政治論を、マキァヴェッリのような政治的実践に関わる現実主義としてではなく、神即自然という汎神論的な「哲学的現実主義の帰結」として捉える認識がある。

> 彼の国家論の現実主義にあっては究極に於いて政治的現実主義が問題であるのでなく、却ってそれはスピノザの究極的な諸前提のうちに基礎づけられたる非政治的現実主義の一発現であるとも云われよう［201-202］。

ここの主張がややわかりにくいのは、三木が、もともとはレオ・シュトラウスから借りてきた「非政治的現実主義」という立場をヘーゲル的な意味での「思弁」とみなし、それとスピノザの立場とを同一視しているためである［ref. Strauss 1965 (1930): 226-228］。三木も引用しているように、ヘーゲルは、

『法の哲学』の序で、「哲学的著作として本書は、国家を、それがあるべき仕方に従って構成するという立場から最も遠く離れていなければならない。本書のうちにある忠言は、国家にそれがいかにあるべきかを教えることにあるのではなく、むしろ国家という人倫的宇宙がいかに認識されるべきかを教えるところにある」[Hegel 1970 (1821): 26] と述べていた。三木はこのような「思弁的」態度をヘーゲルの美点とみなしている。というのもここで言う「思弁」とは、後述するような意味で三木が高く評価する「弁証法」の別の謂いにほかならないからである [1932:203]。しかし、こうしたヘーゲルの態度とスピノザの態度との間に、三木が言うように「一致」[ibid.] を見るのは、いささか無理があると言わざるを得ない。倫理的規範性と共同社会形成の原理とを、『政治論』ではいったん分離した上でスピノザの思想の一貫性や進展を探るという、今日比較的多くの研究者が採用している立場とは異なり、三木は、「スピノザの政治論文はどこまでも彼の倫理学との関係を離れて理解さるべきでない」[201] という立場に固執する。もちろんスピノザが擁護し続けてきた価値から言って、彼の体系において政治的関心と倫理的関心が完全に分離しているなどということはあり得ないのだが、むしろ三木がここで示そうとしているのは、スピノザの核心を的確に捉えつつも、それをヘーゲルの前駆形態とみなそうとする方向である。

その姿勢は、第二の問題点にも結びつく。前節で紹介した、多数者による社会的結合の可能性を述べた直後で、三木は次のように述べる。そして、その行論には看過し得ない「飛躍」がある。

〔スピノザにおいて〕国家は多数人の結合された力として persona maxime sui juris である。個人は今や彼自身の主でなく、国家が彼の主である。〔212〕

「最高に自己の権利のもとにある人格」(persona maxime sui juris) ――これは国家に対する強力な擬人的表現だが、本当にこのような考えがスピノザの政治学に存在しているのだろうか。三木がここで引証として挙げているのは、『政治論』での「人間が共同の権利を持ちそして凡ての者がいわば一つの精神によって導かれる場合には、個人は確かに他の者が全体として力に於いて彼に勝るだけそれだけ少なく権利を有する、換言すれば、彼は実際には共同の権利が彼に認めるもの以外の何等の権利も自然に対して有しない」〔TP2:16〔訳文は三木〕〕という箇所である。

しかしながらこの箇所前半の一文は、「すべての者が、ちょうど一つの精神であるかのように導かれる場合には」(omnesque una veluti mente ducuntur) と解釈する可能性を常に考慮する必要がある箇所である。その帰趨は、スピノザの共同社会観の根幹に対する評価に直結する。ここを仮に、各個の意志は、全体意志に統合された「一つの精神」となることが可能であり、最終的にその精神に導かれる必要がある、と読むなら、国家は「人格的全体」であるという解釈も取り出せる。しかしこの部分の veluti は、「あたかも」「まるで」という意味でもあり、それを踏まえるとここは、個別の意思や意向は、全体意志のような一つの意志に統合されることは不可能であるにもかかわらず、各個における主観的な印象としては、まるで一つの精神の働きがそこにあるかのように現象する、というイマジネールな次元での力学を語った箇所であるという解釈ができる。というより、そのように解釈しておかないと、スピノザの『政治論』全体の論理構制――特にスピノザの非ルソー的な民主主義の構想――と、齟齬をきたしてしまう。

この点は、三木がそのすぐ後で、スピノザに即しつつ〔ref. TP4:4〕、「国家もそれ自身一つの自然物」であると述べ〔213〕、人格や主体としてではなく、国家を構成された「もの」として確認していることを考えると、いささか奇異な気がしないでもない。おそらくここでの三木の主眼は、機能的ないし非目的論的な国家規定と擬人的ないし目的論的な国家規定とを共に視野に収めつつ、「自由を基調にした人格的国家」という路線をスピノザに読み込むことに置かれている。そうした見方をとることによって、既存の国家体制に対して一定の批判的な視点を提示することが可能になるためである。なるほどこの付近の記述には、「国家の目的は実に自由である」〔TTP20:6〕をはじめとして、「国家と雖《いえど》も人間をして彼らの本性を失わしめることができず、この本性に反して自己の権力を行使する限り却って自己の存在そのものが危くされる」、「自由なる個人からなる国家の権利は、その基礎が最も強固であり、その権利は最も大であろう」など、スピノザの言葉を紹介する形をとりながら、三木が当時の政治的情勢に対して、一定の規範的言説を投げかけているともとれる箇所が散見される〔213-215〕。

だがそうだとしても、三木が「国家」を一つの人格的全体とみなしてしまう時、まして案の定、スピノザの国家観とルソーの国家観との親近性を無邪気に仮定し、「国家はルソオ的な **volonté générale**〔一般意志〕を現わすものとして真の統一であり、かかる統一として強力であり得る」〔216〕などと語ってしまう時、彼の鋭い洞察が、その可能性が限界まで追求される手前で頓挫している印象は否めない。

この時期の三木は、マルクスの思想を評価する立場に舵を切り終え、唯物史観の立場に立った評論活動を精力的にしていたとされる。しかしこの箇所を見る限り、彼は国家に対して、マルクスの延長上で唯物論的にそれを規定して問題点を抉り出すというより、それをヘーゲルのラインで再規定ないし再回収してしまうという非徹底性——後に見るように、実際には、三木自身の思想としては終生変わらない「徹底した」姿勢なのだが——を見せていることがわかる。

この方向で思考していった場合、「国家」を、スピノザのように一定の堅固さを保持しつつも究極的には「暫定的なシステム」に過ぎないと捉える視点も、ましてオーソドックスなマルクス主義におけるようにそれを、「階級対立を調停する暴力装置」とするような視点も、当然ながら三木自身の立場からは出てこない。むしろ三木によれば、自然状態から社会状態に移行したあとの人間社会で全面的になるのは、「国家」と「個人」との間の「矛盾」と「対立」であり、その対立が「高次の水準」にある国家において止揚される事態である。

> この対立は、個人が理性的となり、且つ国家が理性的となるに至るまでは、調和されるに至ることができない。いわば自然国家が文化国家にまで発展し終るまでは、個人と国家との矛盾は自然の弁証法に従って何等かの意味、何等かの程度に於いて存続する。或いは寧ろヘーゲル的に、「市民社会」は「国家」にまで発展しなければならぬ。[218]

彼は文化について、普遍妥当的なものを要求し、所与のものから理性の自律的規定が生産するところの一切のものと規定していた［ref. 2:11］。それを想起するならば、こうした文化国家には、当然、自律性と普遍性が同時に要求されることになるだろう。国家に対するこのような比重のかけ方は、まさに、ヘーゲルが人倫共同体としての国家に求めたものと同じであり、その姿勢が、三木の様々な透見を、結局のところ、スピノザをヘーゲルに近づけて読む、という解釈に帰着させてしまうことにつながっている。

同様の意図は、三木が次のようなマイネッケの言葉を引く時にも、如実に表れている。

ストアが世界市民主義 **Kosmopolitismus** に終わったに反して、我々はスピノザのうちに寧ろ国家倫理の思想を認める。スピノザの賢者はコスモポリタンであってはならぬ。スピノザは却ってヘーゲルの立場に接近していたと見らるべきであろう［211］。

三木はここで畳み掛けるようにマイネッケの「何よりも先ず国家が生きねばならず、そして国家倫理——それをひとはスピノザから読み取ることができる——は個人倫理に対して優越を有する」という言葉を引いたあと、次のように続ける。

スピノザはヘーゲルの序曲であった。然し彼は世紀の諸制限を克服することが出来なかった。〔221-222〕

然るとき既にスピノザの汎神論が企て、然し彼の時代の機械的な非歴史的な思惟手段をもっては成就し得なかったものが到達された。歴史的世界そのもののうちに含まれる理性が把捉され、そしてこの世界の核心として理解された。神・自然の統一は今や歴史的世界のうちに顕現される。それはヘーゲルの画期的な業績であった。〔222〕

これらは、三木が訳し、賛意を表している『近代史における国家理性の理念』におけるマイネッケの言葉である〔ref. Meinecke 1957 (1924): 263, 409〕。三木は読者に、あたかもマイネッケが国家理性を無条件で寿ぎ、ヘーゲルの国家説を賛美しているかのように印象づける引用の仕方をしている。しかし実際にはマイネッケの思想的立場は、それとは大きく異なっていた。*4 ここでも三木が、スピノザを、国家において頂点を極める倫理性の唱道者として位置づけ、しかもその思想を「未熟なヘーゲル」という段階に留めおこうとしている姿勢が確認できる。

しかしながら、ヘーゲルの体系そのものがスピノザ主義と対決するところから出発している以上、これら二つの主義が安易な妥協に至ることはあり得ない。スピノザのように、否定を介さない存在の能動性を肯定し、様態間の多様な触発関係の中から生じる生産的な作用の結果として共同性を基礎づけつつ、倫理的な契機を構築していくか、それともヘーゲルのように、「それはまだ……ではない」、すなわち、それはまだ「精神」ではない、それはまだ十分に「主体」ではない、それには依然として「目的」が、「歴史」が欠けている……という形で、個々の存在が表現する一回的な価値を、否定的一契機の位にまで押し下げ、それを包含する「より高次」の、弁証法的な意味における「精神」の側に奪回する形で倫理性と公共性を確立するか。ここにはかなり深刻な裂け目が存在しているが、この岐路で三木は、後者の道を決然と選択し、模範的な答案を仕上げていく。それも手垢のついた公式的な言辞によって。[*5] 曰く、前述したスピノザの quatenus の概念は「弁証法的概念となるべきであった」、有限な因果と無限なる因果の「内面的な関係」が明らかにされるべきである――「このことは弁証法によってのみ可能であろう」――、「スピノザの神は Für sich に転化しなければならぬ」……云々[231-232]。かくして結論部では、スピノザの政治論が、ヘーゲル的な思弁への基礎と機縁を豊かに含んでいるにもかかわらずそのままでは不十分であり、その諸限界を乗り越えるためには、「弁証法的思惟が必要であった」[236]と結ばれるに至るのである。

こうした方向からスピノザ解釈をする仕方は、もちろん『哲学史』等におけるヘーゲルの記述の焼き直しであることは明白だが、当時の一般的なヘーゲル学者が到達しなかったであろうようなスピノザの思考の潜在的可能性に触れる視力を持ちながら、そこで目にしたことを既知の公式に従属させてしまうという仕方が、以上のような形で三木において生じているのはなぜか。

おそらく彼の哲学的営為の背後に一つの信念体系が控えていることは、さほど難なく推定できる。

今や明らかなように、冒頭で示唆した「騎手」とは他でもない、ヘーゲルなのだから。しかし、ヘーゲルを支えているさらにもう一つの信念の存在もすでに見え隠れしている。

3　三木における弁証法

改めて振り返ってみたい。一九三〇年代初頭、三木がマルクス主義の立場を擁護する形で著作を立て続けに刊行している頃に、この「スピノザ論文」は位置している。それらの諸著作の中で「弁証法」という概念が駆使されているのは当然としても、この概念の使用は、まだ彼がマルクス主義への本格的な接近をしていない一九二〇年代初頭、三木のごく初期の論文中にすでに見いだすことができることに注意を払っておくべきだろう。

当時、三木は「個性」の問題に執拗な関心を持ち、様々な媒体でそれを繰り返し取り上げている。それらの記述によると、個性の問題の核心は、「偶然的」と見られる特殊がいかにして「必然的意義」を獲得可能かという点にあるという［2:123］。そして、ヘーゲルの「極めて深邃《しんすい》」な洞察とは、「真に個性的なるものは、普遍と特殊の内面的結合によって生まれる」［109］という考えにほかならず、当時彼を悩ませていた「有限性と無限性の矛盾」という古来の問題を乗り越え、解を与えてくれる鍵を提供するのが弁証法であると三木は考えている。

一方では抽象的普遍の思想をすてて具体的全体の原理を樹て、他方ではこの原理を動かぬもの、出来上ったものとみず、却ってそれに原始的運動、本原的発展を認めなければならぬ。ヘーゲルが弁証法的発展を遂げると考えた「概念」は恰も斯くの如きものであったのである。概念そのものが全世界過程、それの頂上に立つ人間文化を実現する力である、そして世界を生産し展開する力としての概念の運動の節奏は、自己を実現する思想の論理的弁証法に従う、とヘーゲルは論じた。[133]

ここで示されている三木の思想、とりわけヘーゲルの弁証法への深い思い入れは、「人間の意識が弁証法的であるというのは人間が主体と客体との弁証法的統一であるからであり、かようなものとして人間は我々の言葉によると、存在としての歴史に属すると共に事実としての歴史に与る。この二重の意味における歴史は弁証法的関係に立っている。歴史的自省はかくの如き弁証法の自覚でなければならない」[5:76]、「思想が現実よりも具体的であることを知るのが弁証法の精神である」[16:158]、「人間の生活を捨象するとき、そこには弁証法はない。〔…〕弁証法の固有なる領域は人間の生活である」[18:123]……等々、枚挙に暇がないほど、初期から後年にかけて多数の著述の中に見ることができる。[*6]

ところで三木の弁証法理解には、一定の特徴がある。いくつかはヘーゲルの思想の本質的契機として知られているものばかりとはいえ、三木が特に取り上げる部分に彼の特色が現れている。
まず三木は、人々の合一性の根拠を、人倫の最終段階である「国家」に置く。この点は、ヘーゲルの論述を正面から受容したものである。そこにはマルクス主義や唯物論の立場からしばしば強烈に提示される国家への警戒の意識は、驚くほど希薄である。例えば三木は「弁証法における自由と必然」で、「カントの自由は主として個人の自由であった」とした上で、次のように述べる。

然しながらヘーゲルはかくの如き主観的道徳（Moralität）は客観的道徳（Sittlichkeit）によって止揚されねばならぬと考える。人格的なもの、特殊的なものは全体的なもの、一般的なものと結びつき、そこに於いて具体的となり、現実的となる。「真の良心」及び「生ける善」は家族、市民社会、国家に於いて形作られる。客観的道徳の最高の形態としての国家は、「一般的意志と主観的意志との統一」として、理性的なものであり、それが真に自由なるものである。［4:125-126］

もちろんこれ自体は、三木の独創的な解釈などではなく、「最高の共同性は最高の自由である」と主張したヘーゲルの考えを忠実に紹介したものだが、三木は、執拗にヘーゲル自身の言葉を傍証として引用しながら、国家を道徳的な統合体として捉える自らの主張を重ねていく。「国家は個人に対して縁なきもの、外部から強制するものでない」、「蓋し国家は市民に対立する抽象的なものではない。却って市民は、そこでは如何なる成員も目的でなく、如何なる成員も手段でないところの有機的なる生に於いての如く諸契機である」、「国家の本質は道徳的生命性である。このものは普遍性の意志と主観的意志との結合に存する」、「国家の理念は主観的精神と客観的精神との自覚的な統一を表わす」、「そのとき客観的意志と主観的意志とは和解されており、一にして同一なる曇らざる全体である」……等々［129, 174 etc.］。繰り返すが、このような図式のもとで個人と国家の関係を個別と普遍の関係に置き換え、その問題の解決を高次の全体性に求めるという姿勢は、一時期に限られたものではなく、晩年に至るまで、三木の思考の道筋に強く刻まれている。

では三木は、弁証法を駆使しつつ、結局は現存する国家を一切の契機に優先する至高の存在と考え、個人の権利や自由をこれに従属させる「国家主義者」だったのか。そうではない。ある時期まで彼は、右翼主導の日本特殊論に基づく国家主義に対しては、率直に疑義を呈している。特に日本的国家主義の特徴であり、バックボーンともなっている有機体説――全体は部分から成るがその総和を超えるものであるというような――と、本来の弁証法とを峻別する必要性は、彼が繰り返し訴えたところだった。例えば、「有機体説と弁証法」では、詳細に双方の違いを挙げ、特に、「弁証法はヘーゲルにあって著しく有機体説への傾向を含んでいる。この認識は甚だ重大である」［3:310］と、ヘーゲル自身の思考に含まれる有機体説的な傾向を率直に認めた上で、そこに含まれる弁証法の本質的な規定と有機体説との混同を戒めているし、一九三〇年代の中盤に執筆されたと目されている未刊の『哲学的人間学』にも次のような一節がある。

社会は人為でもイデーでもなく、寧ろスピノザの云った如くどこまでも自然物 res naturalis である。そしてスピノザが情念論を国家論の基礎としたように、社会は単にイデー的なものでなく、却ってパトス的結合として考えられねばならぬ。併しまた社会を単に自然的なもの、パトス的なものとして非合理主義によって考えることも間違っている。しかも社会の合理性を有機体説によって基礎附けることも許されない。有機体説は自然概念を基礎とするために屢々生物学的非合理主義〔特に民族主義的もしくは人種主義的非合理主義〕に動機を与えるのみでなく、その論理の必然的帰結として個人の自由と独立性とを認めることができない。個人は一方どこまでも社会から規定されながら、他方またどこまでも社会に対して独立なものである。かくの如き矛盾を弁証法的に把握せしめる論理が我々にとって問題でなければならぬ。〔18:361-362〔括弧内は三木〕〕

このような有機体的な国家論への警戒は、かつての師である西田幾多郎の思想に対する評価にも表れている。例えば「西田哲学の性格について」で、三木は次のように述べる。

ヘーゲルの弁証法に謂う特殊と一般の関係に於いては、個体の自由、自主性が考えられず、従って働く個物というものが考えられない。働くとは独立な個体と個体とが関係することであるが、かかる関係がヘーゲルの論理では説明されない。個物と個物とが関係する行為の世界を明らかにする西田哲学の論理は、それが同時に倫理でもあると云ってよいであろう。ヘーゲルの論理によっては行為の世界が考えられないとすれば、西田哲学は初めて、論理と存在論との同一に留まらず、進んで倫理と論理との同一を明らかにしたものと云うことができる。[10:416]

ヘーゲルの論理では独立した個体と個体との関係や行為の世界が説明されない、という理解が妥当かどうかはひとまず措いておくとして、ここではまず、ヘーゲルとの比較において西田哲学への肯定的な評価がなされている。しかし一方で彼は、その西田哲学を批判することも忘れない。「西田哲学は現在が現在を限定する永遠の今の自己限定の立場から考えられており、そのために実践的な時間性の立場、従って過程的弁証法の意味が弱められていはしないかと思う」[10:433]。こう述べる彼は、西田の「国家は生物の種の如きものである」、すなわち「国家は単に多数の個の統一からは考えられず、多数の個の種に於ける統一から考えられねばならぬ」という「生物的」な国家理解に、「反対」を表明する。

国家は種であると云っても、国家は歴史的なものとして世界図式に於いて考えられるものでなければならぬ。即ちそれはすでに無の一般者の意味を含んでいると云える。種は単に主語的論理によって考えられるものでなく、すでに述語主義的な考え方を要求するものでなければならぬ。さもなければ、結局ヘーゲルに於いての如く、個人の国家に対する独立性は考えられないことになる。個人は一方どこまでも国家に於いてあり、国家の中に含まれ、国家から限定されながら、他

方どこまでも独立なものであり、逆に国家を限定するものでなければならぬ。［10:429］

このあたりの三木の記述には、彼の国家観がよく表れている。彼は一定範囲でヘーゲルを批判する。しかし、有機体的国家論には反対しつつ、「自由な個人」と「国家」との弁証法的な対立の相のもとで国家を捉える必要は認めるという立場をとるのである。こうした抽象的な観念性において個人と国家の関係を考える態度は、三木に対して、理論上は比較的リベラルな視点を確保させるが、それと同時に、赤裸な現実の中に置かれた具体的な個人が、国家的なるものからの統合を逸脱していく――あるいは逸脱せざるを得ない――事態が常態的にあり得るという視点を忘却させてしまう。三木の言う「独立した個人」が、国家を限定する役割を担いながらも、「どこまでも国家に於いてあり、国家の中に含まれ、国家から限定される」存在であるということは、裏を返せば、彼が思想上、そのような限定や範疇に首尾良く収まる程度の異質性しか「個」に認めていないということの表明でもある。[*7]

ところで、三木の弁証法解釈の中でもう一つ特徴的な部分は、「内在的なものは超越的なものであり、超越的なものは内在的である」という思想を、弁証法的思考の核心とみなす点である。これは、すでに初期の論文にも窺える姿勢だが、一九三〇年代の中盤以降に顕著に見られるようになる。例えば彼は、一九四〇年の『哲学入門』の中で「止揚という弁証法の言葉は、先ず無くされること、次に高められること、そして保たれることを意味している。矛盾するものは否定され、同時により高いもののうちに綜合されて保存されるのである」［7:126］と説明したあとで、弁証法的な発展という言葉が、アリストテレス流の可能態から現実態へという方向で、すなわち自己の内在的な本質が顕現するという意味で捉えられてはならないと注意を促している。

弁証法は単にかくの如き内在的な連続的な発展であることができない。そこには自己に内在的なものが同時に超越的なものであるということ、また超越的なものが同時に自己に内在的なものであるということがなければならぬ。自己から起る行為が自己に超越的な自己の存在の根拠である世界から起るものであり、行為は同時に出来事であるのでなければならぬ。人間の作るものが同時に人間を超えた意味をもっているのでなければならぬ。自己の本質として自己のうちにあると考えられる理性或いはロゴスが単に自己のうちにあるものでなく、却って物のうちに、客観的表現的なもののうちにあるものであり、このものに喚び起されて行為することが真に自己の内から行為することであるというのでなければならぬ。[7:128]

個人的実存の問題を解決する糸口を、歴史や空間という外部の超越的な根拠に求め、「外部即内部」という論理でそれらの同時的な解決を図るというロジックは、ハイデガーの『存在と時間』にも同様のものを見ることができるが、ここで聴き取れるのは、明らかにこの頃彼が再接近した、西田哲学の響きである。

そしてまさに、右の文章が発表される数年前から、かつて「反体制リベラル」と目されていた三木は、近衛内閣の協力組織である昭和研究会への積極的参加という体制内変革派の立場へと自らの立場をシフトしていた。[*8] この時期の彼の発言の中でも最も印象的なのは、盧溝橋事件の翌年の一九三八年一月、国民党政府をもはや相手にしないという第一次近衛声明が発表され、四月に国家総動員法が発令されるという状況の中で、六月に雑誌に発表した、有名な「知識階級に与ふ」という論文——というより、檄文——である。ここで三木は、ヘーゲルの「理性の狡知」の考えを援用しつつ、軍部の独走をコントロールできない政治の現状を追認し、むしろその「意味付け」こそ知識人の任務であると訴える。

歴史上の大事件は個人の動機を超えて発展するのがつねである。「歴史の理性」は個々の主体の動機を蹂躙して自己を実現する。すでに起った事件についてその動機を穿鑿することばかりしておれば却って歴史の理性を見失う惧れがある。すでに起っている事件のうちに何等かの歴史の理性を発見することに努めること、そしてもしそのうちにかようなものが発見されない場合においては、それに対して新たに意味を賦与することに努めることが大切である。〔…〕大事件はすでに起っている、すべての好悪を超えてすでに起っている。これをどう導いてゆくかが問題だ。この大事件にどのような意味を賦与するかが問題である。歴史の理性の意味を明らかにすること、そしてその意味賦与に向って積極的になることがインテリゲンチャに対して要求されている。

［15:242］

日本の行動の「世界的意味」を発見し、この意味賦与に向って能動的に行動することが要求されている。行動の哲学は歴史の理性の哲学でなければならぬ。歴史の理性はもとより抽象的なものでなく、一定の時期において、一定の民族を通じて現われ、一定の民族のうちに具体化されるものである。そして一つの民族は民族である故をもって偉大であるのでなく、その世界史的使命に従って偉大であるのである。[243][*9]

ハイデガーがナチ党へ入党したことに対して驚きとも注目ともとれる論評をしていた三木が[10:310-320]、今やそれを想起させる道に足を踏み入れようとしている。彼は、「知識階級に与ふ」を著した年の暮れに発表された「東亜思想の根拠」では、「新しい全体主義は自由主義に単に対立するものでなく、却って自己のうちに自由主義を弁証法的に止揚するものでなければならぬ」[15:320]と述べて自由主義を全体主義に包摂する道を模索するようになるが、翌一九三九年、昭和研究会の文化部会会長を務める三木は、「新日本の思想原理」(正・続二編)を発表して「協同主義」という思想を打ち出していく。協同主義とは、例えば諸々の階級的な対立を「止揚」する、様々な多様性を統合した共同社会のあり方を規定する用語だが、そこでもその思想の第一の担い手は道徳的国家に求められる。

国家は民族という自然的なもの特殊的なものが理念的なもの普遍的なものを自覚することによって成立する一つの道徳的全体である。国家は道徳的全体として、何よりも道徳的全体的立場に立ってその権力に依って階級の問題を解決して国民的協同を実現すべきものである。協同主義は現状維持的な階級協調主義ではなく、その立場とする全体を発展的に捉え、道徳的全体的立場から階級を超克して、これを全体のうちに於ける機能的且つ倫理的関係に転化発展せしめ、国民的協同を実現せんとするものである。［17:577］

協同主義は一方個人主義に反対して全体の超越性を認めると共に、他方全体主義に反対して個人の独自性を重んずることによって全体を個人に内在的なものと考える。即ち協同主義の論理は内在即超越、超越即内在の立場に立つのである。かくの如く全体は個人を超越しながら個人の独立性は否定されることなく、超越的にして同時に内在的であるということは、東洋的な絶対無の弁証法によって初めて基礎附けられ得ることである。［579］

このような協同主義の実現にあたっては、その特権的な現象体としての「日本」に格別の使命が託されることになる。「日本文化の重要な特色は、先ず第一に、一君万民の世界に無比なる国体に基く協同主義を根底とするところにある。この協同主義はその普遍的意義に於いて東亜に推し及ぼされ、世界を光被すべきものである」［530］。この主義は、国内だけの実現に止まるべきものではなく、「外に向っては民族協同主義」[579]の形をとって「拡張」していく必要があり、その際、強力な「指導者」も要請される。

協同主義は抽象的なデモクラシーに立つものでなく、却って指導者に重要な意義を認めるのである。協同主義の要求する指導者は専制的独裁者でなく、国民から遊離したものでなく、却って国民の中に入って国民を教育し、国民の要求を取上げてこれを指導的に組織する者である。[582]

もちろん、著者は三木だとしても、このパンフレット自体は、部会参加者の討議の結果を踏まえた部分があったのだろう。しかし、「一即多、多即一の弁証法が文化政策にとっても原理でなければならぬ」[14:373]といった文脈で弁証法というタームが用いられる時、もはやそれは、西田哲学の焼き直しでしかなくなっているばかりか、思考が、あるがままの現実に突き当たって、格闘しながら真実性をつかみ取っていく動的な働きでもなくなっている。ヘーゲル的であれ西田的であれ、三木においては、まさしくこの「弁証法」こそが、思考の一方法としてではなく、征服者にとっても被征服者にとっても過酷の度を増す現実を追認する、ずっしりとした物質的重量を持った「イデオロギー」になり果てているのである。かつては、「弁証法はいかなる未来も予測し得ない」と訴えていたにもかかわらず[ref. 18:114-124, 4:95-139]、彼は一九四二年の「日本の歴史的立場」というラジオ放送では、ヘーゲルの論理を、もはや戦時の民衆に忍従を強いるための希望的予言として用いてしまう。

哲学者ヘーゲルは「世界歴史は幸福の土地ではない。歴史における幸福な時期は空白のページである」と言った。現在の快楽をのみ求める安価な享楽主義は、個人主義的な自由主義の産物である。新しい子どもは産みの苦しみを経て産まれてくる。今日世界における転換期は苦難の時代であると共に最も偉大な時代である。この時代に生きる者は単なる現在の享楽に身を委せることなく、世界歴史によって課せられた自己の使命に尽くすことに人生の意義を悟らなければならないのである。そしてその時世界は真の幸福の土地と化するのである。[20:241][*10]

4 「理想的公民」の限界

なぜこのような事態になってしまったのか。明らかに想定される理由の一つは、すでに何度か触れたように、三木の思考が、マルクス主義というより、深いレヴェルでヘーゲル主義の図式を出ることが、ついにできなかったところにある。[*11]というより、観念的にも現実的にも「国家」に理念の実現を託すことを自明視して、三木はまるで、その理想的国民、否、最も優秀な「公民」たらんとしているかのようなのである。[*12]

> 国家の概念は、個人のそれよりも普遍的である。しかも前者は後者よりも具体的である。個人は国家を構成する肢体であるからである。このとき国家という普遍は特殊である個人を要求する、個人もまた国家を離れて存在し得ない。国家は単に普遍でなく、むしろ普遍と特殊との綜合なのである。ヘーゲルの言葉によれば、国家は普遍的意思と特殊的意思という相対立するものの統一である。真の普遍は具体的普遍、即ち特殊と普遍との綜合であるが如き普遍である。特殊は普遍の分化発展であり、それぞれ普遍的なものの精神によって生かされているのである。[19:515]

これを理解している個人こそ、ヘーゲルも望んでいた「理想的公民」の模範的な姿であり、そのような意識に満ちた個人に担われることによって、「国家は人倫的全体、自由の実現態である。自由を現実化することこそ理性の絶対的目的である」[Hegel 1970 (1821): 403] という主張が、真に「現実的」なものとなり得る。三木が様々な批評活動を通して、「全体主義」を批判する視点は提示し得ても、「全体主義国家」を包括的に批判する視点を持ち得ず、国家への対立的契機としての「自由」を――観念的には積極的に、しかし実質的には消極的に――持ち出すしかない理由の一つはおそらくここにある。

そもそも三木は、「人間学のマルクス的形態」においても、個別的人間の基礎経験に着目する「アントロポロギー」を重視すると主張していながら [3:9-41]、例えば、持てる者と持たざる者、支配する者とされる者、撃つ個人と撃たれる個人、戦地に送る者と送られる者……といったような様々な現実的状況の中で生じてくる「かけがえのない一人一人の実感《リアル》」の問題として思考を紡ぎ出す回路は決定的に欠いていた。しかし、「政治」の発生する地点、「倫理」がせめぎ合う場、換言すれば、権力が人々を生かし、その生を奪い、それをめぐって様々な抵抗や反発、従属や脱出が試みられる政治的な「基礎経験」が立ち上がる場面とはそこではなかったか。けれども三木は、その地点にまで下り立って思考を開始することは決してしない。

それは、究極的な彼の関心が、常に、現実的諸契機ではなく、「理念上の闘争」にあったためである。個と全体、自由と強制、有限と無限、主体と環境、創造と伝統……など著述ごとに主題を変奏させながらも、若年の頃から彼の思考を一貫して捕らえていたのは、その中でも特に、「個」と「国家」という抽象的な概念相互の対立関係をいかにして媒介的に調停するかという課題だった。

言うまでもなく、問題の軸をいったんそのような抽象的二項対立として設定してしまえば、それら二つの項は、互いに還元不能な形で分裂するか、何らかの形で和解に至るかという帰結を必然的に要請してくる。問いが解答を規定しているためである。ヘーゲルの弁証法に従えば、第三項は第一項の高次元での復帰となる。すなわち国家は、自由主義的諸個人を否定しつつ活かしながら、それらを高次元で統合する存在として、過程に不可欠の統一体として召喚される。この論法に忠実である限り、現実に存在するいかなる国家も、過程の一時点においては、正当化されてしまう。[*13] 三木は、しばしばそう信じられているように、「国家体制の内側からの抵抗を目指したが挫折した」のではなく、それ以前に、前述の意味での「理想的公民」であることに、ひたすら徹しようとしてきたのである。

三木は、スピノザの政治論について、「彼は社会という概念と国家という概念とを厳密に区別しなかった」といって非難する。「弁証法を欠くスピノザにあっては、ヘーゲルの如く「客観精神」と「絶対精神」とを区別する道が存しなかった」、と［1932:222-223］。しかし、スピノザが、国家的なものが発生する手前にある社会的地平——諸様態の多層的な触発の連鎖からなる物質的な過程であり、様々な遭遇によって絶えず異化と変成が生じる場としての——にあくまで目を凝らそうとしていることに注目するならば、むしろ、スピノザにおいては、「社会」の側から国家の擬制と問題性とを照射する道が開かれていたと述べることも可能だったろう。[*14] その道を辿らせない思考フレームが彼を縛っている。

三木は、大正の教養主義の影響をまともに受けた理想主義者だった。一般に、日英同盟の締結や日露戦争の勝利によって日本が曲がりなりにも「一等国」の自負を確立したあとの大正期の思想は、「臥薪嘗胆」をも辞さない明治期のナショナリズムの相対化と個人主義の拡がりが共に進み、「教養」——上層市民へのパスポートとしての——への渇望とコスモポリタニズムへの傾斜が共に強まる特徴を持っていたと言われる。「富国強兵」の課題を曲がりなりにも達成して具体的な目標を喪失してしまった分、後進ドイツの現実がドイツ観念論を生んだとされるのと逆の意味において、一層内面化した理想主義的観念論が広まる土壌がそこには形作られていた。三木が思想形成をした時代はまさにその時期に重なる［ref. 1:387-388］。彼は、学生時代の論文の中でも、「理念が歴史において現実化する」という思想を熱く語っていた。

叡智的性格は人類の理念のうちに成立する。叡智的性格が天才に於いて実現されたように叡智的性格の体系は歴史に於いて実現される。〔…〕歴史は世界理性が已より出でて已に還る過程である。自然としての理性が自由としての理性になる過程が歴史である。それ故に哲学者たちが歴史的発展に弁証法的性質を認めたのも偶然ではない。〔2:154-156〕

しかもこの理念は、脆弱な懐疑によって否定されてしまうことのない堅固な確信、道徳的世界の実在を疑うことのなかったカントの信仰に近いものだった。彼は、自分が青年期特有の懐疑主義に陥らなかった理由を次のように分析している。

文化的価値が自然的価値の中に次第に頭角を現わして行く過程を歴史と名づけるならば、一般に歴史的過程の存在の確信、しかしてそれの最後の完成への絶対の信仰こそ私の懐疑を退けた第三のものである。或いはもっと通俗的な言葉を用いるならば、良心と理想との存在とそれの現実の規定力との確信が私が云わんとする当のものである。一度この確信が私の心に生れて以来、私は未来へのよき希望を失うことが出来なかった。たとい論理や経験やが如何ほど反対しようとも私のこの一度生れた信仰は決して破壊されないだけの力を以て私の中に宿っておるように思われる。〔18:21-22〕

しかし、大正期においてまさにそうであったように、仮にナショナリズムが一時的に一定の相対化を被ったにしても決して消失などしていない状態で、それが内面的観念性と世界市民主義を同時に帯びるようになったとしたら、そこから拡張主義的な侵略の論理そのものへの飛躍は、もう一歩である。とりわけ三木においては、高遠な理想に向かう信仰と、世界史における理性の自己実現という確信とが堅く結びついている。カントとヘーゲルの結合。「たとい論理や経験やが如何ほど反対しようとも」、「騎手」の姿勢に揺れがないよう、それを背後で強靱に支えているのが、カント的な理想への固執なのである。

それゆえ、三木の卒業論文の表題が「批判哲学と歴史哲学」であったことは、少しも偶然ではない。彼は、そこでの探究の究極的な課題を、「理念は如何にして自己を個性化するかということである」と規定し、次のように述べていた。

> 若し理念の個性化ということが保証されるならば、人類の歴史的活動の理想として種族全体によって実現さるべき普遍妥当的な価値は、また個人の文化的活動の理想として、自己を個々の人格のうちに各独自な仕方で実現させることが出来る。かくてこそ初めて、歴史全体の意味も、個性の価値も、絶対的に確立され得るのである。[2:65]

後年に至っても維持される、歴史と個性が併置され、それらの価値と意味が相互内包的に実現されるというこのような思想は、国家を媒介にした個人の共同体への自発的献身という思想に対してほとんど全く抵抗力を持たない。自覚的にせよ非自覚的にせよ、その移行がなされてしまうならば、三木の立場が、国家の変質に対峙できる強固な性格を持ち得なかったとしても、それは理論的必然とすら言える。[*15]

しかしこれは、たぶん三木だけに還元してはならない問題に違いない。「勘のいいことでは当時他に並ぶ者がなかった」（戸坂潤）と評される三木が、たまたまいち早く内面化に成功した「よりよき国家建設のためのよりよき公民」という思想は、近代国家が、明示的にあるいは暗示的にその成員に求めてやまない、最も「健全な思考」である。一見、極めてまっとうなこの思想は、しかしその向かう先が「国家」に収斂している限り、その枠の内外でそれを条件づけている様々な存在と諸力へと向かう眼差しを遮り、「政治が国家の条件であって、その逆ではない」という根本的な認識を隠蔽する機能を持ってしまう。現に私たちは、スピノザの『国家論』と称されるものが、正しくは『政治論』（Tractatus Politicus）であることを知ってその都度小さく驚いたりもするが、そこに横たわる重大な差異を取り立てて問題視もせず、いつも素通りしているのではないか。

三木はおそらく、その非業の死によって唐突に閉じられた「ヒューマニスト」としての生涯ゆえに、私たちにとって意味があるのではないに違いない。彼は、その歩みそのものが、逆説的にも、彼の生きた時代を超えて現在に連綿と続いている「国家の呪縛」と「政治の抹消」という不可視の封鎖《バリケード》の所在をありありと浮かび上がらせてくれるがゆえに、忘却してはならない存在なのである。

注

＊1　この論文は、国際ヘーゲル連盟日本支部がヘーゲル没後百年を記念して刊行した論文集『スピノザとヘーゲル』（岩波書店、一九三二年）に掲載された。執筆者は他に、田辺元、高坂正顕、桑木厳翼、D・ボルコヴスキー、J・B・クラウスなど。

＊2　三木は、当時のマルクス主義陣営におけるスピノザ再評価の動きを次のように報告している。ちなみに文中のA・M・デボーリンは、レーニンの信が篤かった当時のソビエト哲学界の第一人者である。

デボーリンはスピノザの死後二百五十年（一九二七）記念に際してなした講演において、スピノザを弁証法的唯物論の先駆者として取扱い、マルクス主義は世界観として、プレハーノフの云ったように、「一種のスピノザ主義」以外のものでないと述べた。彼によれば、スピノザは、客観的世界の存在の承認、云い換えると、そのためにスピノザがいわゆる批判論者即ちカント主義者から「独断論者」となされる原理の承認において、マルクス主義者と結び付いている。目的論を退け、厳密に決定論的な立場を取るということにおいても両者の間に一致がある。またスピノザは無神論者である。彼をもって宗教的な謙虚と禁欲とを説く隠者とする従来の見解は間違いであって、彼の全世界観は現世的な、オプチミスチックな性質をもっている。「我々はスピノザを決して我々の敵に委ぬべきでない。スピノザの真の相続人はただ近代プロレタリアートのみである」とデボーリンは云う。［19:568］

＊3　しかし、このような三木自身の強調にもかかわらず、後に示すように、この「スピノザ論文」においても三木の著作活動全体を通しても、「「精神」を特権化しない思考」が三木の姿勢の基調を占めるという事態は、生じない。

＊4　いくつかの時期に分けられるマイネッケの立場を一言で表現するのは困難である。しかし少なくとも彼が第一次

大戦におけるドイツの敗北を受けて書いたこの著で訴えようとした重要なポイントの一つは、国家権力が道徳と結びつく際の「危うさ」への警告である。「世の中には神と悪魔が一体となっている事物があまりにも多い」が、「国家理性こそは何よりも先ずそうした事物の一つである」［Meinecke 1957 (1924): 510］とするマイネッケは、とりわけ典型的には、個人倫理が国家倫理の中に高次の水準で統合されるというヘーゲル的な国家論が、国家理性の「デモーニッシュな部分」を見えなくしてしまう危険性を有している点を警告していた［403-433］。注9を参照。

＊5　ちなみにこの「スピノザ論文」を含む『スピノザとヘーゲル』が国際ヘーゲル連盟日本支部から刊行される前年の一九三一年、三木は同連盟日本支部の代表職に就いている。この論文は、三木が選択したその立場からの思想的表明としても読まれなければならない。

＊6　この点は、三木個人を離れても、ナショナリズムの思想と親和性が高いヘーゲルの思想を、極めて強い形で受容し、内面化する土壌が近代日本の知識層に存在したことを窺わせる事例として、別途、探究される必要がある。

ともあれ三木は、一時期主張した「新しいヒューマニズム」の考えも含め、時折ヘーゲルを批判する時でさえ、基本的に弁証法的な論理構制の内部にいる。だが、結果として遺稿となった『親鸞』にはやや例外的な部分もある。弁証法の痕跡は依然至るところで見られるにせよ、浄土教の歴史観をめぐって、彼は、「そこでは単に教法が問題でなく人間が問題であった。それは単なる哲学ではなく宗教であるからである。人は、ヘーゲルの歴史哲学においての如く、理念の展開の道具に過ぎぬのではない。人において法が見られると同時に法において人が見られるのである。なぜならこの法は人間の実存にかかわり、各人の救済が問題であるからである」［18:469］と述べ、他力的な宗教性の次元への移行の可能性、ないしは弁証法的思考からの離脱の姿勢を、一定程度仄見せている。

＊7　西田哲学の性格をどう規定するかという問題と共に、三木の哲学が西田哲学を踏み出しているのか、結局のところ、その論理の中に留まっているのかという問題は、改めて綿密に探究される必要がある。しかしいずれの結果にしても、三木が常に、対立の統一としての弁証法という思考様式を手放さない点は確認できるはずである。

例えば未完の『構想力の論理』における三木は、プラグマティズムへの接近を見せていることにも窺えるように、技術的・制作的あるいは行為的立場に立脚して観念論を批判する契機を模索していたと評価されることがある。しかし、パトスとロゴスを「弁証法的」に「和解」させる役割を構想力に与え［8:250］、「技術は単に戦闘の方法であるのでなく、却って和解の方法である。自然から乖離した人間は技術を通じて再び自然と結合し、自然に還帰するのである」［252］と述べている箇所からもわかる通り、「形」の形成による主体への自己超越を説く、この書における彼の視点は、やはり対立物の「宥和と和解」の論理としての弁証法の枠組みを出ることがない点は再確認しておかなければならない。

＊8　本文では以下に、三木の翼賛的な文章の引用が続くが、公平を期すために記せば、これまで多く伝えられてきたように、この時期彼は、全体主義や思想統制への批判と読める記事、天皇機関説問題で沸騰する世論や挙国一致体制、愛国心の高揚等の現象に対して疑問を投げかける記事も書いている。本稿に関連するところで一例を挙げると、読売新聞に連載していた「国民文化の実力」という記事では、「外的強制による統一は国民を無気力にならしめ易い」と訴え、「その平和があたかも家畜のごとく単に奉仕することを学ぶように導かれる国民の無気力に導かれる国家は、国家というより、荒野と呼ばれるべきである」とスピノザの言を引用しつつ、一定の範囲で体制批判を行うなど［16:38］、全体に、理性的な立場から、情緒的な世論の沸騰を諫める記事をいくつか発表しているのは事実である。
しかし、この時期の多くの知識人と同様、「日本」という国家の枠を自明視した上でそれを内側の論理からしか問題にしないという目線を三木も共有しており――したがって、日本が占領するアジアの土地で実際に生じていることを相手の立場から捉えるといった視点は、当然ない――、その相対化はしていない。

＊9　彼は、先に自ら引用していたマイネッケの著作にある（注4参照）、次のような言葉を知らなかったはずはないのだが、ヘーゲルの歴史哲学――特にその国家学説――を基本的に継承する三木が実際に行ったのは、マイネッケが危惧した通りの行為だった。

その構成と展開の仕方に強引な点があると同時に深遠でもあり、雄大であると共に錯雑なところもあるヘーゲルの体系は、学説全体としては、それほど長い間支持され得なかった。しかし、悪から善を生じさせる理性の狡知をめぐる彼の思想は、非常に大きな影響を及ぼした。一切の生活経験および歴史的経験は、実際、善と悪との間の不気味な結びつきを実証していた。しかしながら、ドイツにおける権力政策的な思考に対するヘーゲルの呪うべき影響がどこにあったかと言えば、この結びつきの不気味な点が忘却され、国家理性の自然面ばかりか暗黒面に対しても、一つの美化する光を投ずることを可能にしたという点にある。理性の狡知説は同一哲学の論理的帰結以外の何ものでもない。世界の連関全体の統一と合理性を説明し得るために、同一哲学はこの手段を必要とした。「哲学は不正と見える現実的なものを理性的なものに醇化する」(ヘーゲル『世界史の哲学』)。しかし、この種の弁神論や、同一哲学が現実を眺めることを教えるのに用いた法外なオプティミズムは、道徳的感情を鈍くし、権力政策の行き過ぎを気軽に引き受ける重大な危険性を内蔵していたのである。〔Meinecke 1957(1924):432〔括弧内はマイネッケ〕〕

＊10　皮肉にも、三木が、自ら終生力説してきた弁証法的思考の持つ観念性の限界を吐露せざるを得ない時が訪れる。次に挙げるのは、一九四三年、陸軍の報道班員として任に就いていたフィリピンから帰還した彼が、京都帝国大学で行った、「戦争の現実と論理 —— 南方戦線の体験」という講演における発言である。

以上のごとき戦争の厳しい現実性はこれまでの観念論的な弁証法に対して新しき解釈を与えんとするのである。ヘーゲルの弁証法の論理はその理論的観念的性格の故に反って形式論理に堕している。なるほど過去の歴史には対立の綜合を考え得るであろうが、現在の対立が如何に綜合されるか考えることは出来ない。現実の対立には妥協はない、未来はキェルケゴールのいうごとく絶対的断絶と考えるほかはない。綜合ではなくて混乱混沌である。絶対的対立より新しき創造の行わるるかかる状態はこれまでのごとく対立の綜合を以てしては把握出来ず、ここにおいて新しき論理が考えられねばならぬ。それは対立をその対立の中において克服する実践の論理である。従ってその場合の綜合は観念的ではなく感覚的な綜合でなければならぬ。[20:255]

正確さを犠牲にしてまでも、キェルケゴールの質的弁証法の論法まで持ち出して「弁証法」という概念枠組みを保持しようと痛ましい努力をしている三木がここで語っている「感覚的な綜合」と呼ばれたその実践とは、「敵味方の対立を戦闘精神によって克服」し、「パトス的性質」をもった「「喰うか喰われるか」の絶対的対立において敵を打倒す実践」、すなわち、敵とみなした人間を殺すという実践である[20:254-255]。

*11　この点について、三木が「知識階級に与ふ」を出す前年の一九三六年、三歳年下の戸坂潤が、三木の思想的変転を左翼からの変節や転向と見るのは誤りであって、三木はもともと「マルクス主義者」などではなく、むしろごく当初から「キリスト教的神学の匂いの多少が常にただよっている」、「ドイツ古典哲学的な意味に於ける歴史哲学者」という点で一貫していると指摘しているが［戸坂 1967 (1937): 103-111］、妥当な評価だと思われる。

*12　かつて三木は、「国家の本質は道徳的生命性である。このものは普遍性の意志と主観的意志との結合に存する」[4:129] というヘーゲルの言葉を引用しつつ、次のように述べていた。

彼〔ヘーゲル〕の自由の概念は一つの有機的全体の高き連関の中への主体の有意的なる組織化を意味する。全体から分離された特殊体の自由は彼にとってまさに自由の反対のものであり、その真の本質に於ける自由とは民族のうちに生ける精神の実体的なる力に服従することであり、一切の特殊体を担い且つ維持する国家という有機体の一構成員であることである。[126]

ここまで繰り返し見てきたことから明らかなように、これは三木自身の倫理的見解の表明だった。そこには、例えば同時期にアドルノやホルクハイマーらが示したような、全体性や総合という概念に対する激しい警戒や「非同一性」への固執といった構えを見いだすことは難しい。それは三木が、少なくとも思想上は、「全体的なるもの」に統合されざる〈マイノリティ〉の立場にではなく、統合の主体であると共にその客体たる身分をも易々と引き受けてしまえる〈マジョリティ〉の立場にしか、一貫して身を置いていないためである。

*13 もちろんヘーゲルを擁護する側からすれば、「絶対精神の立場に立てばいかなる国家といえども、他の国家との関係に立つ相対的な存在に過ぎず、世界精神から託された世界史的使命を果たし終えた時に没落する。かくのごとくヘーゲルは国家をも相対化していたと考えられるのだから、彼を単純に国家主義に結びつけるのは誤り」という反論が提示可能かもしれない。しかし、ヘーゲル的世界観のすべてを仮に受け入れたとしても、歴史の終極ではなく、そこに至る「過程」の一時点においては、闘争状態におかれている特殊者としての個人や国家が「自らこそ絶対精神を体現している」と高唱する他の個人や国家との、物理的な殲滅のレヴェルをも含む闘争に巻き込まれる可能性を常に内包することになる。原理そのものから言って、そうした主張が、「不遜な僭称」であるか「深遠な真実」であるかを、この弁証法の「過程」の一時点では誰一人正当に言い当てることはできない。

*14 スピノザにとっては、三木も指摘した通り「国家は自然物」[1932:213]だった以上、人間の感情や欲望によって構成される社会もなおさら自然的過程以外の何ものでもない。したがって、「他方から見れば、ヘーゲルの体系に於いても自然は単に途中に出て来るものでなく、根源的な否定の原理としてもともと弁証法の根底に、あらゆる場合に含まれていると考えられねばならぬ限り、今度は反対にヘーゲルのイデーに対し、スピノザ哲学のいわゆる唯物論的方面に重要な意味を認めねばならぬであろう」[232]と三木が述べる時、彼は確かに、スピノザの自然＝社会的な過程——それは常に国家の「外部」にある——が、ヘーゲル的なイデー、あるいは理念としての国家に

対する批判的機能を有している点に着眼していた。あるいは三木が、『構想力の論理』の「制度」の章で語っている有名な一節、「歴史の世界においてはリアルなものがフィクショナルであり、フィクショナルなものがリアルである」、「物でなくてフィクションが一層重要であるような世界のうちに我々は棲んでいる」[8:180]という認識を、よりラディカルに推し進めていったら、もしかすると本稿で示されている三木の国家理解とは異なった国家観が提示されていたかもしれない。しかし三木は、いずれの洞察も、その帰結を最後まで辿ろうとはしていない。

*15 一九四一年に『文藝』に掲載された小林秀雄と三木清の対談は、三木に欠けている事柄の一つを浮き彫りにする[小林・三木 2003: 60-72]。「実験的精神」と名付けられてはいるものの、この対談は、個的実存の現場から言葉を紡ごうと主観的には信じている三木の思想的態度が、しかし絶えず弁証法の形式的な適用の言説に陥ってしまう——したがって彼自身は、自分が対談中に力説している「実験的精神」から遠く離れている——という構造を、かなり捻れた形で示している。さしあたりこの対談における小林のほとんどの発言を、三木に対する「批評」として読むことが可能であり、また必要でもある。しかしながら、両者共に欠けているのは、彼らが正当化する国家の暴力に曝された、自らのロジックの「外」あるいは「底」に棲む人々の生と痛みに向けた想像力である。あるいは、三木とほぼ歳を同じくして、ほとんど全く対照的な歩みをした金子光晴が彷徨の果てに戦慄した「海」の自覚——日本という空間の恐るべき自閉の認識——が(『絶望の精神史』)。

文献

三木清の著作からの引用は、『三木清全集』(全二〇巻、岩波書店、一九六六〜一九六八年)により、(巻数:ページ数)の表記で括弧内に記した。いくつかの旧仮名遣いは現代仮名遣いに直してある。なお、「スピノザに於ける人間と国家」は全集第二巻に収録されているが、いくつかの注記が省略されているほか、若干の異同もあるため、この論文に限り、初出単行本の刊行年と頁を[1932:197]等の仕方で記している。

Hegel, Georg W.F., 1970 (1821), *Grundlinien der Philosophie des Rechts*, in *Werke 7*, Frankfurt a.M.: Suhrkamp.〔『法の哲学』上 妻精・佐藤康邦・山田忠彰訳、岩波書店、二〇〇一年〕
小林秀雄・三木清、二〇〇三年「対談／実験的精神」『小林秀雄全作品14』新潮社
国際ヘーゲル連盟日本版、一九三一年『スピノザとヘーゲル』岩波書店
Meinecke, Friedrich., 1957 (1924), *Die Idee der Staatsräson in der neueren Geschichte*, hrsg. von Walther Hofer, München: R. Oldenbourg.〔『近代史における国家理性の理念』菊盛英夫・生松敬三訳、みすず書房、一九七六年〕
Negri, Antonio., 1998 (1981), *L'anomalia selvaggia: Saggio su potere e potenza in Baruch Spinoza*, Milano, Feltrinelli. (compiled in Spinoza, Roma: Derive Approdi, 1998.)〔『野生のアノマリー――スピノザにおける力能と権力』杉村昌昭・信友建志訳、作品社、二〇〇八年〕
Strauss, Leo., 1965 (1930), *Spinoza's Critique of Religion*, Chicago: The University of Chicago Press.
戸坂潤、一九六七（一九三七）年「世界の一環としての日本」『戸坂潤全集 第五巻』勁草書房

あとがき

本書でピックアップしたのは、主として第二次大戦前から戦後にかけて、スピノザと何らかの点で交わりつつ、思想史上も一定の影響力を有した思想家たちである。しかし、その条件を満たす者すべてを尽くしてはいない。それぞれが独立した論考であり、順不同でもあるので、どの章からお読みいただくのも自由である。とはいえ、第1章には全体の導入となり得るものを置いた。収録した論文の中にはやや年代が経過しているものも含まれているが、注を整理し、若干の表現を入れ替えた以外、その後の研究をフォローして内容を修正する等の作業は行っていない。発表の時期や媒体については、巻末の初出一覧を参考にして頂ければと思う。

スピノザの思想は、そこに姿を映した者が、自らの歪みや偏り、あるいは秘してきたものを大写しで見させられる、精巧に磨き上げられた水晶玉のようなものなのかもしれないと感じることがある。この本に収められた考察はいずれも、いわば、このガラスの表面に映し出された様々な思想家の姿やその概念を不十分ながらも描こうと試みたものである。綺麗にレンズを磨く才能ばかりかデッサンの才覚にも恵まれていないゆえ、スピノザが水晶玉で見せてくれた通りのイメージを伝えることができているとは、いささかも思っていない。

ただ、スピノザという「棘」は、彼と接点を持った各論者の提示する体系の内部で、消化されない異質物として留まり続ける。従前から自明だったこの事実を、幾分かの輪郭を伴いつつ改めて彫り刻むことが仮にできたのだとしたら、この企てにおいて自らに課した任の何割かは果たし得たと考えたい。

私にとって思想史とは、様々な概念のアーカイヴの中から、通念とされている見方に代わるオルタナティヴな思考の可能性を見いだしていく実践以外のものではない。多くの読者は、本書の諸考察に通底する思考の形を比較的造作なく把捉できると思うが、それを一つの跳躍台《スプリングボード》にして、「スピノザの」という限定からも解放された「もう一つのあり得る思考」を探究する試みに漕ぎ出す人が向後現れたとしたら、それは望外の幸運というほかない。

最後に、本書の完成までの経緯について手短に記しておく。

何年か前、明石書店の小林洋幸氏から出版の相談を受け、当初は、スピノザの立場から政治哲学のキー概念を読み直すことをテーマにした新著の準備を進めていた。ところが、企画が通過したあとで小林氏が病により逝去されるというご不幸があった。またそれとは別に、こちらの方でも、当初の方向とは異なり、いくつかの思想家とスピノザを突き合わせるスタイルの論文が量的に増えてきた。これらの事情により、小林氏のあとを引き継いだ同書店の武居満彦氏と改めて構想を練り直し、今回のような形で出版することとなった次第である。

当初の計画を完遂できずにご迷惑をおかけしたにもかかわらず、寛容に企画変更を諾としてくださった明石書店の各位、転載を許可してくれた岩波書店をはじめとする各発表媒体の関係者、また出版費用の一部助成を認めてくれた関東学院大学法学会等、本書の完成に至るまで様々な形で援助や協力をしてくださった多くの方々や組織には、この場を借りて深く御礼申し上げる。

亡き小林氏には、改めてご冥福を祈りつつ、予定と異なる形の出版になってしまったことを許して頂ければと願うばかりである。

浅野 俊哉

二〇一九年一〇月二五日

初出一覧

第1章　「〈良心〉の不在と遍在化――スピノザにおける morsus conscientiae の行方」
(『思想』No.998、岩波書店、2007 年)

第2章　「〈徳〉をめぐる係争――シュトラウスの政治思想とスピノザ」
(『思想』No.1014、岩波書店、2008 年)

第3章　「アドルノとスピノザ」
(『関東学院教養論集』第 24 ～ 26 号、関東学院大学法学部教養学会、2014 ～ 2016 年)

第4章　「「絶対的民主主義」と Civitas の条件――ネグリのスピノザ解釈をめぐって」
(『思想』No.1024、岩波書店、2009 年)

第5章　「「二つの自由」論とスピノザ――potentia としての自由」
(『関東学院教養論集』第 28 号、関東学院大学法学部教養学会、2018 年)

第6章　「不純なる決断――主権をめぐるシュミットとスピノザ」
(『関東学院法学』第 28 巻第 1 号、関東学院大学法学部法学会、2019 年)

第7章　「ある「理想的公民」の軌跡――三木清とスピノザ」
(『思想』No.1039、岩波書店、2010 年)

［著者］
浅野 俊哉（あさの・としや）ASANO Toshiya
1962年生まれ。慶應義塾大学文学部卒業。筑波大学大学院哲学・思想研究科博士課程単位取得満期退学。現在、関東学院大学法学部教員。政治哲学・社会思想史。著書に『スピノザ――共同性のポリティクス』（洛北出版）、翻訳にM・ハート『ドゥルーズの哲学』（法政大学出版局、共訳）など。

スピノザ〈触発の思考〉
二〇一九年一一月五日　初版第一刷発行

著　者――浅野俊哉
発行者――大江道雅
発行所――株式会社　明石書店
〒一〇一―〇〇二一　東京都千代田区外神田六―九―五
電　話　〇三―五八一八―一一七一
ＦＡＸ　〇三―五八一八―一一七四
振　替　〇〇一〇〇―七―二四五〇五
http://www.akashi.co.jp
装幀　　明石書店デザイン室
印刷・製本　モリモト印刷株式会社
（定価はカバーに表示してあります）　ISBN 978-4-7503-4911-4